Mitteilungen
Institut Papst Benedikt XVI.

Mitteilungen
Institut Papst Benedikt XVI.

Herausgegeben von
Rudolf Voderholzer · Christian Schaller · Franz-Xaver Heibl

MIPB 11/2018

Abbildungsnachweis

Archiv *Institut Papst Benedikt XVI.*: 1, 4–6, 8, 10–19, 22–36, 39, 40, 42, 43, 46–50, 52–58.
Archiv der Pfarrei Unterwössen: 2.
Assumption-University: 9.
Athenaeum Pontificium Regina Apostolorum: 38.
KNA-Bild: 7.
Kul-Verlag: 20.
María Luisa Öfele: 51.
Pressestelle der Diözese Regensburg: 21.
Johannes Spindler: 41.
Péter András Varga: 37.
Benedikt Voss: 3.
Gabriel Weiten: 44, 45.

Bibliografische Information der Deutschen Nationalbibliothek
Die Deutsche Nationalbibliothek verzeichnet diese Publikation in der
Deutschen Nationalbibliografie; detaillierte bibliografische Daten sind
im Internet über http://dnb.dnb.de abrufbar.

Institut Papst Benedikt XVI.
Bismarckplatz 2
93047 Regensburg
Telefon (0941) 29 83 4001
Fax (0941) 29 83 4440
E-Mail: info@institut-papst benedikt.de
Website: www.institut-papst-benedikt.de

1. Auflage 2018
© 2018 *Institut Papst Benedikt XVI.*
© Verlag Schnell & Steiner GmbH, Leibnizstraße 13, 93055 Regensburg
Umschlaggestaltung: Anna Braungart, Tübingen
Satz: Vollnhals Fotosatz, Neustadt a. d. Donau
Druck: Erhardi Druck GmbH, Regensburg
ISBN 978-3-7954-3438-0
ISSN 1867-5794

Die Mitteilungen *Institut Papst Benedikt XVI.* erscheinen jährlich in einer Ausgabe.
Die hier vorgelegte Publikation trägt ab Jahrgang 2 definitiv den Namen:
Mitteilungen. *Institut Papst Benedikt XVI.* und sie werden abgekürzt: MIPB.

Weitere Informationen zum Verlagsprogramm erhalten Sie unter:
www.schnell-und-steiner.de

Inhaltsverzeichnis

Vorwort

Mit einer kleinen Feier konnte in diesem Jahr am 2. Dezember der zehnte Jahrestag der Gründung des *Institut Papst Benedikt XVI.* begangen werden. Der Gründer des Instituts und Herausgeber der JRGS, Gerhard Kardinal Müller, und Bischof Dr. Rudolf Voderholzer stellten die Bedeutung des Instituts in seinem wissenschaftlichen Auftrag in der Vergangenheit heraus und eröffneten einen Blick in die Zukunft. Mit seinem Vortrag skizzierte der Trierer Professor Dr. Christoph Ohly die Schwerpunkte der Theologie des emeritierten Papstes und lud dazu ein, sich mit seinen Texten intensiver zu beschäftigen. Es war ein Abend, der, fast am Ende eines Arbeitsjahres des Instituts, zugleich mittels der Vorstellung der Publikationen und Ereignisse seit der Gründung wiederum den Fokus auf das Werk Benedikts XVI. lenken durfte. Die intensive Nutzung der Spezialbibliothek durch Wissenschaftler aus der ganzen Welt zeigt auch die hohe Wertschätzung dem Gesamtwerk des Namensgebers gegenüber, das in den veröffentlichten Bänden der JRGS mit bereits elf von 16 Bänden zunehmend konkreter erschlossen und für den wissenschaftlichen Diskurs zur Verfügung gestellt wird. Neben der deutschen Ausgabe werden auch die fremdsprachigen Versionen zur Basis internationaler Beschäftigung mit dem theologischen Werk Joseph Ratzingers. Die sich dahinter ebenso entwickelnden Kooperationen mit Initiativen und Institutionen mit gleicher Zielsetzung, wenngleich mit unterschiedlichen Profilen, können als ein wichtiger Bestandteil der Arbeiten der letzten Jahre angesehen werden. So konnte mit der „Libera Università Maria Ss. Assunta" (LUMSA) und der „Fondazione Vaticana Joseph Ratzinger-Benedetto XVI" – beide in Rom – die internationale Tagung „Diritti fondamentali e conflitti fra diritti" vom 15. bis 16. November organisiert und durchgeführt werden.

Auf Bitten der Diözese Passau wird in den diesjährigen *Mitteilungen. Institut Papst Benedikt XVI.* die Tagung anlässlich des 90. Geburtstages von Benedikt XVI. mit einer kurzen Einleitung vom Organisator Msgr. Kirchgessner unter der Rubrik „Diskussion" aufgenommen. Mit Texten von Joseph Ratzinger wird der Band traditionell eröffnet. So kann z.B. erstmals ein für die chinesische Ausgabe des Buches „Die Vielfalt der Religionen und der Eine Bund" verfasstes Vorwort an dieser Stelle gedruckt werden. Biographisch bedeutsam ist die bisher unveröffentlichte Predigt von Joseph Ratzinger zum 50. Geburtstag des 2017 verstorbenen Pfarrers von Unterwössen Franz Niegel. Ihm ist auch ein Nachruf zum Gedenken gewidmet.

Mit „Rezeption" überschrieben sind Beiträge zu einzelnen Themen der Theologie Ratzingers. Sie spiegeln die breite Vielfalt der von ihm behandelten Felder wider und mögen als Diskussionsforum eine vertiefende Reflexion fördern. Diesem Ziel dienen auch die Rezensionen und Literaturhinweise zu den Neuerscheinungen in den letzten Monaten. Zwei Bände der „Ratzinger-Studien" flankieren diese Diskussion durch die Dokumentation der Tagung zum Thema „Europa – christlich?!" der „Stiftung des Schülerkreises" in Zusammenarbeit mit dem *IPB* und der Katholischen Akademie in Bayern (München 2017) und einer Tagung zur Ökumene bei Joseph Ratzinger (Trumau 2016).

Die Buchvorstellung von JRGS 13 „Im Gespräch mit der Zeit" mit den Journalisten Peter Seewald und Karl Birkenseer am 4. Juli in der Aula des Priesterseminars erlaubte Einblicke in die Entstehung der Weltbestseller „Salz der Erde", „Gott und die Welt" und „Licht der Welt" – die nun in den JRGS neu erschienen und durch die gemeinsame Veröffentlichung zu einem „kleinen Katechismus" zusammengewachsen sind.

Auch die Kunstsammlung des Instituts wurde durch Geschenke und Dauerleihgaben ergänzt. Die Chronik in Wort und Bild öffnet schließlich dem Leser die Fenster zur Arbeit des Instituts, zu seinen Gästen, seinen Kooperationspartnern und zu seinen Freunden und Förderern.

Besondere Freude hat die Nachricht ausgelöst, dass Frau Prof. Marianne Schlosser von der Universität Wien in diesem Jahr Preisträgerin des „Premio Ratzinger" sein wird. Von Papst Franziskus wurde er am 17. November in der Sala Clementina im Vatikan überreicht. Frau Schlosser ist seit 2008 Mitglied im Wissenschaftlichen Kuratorium des Instituts. An dieser Stelle sei ihr herzlich zu dieser ehrenvollen Auszeichnung gratuliert!

Sowohl dieser Band als auch die Bewältigung der Fülle der unterschiedlichen Aufgaben und Herausforderungen des Instituts sind ohne die kompetente und engagierte Arbeit der Mitarbeiter nicht denkbar. So bleibt den Herausgebern der aufrichtige Dank an Frau Gerlinde Frischeisen (Sekretariat), Frau Tanja Constien und Frau Barbara Krämer (Wissenschaftliche Mitarbeiterinnen), Frau Dr. Katharina Del Bianco (Bibliothek) und Herrn Hans Christian Bauer (Archiv) für ihren wertvollen und umsichtigen Dienst.

Regensburg, 3. Dezember 2018

Bischof Dr. Rudolf Voderholzer
Dr. Christian Schaller
Dr. Franz-Xaver Heibl

I. Joseph Ratzinger / Benedikt XVI.

Die Menschen in die Freiheit der sonntäglichen Freude hineinführen

Predigt zur Messfeier anlässlich des 50. Geburtstags von Pfarrer Franz Niegel am 28. März 1976 in Unterwössen

Quelle: Die vorliegende Predigt wurde von Prof. Dr. Joseph Ratzinger anlässlich des 50. Geburtstags von Monsignore Franz Niegel in Unterwössen gehalten (siehe auch Abb. 2). Mit dem sogenannten „Volksmusikpfarrer" verband den Autor eine lebenslange Freundschaft. Bereits am 4. Juli 1954 hatte Joseph Ratzinger in Berchtesgaden die Primizpredigt [JRGS 12, 664–669] gehalten. Darüber hinaus predigte er am 31. März 1986 bei der Dankmesse zum 60. Geburtstag [B_769], am 30. Oktober 1994 aus Anlass des 40. Priesterjubiläums [JRGS 12, 768–773] und zuletzt am 24. März 1996 während der Messe zum 70. Geburtstag [B_1019]. Pfarrer Franz Niegel ist am 26. Oktober 2017 verstorben. Zu seinem Gedenken wird die Predigt an dieser Stelle dem Nachruf (178–181) zur Seite gestellt. Die Vorlage stammt aus dem Archiv des Erzbischofs von München und Freising und wird in den MIPB erstmals veröffentlicht. Das gesprochene Wort einer Predigt wurde beibehalten; es erfolgte lediglich die Anpassung an die neue Rechtschreibung und eine Korrektur der Orthographie. Wir danken für die freundliche Genehmigung zum Abdruck.

4. Fastensonntag (Laetare), Lesejahr B
Lesung: 2 Chr 36, 14–16.19–23
Evangelium: Joh 3, 14–21

Es fügt sich schön, dass der 50. Geburtstag unseres Pfarrers ineinanderklingt mit dem Laetaresonntag, dem Freudensonntag inmitten der Fastenliturgie. Wenn wir die Texte, die die Kirche für diesen Tag bereitstellt, ansehen, werden wir merken, dass die Melodie der Freude wie ein immer wiederkehrender Refrain sich durch sie hindurchzieht. Es ist die Liturgie selber, die uns heute das Lied in die Hand drückt und die Freude auf die Lippen legt. So brauche ich nur zu versuchen, diesen vorgegebenen Klang zu verdeutlichen.

Wenn man sich fragt: Wie kommt das eigentlich, dass da mitten in der Fastenzeit, in der Bußerziehung, die allmählich der Leidenswoche entgegengeht, sozusagen die Sonne aufgeht und ein Tag voller Fröhlichkeit da ist – dann stößt man zunächst auf einen enttäuschend einfachen und gerade darin großen Grund. Früher begann die Fastenzeit ja nicht am Aschermittwoch, sondern erst mit dem ersten Fastensonntag. Dieser heutige Tag lag also genau in der Mitte der Fastenzeit, vorher drei Wochen, und dann noch einmal drei Wochen eines beschwerlichen Weges. Da wollte man eine Atempause einlegen, ein wenig verschnaufen, sich Freude gönnen; denn der

Glaube ist menschlich, er ist nicht eine düstere Ideologie, die den Menschen ewig unter den Zwang eines bestimmten Gedankens stellt. Sondern er fügt sich dem Rhythmus des menschlichen Lebens ein. Er nimmt den Menschen an, so wie er ist, da er in ihm Gottes Geschöpf weiß. Deswegen ist es kein Zufall, sondern von innen her sinngemäß, dass sich gerade im katholischen Bereich der Fastenzeit der Fasching vorlagert, sich vom Geistlichen ins Weltliche hinein ausgedehnt hat; denn dies entspricht dem Rhythmus des Menschseins, das in seinem Auf und Ab, in seiner Besinnung, seinem Ernst und seiner ausgelassenen Fröhlichkeit als Ganzes dem Glauben zugehört.

Damit wird ein Nächstes sichtbar. Das Christentum will Disziplin, früher sagte man „Askese", und als modernes Wort übersetzt, heißt es „Training", mit dem der Glaube versucht, uns zu Menschen heranzubilden. Dies beruht nicht auf einem Betrug am Menschen, auf einer Absage an die Schönheit dieser Welt, sondern es zielt geradewegs in die Freude hinein. Gewiss, der christliche Glaube fasst das Leben nicht als einen leichten Weg auf, er will uns auf den Gekreuzigten hinführen. Aber gerade indem wir den Gekreuzigten ansehen, erkennen wir, wie Gott die Welt geliebt hat, wie kostbar ihm der Mensch ist. Und alle christliche Entsagung, alles Mitgehen mit dem Gekreuzigten hat den Sinn, uns von innen her frei zu machen und uns so unserer selbst und der Welt froh werden zu lassen. Deswegen ist es sehr bezeichnend, dass in den alten Märtyrerakten gesagt wird, den Märtyrern sei nie, auch nicht in den schlimmsten Qualen, ein Wort der Schmähung über die Schöpfung über die Lippen gekommen, sondern dass sie immer Gottes Schöpfung liebbehielten und wussten, dass sie wert ist, für sie zu leiden. Und das Wort „Teufel" heißt von der biblischen Ursprache her „Verleumder", der „Ankläger", während das Wort für den Heiligen Geist zu Deutsch der „Verteidiger" heißt. Das will sagen: Wo das Menschsein, wo die Schöpfung verleumdet wird, wo keine Freude darin mehr gelassen wird, da ist nicht Gottes Geist, sondern der Geist Gottes führt gerade dazu hin, die Schöpfung liebzugewinnen, seiner selbst, des Menschseins und der Welt froh zu werden.

Wenn man in die Texte der heutigen Liturgie noch näher hineinschaut, so stellt man fest, dass dort das Thema „Freude" immer mit dem Thema „Jerusalem" verwoben ist. Das zieht sich heute durch alle Texte hindurch; Jerusalem ist sozusagen der konkrete Name für Freude. Was will das sagen? Es hat zunächst wieder einen sehr einfachen, praktischen Grund. In der Fastenzeit hielt man in Rom jeden Tag mit dem Papst zusammen in einer anderen Kirche den gemeinsamen Gottesdienst und zog vom Lateran aus dorthin. Heute an diesem Tag nun war der Gottesdienst in der Kirche zum hl. Kreuz in Jerusalem, ganz nah beim Lateran in einem schönen, stillen Viertel von Rom. Es war also nur eine ganz kurze Prozession. Die Mühelosigkeit, die Gelöstheit und die Freude stehen auch hier im Vordergrund. Um die Kirche herum war ein großer Wiesenplatz, auf dem man sich nach der Messe traf und das Evangelium von der Brotvermehrung gleichsam in die Tat umsetzte. Im römischen Frühling ließ man sich nieder, der Papst speiste die Armen und lud zu einem allgemeinen Picknick ein, in dem man sozusagen die Brotvermehrung aus der Eucharistie herauswachsen ließ, und zugleich die Vorschau auf die ewige Einladung Gottes, auf das Hochzeitsmahl seiner ewigen Freude. Man wusste, dass man, wenn man Brotvermehrung hält, einander die Gemeinschaft schenkt, miteinander froh ist, einander die Freude des Herzens gibt, dass da Jerusalem ist, dass man so wirklich nach Jerusalem hinaufzog. Denn was war eigentlich mit Jerusalem gemeint? Gerade das, was die Alten mit „bauen" und „Stadt" gemeint haben. Das Bauen war eine Kampfansage gegen die Einsamkeit des Menschen, gegen seine Ungezogenheit, und eine Kampfansage gegen den Tod. Es zielt auf Bleiben, auf Gemeinschaft, auf Leben. Deswegen baute man dort, wo man glaubte, die Götter seien erschienen, um gleichsam im Schatten des Göttlichen den Atem des Lebens zu haben. Und so wusste man, da wo man mit dem Herrn zusammen ist, da ist eigentlich der Sinn von Jerusalem erfüllt, da ist Gemeinschaft, da ist Geborgenheit, da ist das Licht des Auferstandenen, das stärker ist als die Schatten des Todes über den Menschen. Wenn wir heute hier zusammen sind, dann wissen wir, dass hier Jerusalem ist, dass überall, wo Kirche ist, Jerusalem ist. Da wo Menschen mit dem Herrn Brotvermehrung halten, sein Brot empfangen, aufeinander hin offen werden und auch Freude ist, dann ist eigentlich erst „Fest" verwirklicht. Das Fest können wir im Letzten nicht selber machen. Wenn wir es selber gestalten, bleibt es unser eigenes Streben. Erst wenn ein Ja uns vorausgeht, das wir nicht zu machen brauchen, das uns schon erwartet, in das wir nur hineingehen müssen, ist wahrhaft Fest. Und dies geschieht in jeder Eucharistie. Das Ja des Herrn zu uns allen wartet auf uns, und wir brauchen nur in dieses Ja hineinzugehen und es uns schenken lassen.

Von daher wird auch der Sinn der beiden Lesungen deutlich, die wir eben gehört haben. Im Evangelium wird gesprochen von dem Kommen ins Licht und vom Kommen in die Wahrheit hinein. Beide Wörter, Wahrheit und Licht, sind eigentlich nur andere Namen für das, was farbiger und leuchtender mit dem Wort Jerusalem gemeint ist. In der ersten Lesung aus dem Alten Bunde wird erzählt, wie Israel nach dem Schrecken und der Verbannung erlöst heimzieht in die geliebte Stadt hinauf, wie es Jerusalem zurückgeschenkt bekommt. Aber es steht auch noch ein anderer Satz in dieser Lesung, der uns heute als Menschen dieser Zeit treffen mag. Der Mann, der diese Ereignisse aufzeichnete und schon auf sie zurückblickte, überlegt sich: Wie konnte es kommen, dass etwas so Furchtbares geschah, dass Gott das geliebte Volk, das er sich doch ausgesucht hatte, zertrat, so dass es vernichtet war, als politische Größe nicht mehr bestand und sein Land brach lag, ausgelöscht aus der Landkarte dieser Welt? Was konnte der Grund dafür sein? Er kommt zu der Einsicht: All die moralischen Delikte, die nicht leicht zu nehmen sind, gegen die die Propheten gewettert hatten, können für eine so unermessliche Strafe nicht der Grund sein, sondern etwas anderes. Vielmehr liegt es daran, dass die Menschen ihre Sabbate nicht mehr gefeiert hatten, dass sie sich selbst und die Welt in das Machen und die Machbarkeit hineinversklavt hatten. Nun musste Gott dieser Versklavung des Menschen und der Welt ein Ende setzen und musste dem Land wieder die Freiheit geben und die Welt zwingen, zu feiern und frei zu sein. Die eigentliche Schuld dieser Menschen war es, dass sie nicht mehr feiern wollten, dass sie die Freiheit Gottes, die festliche Freude nicht mehr mochten. So haben sie die eigentliche Größe des Menschen weggeworfen, die eben darin besteht, dass er sich freuen kann, dass er das Werk lassen kann, dass er Sabbat hat, Fest hat und froh ist. Das ist der Ruf in Gottes Freiheit und Freude hinein, der von diesem heutigen Tag an uns alle ausgeht und der in einer Welt des Machens uns alle hier und heute treffen will.

Damit sind wir wieder beim Ausgangspunkt angekommen, nämlich beim Geburtstag unseres Pfarrers. Denn von hier aus wird sichtbar, was der Sinn des Priestertums ist, wozu ein Pfarrer letztlich da ist. Seine eigentliche Aufgabe ist es, die Menschen in das Fest hineinzuführen, das Gott uns in der Kirche gibt, und ihnen die Freiheit des Miteinander und des Sichfreuens zu schenken. Er ist gleichsam der Hochzeitsführer nach Jerusalem in die Freiheit der sonntäglichen Freude hinein. Das ist es, was seinen Dienst schön macht, in dem es gewiss auch viel Ärger und Mühsal gibt. Die Freude, die wir anderen geben, die empfangen wir, aber die Freude, die wir verschenken, wird wahrhaft zu unserer Freude.

Als ich zuerst innewurde, dass der Geburtstag mit dem Freudensonntag der Fastenzeit ineinanderfällt, kam mir spontan das Primizbild von Pfarrer Niegel in den Sinn [Abb. 1]. Da kann man unter einem strahlenden Primiziantengesicht die Verse lesen:

O Herr, verleihe,
dass Lieb und Treu
in Dir uns all verbinden,
dass Herz und Mund
zu jeder Stund
Dein' Freundlichkeit vekünden.
(3. Strophe von „In Frieden dein", Gotteslob, Lied Nr. 216)

Ich glaube, wir dürfen heute voller Dank gegen Gott sagen, dass dieses Morgengebet der Priesterweihe so erhört und erfüllt worden ist. Wir wollen es zum Gebet dieses Laetaresonntags und Geburtstags machen, es mit der liturgischen Melodie der Freude verschmelzen und Gott darum bitten, dass er diesen Ruf nach seiner Freude am Pfarrer von Unterwössen und an uns allen immer mehr erfüllen wolle.

Menschenfischer im Dienst der Kirche

Primizpredigt für Benedikt Voss, Ahldorf/Horb, 4. Juli 1976

Quelle: Die vorliegende Predigt wurde anlässlich der Primiz des am 26. Juni 1976 von Bischof Rudolf Graber in Regensburg zum Priester geweihten Benedikt Voss gehalten. Auf Einladung des Primizianten kam Prof. Joseph Ratzinger am 4. Juli 1976 in die Heimatgemeinde Ahldorf/Horb in der Diözese Rottenburg-Stuttgart (vgl. Abb. 3). Der hier abgedruckte Text ist eine vom Autor durchgesehene und freigegebene Tonbandabschrift. Die Predigt wurde unter dem auch an dieser Stelle gewählten Titel in einer geringfügig überarbeiteten Fassung in PrKat 118 (1978/79) 600–605 veröffentlicht.

Lesung: 1 Kön 19, 3–8
Evangelium: Joh 21, 1–14

Lieber Herr Primiziant!
Liebe Brüder und Schwestern im Herrn!

Am Nordwestufer des Sees von Gennesaret steht eine kleine Kapelle, in die der Fels des Seeufers hineinragt. Es ist die Stelle, an der nach der Überlieferung der auferstandene Herr zu Petrus die Worte gesprochen hat: „Weide meine Lämmer, weide meine Schafe!"

Wenn man die Kapelle verlässt, schaut man herunter auf die Wasser des Sees, in denen sich noch immer der blaue Himmel des Südens spiegelt und auf dessen Wellen das Licht der Sonne spielt. Man kann sehen, wie die sieben Quellen hereinmünden, die diesem Ort seinen Namen Tabga gegeben haben; vom Fels her kann man die Fische im Wasser spielen sehen. Es ist die Stelle, an der das heutige Evangelium seinen Ort hat, und etwas von der Schönheit eines galiläischen Frühlingsmorgens ist in dieses Evangelium hineingewoben.

In seinem Hintergrund taucht ein anderer Morgen auf, drei Jahre zuvor. Auch damals hatte Petrus eine Nacht hindurch vergeblich auf dem See gearbeitet. Er kommt; der Herr befiehlt ihm, von Neuem hinauszufahren, und er spricht die bedeutungsschweren Worte: „Auf dein Wort hin, Herr, will ich es wagen." Dies wird die Stunde seiner Berufung: „Du sollst Menschenfischer werden." Seitdem war die Zeit des Aufbruchs, der Hoffnung in den ersten Wochen und Monaten der Gemeinschaft mit Jesus gefolgt, dann die Stunden der wachsenden Vereinsamung, schließlich die Nacht von Golgota, und jetzt, man kann es durch das Evangelium hindurch spüren, stehen die Jünger in einer merkwürdigen Spannung zwischen Freude und Ungewissheit. Freude, denn sie wissen: Der Herr ist auferstanden, er ist ihnen begegnet; aber Ungewissheit bleibt darüber, was nun eigentlich geschehen soll. An diesem Tag erhalten sie die Antwort. Noch einmal werden sie ausgeschickt, noch einmal berufen, Menschenfischer zu sein, und was in den Jahren der Vorbereitung gereift war, gelernt worden war, das drängt nun zur Erfüllung. Die Zeit der Lehre und der Erprobung ist vorbei; es beginnt die wirkliche Ausfahrt: die in das Meer der Welt hinein.

So handelt dieses Evangelium von der Kirche, und es handelt von dem Beruf, der Kirche baut zu allen Zeiten: vom Dienst des Apostolats, vom Dienst des Priesters. Er wird hier dargestellt unter dem Bild des Fischers, als der Mensch also, der unterwegs ist, um andere Menschen für Christus zu gewinnen und ihm zuzuführen.

1. Der Priester als Menschenfischer – im Dienst der Bekehrung

Es lohnt sich, nachzudenken, was dieses uns ein wenig fremd scheinende Bild nun eigentlich näherhin sagt. Beim heiligen Hieronymus gibt es eine sehr schöne Auslegung, in der er so schreibt: „Wenn die Fische aus dem Wasser gezogen werden, bedeutet das für sie, dass sie aus ihrem Lebenselement herausgenommen werden; außerhalb des Wassers zu sein, heißt für sie: Tod. Aber wenn die Menschen für Christus in der Taufe aus den Wassern dieser Welt herausgenommen werden, geschieht das genau Gegenteilige. Dann werden sie aus der Finsternis, in der sie nur Wasser sehen, herausgehoben an das Licht Gottes; dann werden sie herausgeführt in die Weite seiner Welt, auf das Land, das ihnen zum Leben bestimmt ist. Hieronymus fügt hinzu: „Ehe die Menschen von Christus getroffen werden, leben sie gleichsam mit den Augen nach unten, das Gesicht in die Erde hineinversenkt. Sie sehen nichts; der Schlamm, das Wasser ist ihre Welt. Aber wenn Er kommt, der Fischer Gott, und sie herauszieht, dann treten sie ans Licht, in die Fülle seiner Wirklichkeit hinein.

Nun mögen wir versucht sein, zu sagen: Das klingt sehr fromm und sehr schön, aber ist es denn auch in Wirklichkeit so? Macht das Christentum uns frei? Zeigt es uns das Licht? Nun, ich glaube, wenn wir einen Augenblick nachdenken, können wir gerade heute wieder neu begreifen, wie wahr diese Worte des Kirchenvaters dem ersten Anschein zum Trotze sind. Denn wo der Mensch Gott nicht mehr sieht, wo er seinen Herrn nicht mehr kennt, da mag er zwar sehr viel wissen, aber im Grunde wird doch die Welt unendlich klein. Sie hat keine wirkliche Größe mehr. Sie besteht nur noch aus Zufall und Notwendigkeit, aus dem täglichen Geschäft, das zuletzt bloß in den Tod hineinführt.

Der konsequente französische Atheist Jean Paul Sartre hat einmal gesagt: „Seitdem ich weiß, dass es keinen Gott gibt, ist das ganze Leben und die ganze Welt für mich wie eine eklige Marmelade, überall letzten Endes nichts!" Und wenn wir in die traurigen Gesichter so vieler junger Menschen heute hineinsehen, hören wir das gleiche und sehen wir das gleiche; auch der Aufschrei des Protestes, der durch unsere Zeit geht, ist letzten Endes Protest gegen ein Leben, das keinen Inhalt, keine Weite, keinen Reichtum mehr hat, – Protest gegen ein Leben, das in Wirklichkeit gar kein Leben ist. Wo Gott fehlt, ist der Mensch in die armselige Höhle des Wassers eingeschlossen: er sieht kein Licht mehr. Der Dienst des Priesters aber ist es, Evangelist zu sein, die Menschen ans Licht zu führen, und so wahrhaft Diener des Lebens zu werden. Sein Dienst ist es, ihnen die Weite der Wirklichkeit, die Welt Gottes zu zeigen und damit gerade auch Alltäglichkeit hell und sinnvoll zu machen.

In den letzten Jahren ist uns oft gesagt worden, man solle doch nicht mehr vom Jenseits reden, das Diesseits sei aufregend und anstrengend genug, wir bräuchten all unsere Kräfte dafür und könnten Kräfte für eine andere Welt nicht mehr abzweigen. Aber seitdem wir uns daran halten, merken wir, dass diese Welt nicht heller und nicht leichter wird, wenn kein Himmel mehr über ihr steht. Seitdem wir danach leben, merken wir, dass das Wissen um das Land Gottes, um die Ewigkeit, diese Erde nicht auslaugt, sondern im Gegenteil unser Leben erst groß und reich und lebenswert macht. Wer je als Priester in einer Beichte ein verfahrenes Leben wieder öffnen durfte und gespürt hat, wie da ein neues Licht aufgeht, der weiß, wie groß und wie schön diese Aufgabe ist. Wer je an einem Sterbebett einen Frieden geben durfte, den kein Mensch zu geben die Macht hat, weiß, wie groß die Aufgabe ist, und wie schön und wie nötig es für unsere Welt ist, dass es in ihr Menschenfischer gibt, die die Menschen in das Licht Gottes, in das Licht unseres Herrn hineinführen.

Dies also ist das erste, was uns das heutige Evangelium sagt: Die Kirche lebt davon, dass es in ihr Menschenfischer gibt, die in Taufe, Buße, Krankensalbung, in Katechese und Predigt die Menschen aus ihrer Verbohrtheit in die Tiefe herausführen, ihnen das Licht zeigen und so das Leben groß, weit und sinnvoll machen.

2. Priesterdienst als eucharistischer Dienst

Wenn wir dem Evangelium weiter zuhören, zeigt es uns ein Zweites. Es gibt da ja einen gewissen Widerspruch, der sich freilich beim genaueren Mitdenken auflöst. Es wird uns gesagt, dass Christus zunächst die Jünger fragt, ob sie etwas zu essen haben, und da sie ihm mit nein antworten, schickt er sie auf den See hinaus, etwas zu besorgen. Als sie dann aber mit der Gabe zurückkommen, die letzten Endes schon von ihm gegeben ist, da bedarf er ihrer nicht mehr, sondern das Frühstück ist schon bereitet – Brot und Fisch. Dieses Frühstück, das nun bereits auf die Jünger wartet, ist Bild der Morgengabe der Ewigkeit, die der Herr uns in dieser Zeit gibt. Denn das Brot verweist auf das Weizenkorn, auf ihn selber, der für uns zum Weizenkorn geworden ist und in der hundertfachen Frucht der Eucharistie Brot für alle Zeiten wurde.

Wenn man das Wort Fisch in griechischen Buchstaben schreibt, dann ergeben die einzelnen Buchstaben die Bedeutung: Jesus Christus, Sohn Gottes, Erlöser. So verweist der Fisch wiederum auf die Gabe, die er selber ist, auf die Morgengabe der Ewigkeit, in der er sich uns zum Brot gemacht hat.

Damit sagt dieses Evangelium als zweites, dass Kirche eucharistische Kirche ist, dass Priesterdienst eucharistischer Dienst ist; Austeilen der Gabe, die Er ist.

Wenn wir dies hören, drängt sich uns wahrscheinlich wieder der Einwand auf, dies alles sei zwar fromm und schön, aber nicht recht in Einklang mit der Wirklichkeit. Denn, so möchten wir sagen, die Welt hungert nicht nach dieser Gabe des Herrn, sondern nach ganz anderen Dingen; ganz offensichtlich wird sie auch nicht von solcher Gabe her satt, sondern denkt andere Gedanken. Aber wieder meine ich, dass wir nur ein wenig tiefer zu schauen brauchen, um auch hier wieder zu erkennen, wie sehr der tiefste Hunger des Menschen, selbst wenn er es nicht merkt und nicht wahrhaben will, nach diesem Brot geht. Der Mensch hungert nach mehr als nach Essen, er hungert nach mehr als die Welt ihm überhaupt geben kann.

Der andere große französische Atheist unseres Jahrhunderts neben Sartre, Albert Camus, hat in einem seiner Theaterstücke den römischen Kaiser und Christenverfolger Caligula geschildert, der alles besitzt, was man nur überhaupt haben kann, und der gerade in dieser seiner unbeschränkten göttlichen Vollmacht (er ließ sich ja als allmächtiger Gott anbeten) ständig von Neuem unzufrieden ist, nach anderem schreit. Wenn je ein Wunsch erfüllt ist, wirft er fort, was er hat und begehrt nach anderem.

In einer Szene dieses Theaters geschieht es, dass Caligula, überdrüssig alles Bisherigen, in den Schrei ausbricht: „Gebt mir den Mond, ich will den Mond haben" – die Erde reicht ihm nicht mehr, er besitzt sie schon. Was hier nur als die Allüre eines Wahnsinnigen erscheint, ist in unserem Jahrhundert auf eine merkwürdige und unerwartbare Weise Wahrheit geworden. In der Technik verfügen wir über die Welt; wir können aus ihr herausholen, was wir wollen. Auch wir einfachen Menschen können uns heute Wünsche erfüllen, die früher selbst für Könige und Kaiser unerfüllbar gewesen sind. Wir haben die Erde – aber siehe da: Sie reicht uns nicht – und wir haben gerufen: Gebt uns den Mond! Wir haben nach dem Mond gegriffen, und da wir ihn in Händen hatten, haben wir ihn wie eine langweilige Frucht wieder beiseitegelegt.

Dem Menschen genügt nichts. Er hungert immer nach mehr. Er hungert nach dem All. Er hungert nach dem Ganzen, und nur ein Gott – nein richtiger: Nur Gott selbst, der das Ganze und der Ganze ist, nur er könnte seinen Hunger stillen. Dies ist die Größe der Gabe, die uns hier gegeben wird, dass in ihr und in ihr allein Antwort auf unseren Hunger ist, weil Gott selbst sich in unsere Hände legt und uns in sich hineinnimmt.

An dieser Stelle löst sich nun auch der Widerspruch, von dem vorhin die Rede war. Als die Jünger kommen, ist das Frühstück schon bereitet; das bedeutet: Am Ende zeigt sich, dass alles Gnade ist, dass alles einfach geschenkt sein wird. Aber bevor sie es bekommen können, müssen sie selber umgekehrt sein, müssen sie auf das Wort Jesu hin ihr Leben gewagt haben. Bevor sich zeigen kann, dass alles Gnade ist, müssen sie den Weg Jesu Christi, in das Opfer Jesu Christi hineingetreten sein. Denn am Ende kann die Gabe aller Gaben nur aus dem Opfer, nur aus der Umkehr in *sein* Opfer hinein kommen.

3. Der Priester in der Einheit der katholischen Kirche

Schließlich zeigt uns das Evangelium noch einen dritten Gesichtspunkt. Es ist ja auffällig, welche Rolle Petrus in dieser Geschichte spielt. Er ist es, der die Schar der Jünger anführt. Er ist es, der hinausfährt auf den See, um des Wortes Jesu willen. Er ist es, der zuerst ihm entgegengeht. So läuft konsequent die Geschichte in die Erzählung davon aus, wie der Herr ihn zum Hirten seiner Schafe, zum Hirten der ganzen Kirche bestellt. Aber was dann hernach ausführlich gesagt wird, klingt auch in dem Ausschnitt des heutigen Sonntags schon an, besonders in der geheimnisvollen Zahl der 153 Fische, die da gefangen worden sind. Seit den Zeiten der Väter haben sich die Ausleger immer neu gemüht, das Geheimnis dieser Zahl zu entlüften; man wird es nie mit völliger Sicherheit klären können. Aber es gibt doch drei Auslegungen, die so sehr im Gefüge des ganzen Evangeliums und seiner Gedankenführung liegen, dass wir in ihnen auf der Spur der Wahrheit sind.

Die erste erinnert daran, dass 153 die Eckzahl zu 17 ist, d. h.: Wenn man von eins ausgehend die Zahlen bis siebzehn der Reihe nach aneinanderzählt, kommt man auf 153. Siebzehn aber ist die Zahl der Völker und der Sprachen, die im Pfingstbericht der Apostelgeschichte genannt werden. Es ist die Zahl der Kirche, die die ganze Welt umfasst; die Zahl der Kirche, die wahrhaft katholisch geworden ist, die Fülle der Menschheit einbringt in die Scheuer der Ewigkeit durch die Kraft des Geistes Gottes. So ist dies ein pfingstliches Zeichen; es verweist auf die pfingstliche Kirche, die die Fülle der Welt hineinträgt in Gottes Ewigkeit.

Die zweite Auslegung sagt Folgendes: Wenn man 153 in griechischen Buchstaben schreibt, ergibt das die Worte „Simon" und „Fisch", also: Petrus und Christus. So verweist die Zahl darauf, dass die pfingstliche Kirche, die Katholische, die Kirche aller Orte und aller Zeiten, die Kirche Petri ist, die so in der von Petrus bestimmten Einheit die Welt dem Herrn übereignet. Das wiederum besagt, dass priesterlicher Dienst immer in Zusammenhang steht mit dem Dienst des heiligen Petrus. Der Priester baut nie an einem Privatverein, sondern er baut an der Kirche aller Orte und aller Zeiten; er führt die Menschen hinein in die große, völkerumspannende Gemeinschaft der einen Kirche Jesu Christi. So bereitet er in den Gegensätzen und Verwirrungen und Verschiedenheiten dieser Welt den Frieden Gottes, die eine neue Welt vor.

Das führt zur dritten Auslegung der geheimnisvollen Zahl: Wenn man die 153 in hebräischen Buchstaben schreibt, heißt es „kommende Welt". So wird deutlich, dass die pfingstliche Kirche, die Kirche Petri, die über den Erdkreis hin nur eine ist, zugleich Abschattung der kommenden Welt, ja, ihr Beginn mitten in unserer Zeit ist, indem sie etwas von dem Frieden, von der Weite Gottes, die die Grenzen sprengt, in unserer Gegenwart Wirklichkeit werden lässt.

Wenn aber priesterlicher Dienst immer auch petrinischer Dienst ist, dann heißt dies: dass jeder Priester an dem Auftrag des Petrus Anteil hat: „Weide meine Lämmer, weide meine Schafe!" (Joh 21, 15–17) Und es heißt, dass jeder Priesterberuf denselben Grund hat, auf dem der Beruf des Petrus steht: „Herr, Du weißt alles, Du weißt auch, dass ich Dich liebe." Die Liebe zu Christus ist der letzte tragende Grund, die eigentliche Kraft, die Tag um Tag weiterzugehen hilft und die es schenkt, immer wieder von Neuem dienen und Kirche bauen zu können. Denn in jedem Priesterleben wird es Stunden geben von der Art, wie wir sie vorhin in der ersten Lesung über den Propheten Elija gehört haben. Er ist müde, er flieht vor Gott, er fühlt sich am Ende, denn er sieht, dass der Unglaube mächtiger ist als der Glaube. Er ist es deswegen, weil er soviel plausibler, soviel einfacher und einleuchtender scheint. So entsteht das Gefühl, der übernommene Dienst gehe über die menschliche Kraft. Aber indem Elija flieht, läuft er geradewegs in Gottes Hände hinein: an den Berg Horeb, von dem einst das Wort der Berufung kam; dort findet er das geheimnisvolle Brot, das ihm Kraft zu neuem Weg wird. Dieses Brot ist ein Zeichen der Liebe zu Christus. Sie ist ja die eigentlich tragende Kraft, die durch die Wüsten hindurchführt, um von Neuem dienen zu können. So berührt sich zu guter Letzt die Geschichte von Elija mit der Fortsetzung des heutigen Evangeliums bei Johannes. Dort schließt die Berufung damit, dass der Herr zu Petrus sagt: „Als du jung warst, gingst du hin, wo du wolltest; wenn du alt geworden sein wirst, wird dich ein anderer gürten, und du wirst geführt werden, wohin du nicht willst" (Joh 21, 18). In den früheren Zeremonien der Priesterweihe gab es die Bindung der Hände als Bild der Bindung des Willens in den Willen Jesu Christi hinein. Auch wenn dies weggefallen ist, bleibt die Sache selbst, denn auch jetzt noch bedeutet Priesterwerden, den eigenen Willen in denjenigen Christi hineinbinden und sich von ihm auch führen lassen, wohin man selber nicht will. Der Priester kann dies tun, weil er weiß, dass er, indem er mit Christus geht, immer in sein wahres Heil hineingeht: Er geht ja mit dem, dessen Liebe ihn gedacht hat und dessen Liebe die endgültige Erfüllung für uns alle sein wird.

So ist dies heute ein Tag des Dankes dafür, dass der Herr auch in unserer Stunde Menschen ruft; des Dankes dafür, dass auch in unserer Stunde sein Ruf gehört wird und Menschen auf sein Wort hin ausfahren, um Menschenfischer in seinem Dienst zu werden; des Dankes dafür, dass Sein Licht nicht untergegangen ist, dass Er weiterhin Kirche baut und damit die Helligkeit des neuen Lebens in dieser Welt aufgehen lässt.

Es ist aber zugleich ein Tag der Bitte darum, dass er diesen Weg segnen, dass Er den Berufenen durch die Wüsten hindurch geleiten möge. Es ist ein Tag der Bitte darum, dass Er auch andere rufen möge; dass Sein Bau weitergehe; dass Sein Licht weiterhin über dieser Welt stehen möge. Und schließlich ist dies ein Tag der Bitte darum, dass wir alle einmal zu den geheimnisvollen 153 Fischen gehören mögen, die die Ernte dieser Zeit, das neue Leben der kommenden Welt bedeuten, in der all unser Hoffen und Sehnen erfüllt sein wird.

Vorwort zur chinesischen Ausgabe von „Die Vielfalt der Religionen und der Eine Bund"

Quelle: Im Jahr 1998 (^{4}2005) erschienen unterschiedliche Beiträge von Joseph Rat-
zinger zur Verhältnisbestimmung von Altem und Neuem Testament unter dem Titel
„Die Vielfalt der Religionen und der Eine Bund" im Verlag Urfeld der Integrierten
Gemeinde [A_077]. Die Texte entstanden zwischen 1994 und 1997 und wurden
zuvor an anderen Stellen veröffentlicht. Im Jahr 2001 verfasste der Autor ein Vor-
wort für die geplante chinesische Ausgabe. Die Übersetzung des Buches ist abge-
schlossen. Die Drucklegung durch das „Institute of Sino-Christian Studies" in
Hongkong wurde bisher nicht realisiert. Das vorliegende Manuskript wurde dem
Institut vom Autor übergeben.

Die Überwindung der Religion und die Heraufführung eines religionslosen Zeit-
alters war lange Zeit hindurch das Programm derer, die sich für die führenden
Geister ihrer Gegenwart und für berufen hielten, eine bessere Welt heraufzufüh-
ren. Der radikale Liberalismus, wie er sich von der Französischen Revolution her
vor allem im 19. Jahrhundert entfaltet hatte, sah in der Religion eine vernunftwid-
rige Fessel, die den Menschen an der Entwicklung seiner Fähigkeiten hinderte.
Von ihr musste man sich befreien, um endlich die Schranken wegzuschaffen, die
dem Fortschritt im Wege standen. Der Marxismus war überzeugt, dass Religion
nur eine Projektion bedrückender sozialer Verhältnisse sei und dass sie von selbst
verschwinden werde, wenn erst die befreite Gesellschaft hergestellt sein würde.
Obwohl beide Ideologien keineswegs ausgestorben sind, sind sie doch durch viel-
fältiges Scheitern in ihren Ansprüchen bescheidener geworden. Dass Religion, der
Durst nach dem Unendlichen, zum Wesen des Menschen gehört und dass sie daher
nicht aufhören kann, solange es Menschen gibt, ist heute auch unter ihren Geg-
nern deutlich geworden.

So erscheint Religion heute auf neue Weise als Menschheitsthema, gerade auch
für diejenigen, die ihr skeptisch gegenüberstehen. In einer immer mehr zusammen-
rückenden Welt sind die Vielheit der Religionen und ihr gegenseitiger Widerspruch
das eigentliche Problem geworden, dem man sich stellen muss. Religionen können
ein Potential an Fanatismus und an Exklusivismus in sich tragen, durch das sie in
der Geschichte immer wieder Ursache von blutigen Auseinandersetzungen unter
verfeindeten Gruppen geworden sind. Religion kann aber auch eine Kraft der Versöhnung und der heilenden Güte sein, die Menschen fähig macht, sich in den
Dienst des anderen zu stellen, Brücken über Abgründe an Trennung zu bauen, den
Leidenden Licht und den Armen Brot zu geben. So erscheint der Dialog der Religionen als eine vordringliche Aufgabe dieser unserer Stunde. Dass auch Politik und
Wirtschaft aus dieser Sicht an diesem Dialog interessiert sind, kann man begrüßen,
aber die Gefahr, dass Religion dabei sich selbst entfremdet und für politische Zwecke instrumentalisiert wird, liegt auf der Hand. Wirkliches Verstehen zwischen den

Religionen kann indes nur wachsen, wenn sie aus ihrem Eigenen heraus aufeinander zugehen, ihr inneres Wesen nicht verleugnen, sondern reinigen und vertiefen.

Auf diesem Hintergrund sind die Überlegungen dieses kleinen Buches zu verstehen. Sein zentrales Problem ist freilich nicht der Religionsdialog im Allgemeinen, sondern das Gespräch zwischen Altem und Neuem Bund, zwischen Judentum und Kirche. Beide sind durch die gemeinsame Bibel des Alten Bundes aufeinander verwiesen, aber die Geschichte ihrer Beziehung ist in den zwei Jahrtausenden seit der Entstehung des Christentums ein Drama voller Leiden und Missverständnisse gewesen, in dem sich das allgemeine Thema des Verhältnisses der Religionen zueinander auf besondere Weise spiegelt. So darf man den Dialog zwischen Israel und der Kirche als exemplarischen Urdialog der Religionen ansehen, ging es doch nach Paulus (Eph 2) beim Heraustreten des Gottes Israels im Zeichen des gekreuzigten Christus zu den anderen Nationen hin um die Versöhnung zwischen Israel und der Völkerwelt überhaupt, um die Versöhnung mit Gott und der Menschen untereinander. Erst der letzte Beitrag dieses kleinen Buches stellt dann das spezifische Gespräch Israel – Kirche in den Zusammenhang des weltweiten Religionsdialogs und versucht, wenigstens einige Markierungen dafür anzudeuten; um mehr konnte es nicht gehen.

Das ganze Buch, das von eher zufälligen Anlässen her aus verschiedenen Beiträgen zusammengewachsen ist, kann nur bescheidene Anläufe auf ein großes Thema bieten, die zum Weiterdenken einladen. Ich freue mich, dass es nun in China veröffentlicht werden kann und hoffe, dass es in diesem großen Land zum Verstehen der Religion überhaupt, des Dialogs der Religionen und der spezifischen Sendung des christlichen Glaubens auf seine Weise ein wenig beitragen kann.

Rom, am Fest der Cathedra Petri 2001

Joseph Cardinal Ratzinger

Vorwort zu: Henri de Lubac, *Catholicism. Christ and the common destiny of man*, San Francisco 1988

Quelle: In Paris erschien 1938 erstmalig „Catholicisme. Les aspects sociaux du dogme" von Henri de Lubac (1896–1991). Ein Werk des französischen Theologen, das unzählige Auflagen und Übertragungen in verschiedene Sprachen erfuhr. Für den deutschen Sprachraum besorgte Hans Urs von Balthasar die Übersetzung und publizierte sie unter dem Titel „Katholizismus als Gemeinschaft" 1943 im Verlag Benzinger (Einsiedeln/Köln). Lancelot C. Sheppard und Elisabeth Englund besorgten die Übersetzung der US-amerikanischen Ausgabe, die 1988 in San Francisco im Verlag Ignatius Press gedruckt wurde. Für diese Version verfasste Joseph Ratzinger ein eigenes Vorwort, das datiert ist mit „Rom, am 8. September 1988". Erstmalig wird der deutsche Text an dieser Stelle zur Verfügung gestellt. Das Manuskript übergab der Autor dem Institut.

Es sind nun fast fünfzig Jahre vergangen, seitdem mir im Spätherbst 1949 ein Freund Lubacs Buch „Katholizismus" schenkte. Für mich wurde die Begegnung mit diesem Werk zu einer wesentlichen Markierung auf meinem theologischen Weg. Lubac behandelt darin ja nicht irgendwelche Einzelfragen, sondern er macht uns die Grundintuition des christlichen Glaubens auf eine neue Weise sichtbar, so dass von dieser inneren Mitte her alle Einzelheiten in neuem Lichte erscheinen. Er zeigt, wie vom trinitarischen Gottesbegriff aus der Gedanke der Gemeinschaft, der Universalität alle einzelnen Inhalte des Glaubens durchprägt. Die Idee des Katholischen, des Allumfassenden, der inneren Einheit von Ich und Du und Wir bezeichnet nicht eines der Kapitel der Theologie unter anderen; sie ist der Schlüssel, der die Tür zum rechten Verstehen des Ganzen öffnet.

Das Wunderbare dabei ist, dass Lubac keine Privatideen vorträgt, die vorübergehen, wie sie gekommen sind, sondern die Väter zum Sprechen bringt und uns so die Stimme des Ursprungs in ihrer Frische und in ihrer erstaunlichen Aktualität hören lässt. Wer Lubacs Buch liest, sieht, wie Theologie umso aktueller wird, je mehr sie sich auf ihre Mitte besinnt und je mehr sie aus ihren tiefsten Quellen schöpft. Es gibt keinerlei Archaismus in diesem Buch. Lubac steht in dem Gespräch mit dem, was die Modernsten unter seinen Zeitgenossen sagen; er hört es nicht nur von außen an, sondern er ist von innen daran beteiligt. Ihre Fragen sind die seinen. Er liest die Bibel und die Väter mit den Problemen, die uns bewegen, und weil er wirklich fragt, darum findet er auch Antworten, durch die die Väter unsere Zeitgenossen werden.

Das Buch Lubacs war nicht nur für mich ein Schicksalsbuch. Es hat die Theologen in den fünfziger Jahren allenthalben fasziniert, und so sind seine Grundgedanken alsbald ins Gemeingut theologischen Denkens übergegangen. Die individualistische Verengung des Christentums, gegen die er sich gewandt hatte, ist heute kaum noch unser Problem; die soziale Dimension des Dogmas ist in aller Munde. Trotzdem ist dieses Buch auch heute weit mehr als Zeugnis einer nun vergangenen geistesgeschichtlichen Konstellation. Denn seine Ideen sind bei ihrer Ausbreitung im theologischen Durchschnittsdenken leider auch vergröbert und verflacht worden. Das Soziale, das Lubac aus der Tiefe des Mysteriums heraus entwickelt hat, ist nicht selten ins platt Soziologische abgesunken, so dass dabei gerade der neue Beitrag des Christlichen zum rechten Verstehen von Geschichte und Gemeinschaft verlorenging. Anstatt die Zeit zu befruchten, ihr Salz zu sein, sind wir häufig einfach ihre Nachredner geworden. Wenn es ehedem eine individualistische Verengung des Christlichen gab, so stehen wir heute vor der Gefahr seiner soziologischen Verflachung. Sakramente werden vielfach nur noch als Gemeinschaftsfeiern betrachtet, in denen die Tiefe des persönlichen Dialogs zwischen Gott und der Seele keinen Platz mehr findet, ja, von manchen sogar mitleidig belächelt wird. So ist eine Art Umkehrung des individualistischen Ansatzes entstanden, die die Perspektive des Glaubens aufs Neue vom Grund her verkürzt und sich wiederum von den großen theologischen Themen aus bis ins ganz Konkrete und Praktische erstreckt.

Es lohnt sich, gerade in dieser Situation zu Lubac zurückzukehren und bei ihm neu zu lernen, was „soziale Dimension des Dogmas" wirklich heißt. Wir werden das Buch heute mit anderen Augen lesen als damals, aber weil es wirklich in die Tiefe geht, wird es heute nicht weniger heilend und helfend sein als vor fünfzig Jahren. Deshalb freue ich mich, dass dieses klassische Werk moderner Theologie nun in Amerika erscheint und damit von Neuem Wegweisung im Glauben werden kann.

Rom, am 8. September 1988

Joseph Cardinal Ratzinger

II. Rezeption

Das Tribunal des zeitgenössischen Relativismus

Joseph Ratzingers Argumente für die Erkennbarkeit der einen Wahrheit

Karl-Heinz Menke

Zwei Themen ziehen sich wie rote Fäden durch das Gesamtwerk von Joseph Ratzinger: „Die Einzigkeit der Wahrheit" und „Die Einzigkeit Jesu Christi". Dass diese beiden Themen untrennbar sind, leuchtet auf Anhieb ein. Aber nur wenigen ist bewusst, warum Papst Benedikt sich die Zeit für die Veröffentlichung seines Jesus-Buches trotz der ungeheuren Anforderungen des höchsten Amtes und trotz seines fortgeschrittenen Alters buchstäblich abgerungen hat.

Er wollte der geistesgeschichtlichen Entwicklung, die er auf den ersten Seiten seiner „Einführung in das Christentum" beschreibt, und der bis in die Kerngemeinden fortgeschrittenen Reduzierung Jesu auf einen bloßen Religionsgründer oder Weisheitslehrer seine Alternative entgegenstellen. Auf der erkenntnistheoretischen Ebene geht es um Argumente gegen die nominalistische – teils empiristische, teils rationalistische – Trennung von Sein und Denken; auf der christologischen Ebene um Argumente gegen die Trennung des historischen Jesus vom Christus des Glaubens.

In seiner viel kommentierten „Sorbonne-Rede" vom 27.11.1999 bezeichnet Joseph Ratzinger die kaum noch hinterfragte Plausibilität des zeitgenössischen Relativismus als größte Herausforderung des Christentums:

„Genau dies sagt heute die Aufklärung: Die Wahrheit als solche kennen wir nicht; [...] Der Wege sind viele, der Bilder viele [...] Demjenigen gehört das Ethos der Toleranz [...], der das Eigene nicht höher stellt als das Fremde und sich friedvoll in die vielgestaltige Symphonie des ewig Unzugänglichen einfügt [...] Ist demnach der Anspruch des Christentums, *religio vera* zu sein, durch den Fortgang der Aufklärung überholt? Muss es von seinem Anspruch heruntersteigen und sich in die neuplatonische oder buddhistische oder hinduistische Sicht von Wahrheit und Symbol einfügen, sich – wie Ernst Troeltsch es vorgeschlagen hat – damit bescheiden, die den Europäern zugewandte Seite des Antlitzes Gottes zu zeigen? [...] Dies ist die eigentliche Frage, der sich heute Kirche und Theologie zu stellen haben. Alle Krisen im Inneren des Christentums, die wir gegenwärtig beobachten, beruhen nur ganz sekundär auf institutionellen Problemen. Die Probleme der Institutionen wie der Personen der Kirche rühren letztlich von der gewaltigen Wucht dieser Frage her."[1]

---

1 *Benedikt XVI.*, Gott und die Vernunft. Aufruf zum Dialog der Kulturen, Augsburg 2007, 36.

Wahrheit, die nicht konstruiert, sondern empfangen wird

Hubertus Mynarek und Walter Kasper haben die beiden großen Rezensionen zu Ratzingers „Einführung" verfasst, die 1969 von der ‚Theologischen Revue' publiziert worden sind. Mynarek wirft Ratzinger vor, im Sinne der scholastischen Transzendentalienlehre (*ens est verum, ens est bonum, ens est pulchrum*) die Kongruenz von Sinn (bzw. Denken) und Sein vorauszusetzen, statt diese gegen die vielfältige Kritik von außen zu begründen.[2] Und Walter Kasper schlägt in dieselbe Kerbe, wenn er Ratzinger als Platoniker bezeichnet. Er treibt seine Kritik bis in den Vorwurf: „Philosophische Grundsatzüberlegungen lassen sich in der Theologie nicht ungestraft übergehen. Wer meint, keine Philosophie zu haben, bei dem wirken sich bestimmte Philosopheme umso unkontrollierter und verhängnisvoller aus."[3]

In seiner von der Zeitschrift „Hochland" publizierten Erwiderung hat Ratzinger erklärt, dass er sich gern als Platoniker kritisieren lasse, wenn man mit diesem Etikett Denker wie Scheler und Guardini bezeichnet, die Wahrheit voraussetzen, „die einfach ist und die ich als Mensch daher einfach empfange"[4]. Allerdings – so betont er – ist die von den Fakten der Schöpfung und Geschichte vermittelte Wahrheit nicht apriori erkennbar. Das Erkennen der Wahrheit geschieht in der Gemeinschaft des Volkes Gottes bzw. der Kirche: in Gestalt (a) der liturgisch und sakramental gelebten Glaubenspraxis, (b) der kritischen Reflexion dieser Praxis durch die verschiedenen Disziplinen der Theologie und (c) der diskursiven Vorbereitung lehramtlicher Unterscheidungen und Entscheidungen.[5]

Im Unterschied zu Kant und Wittgenstein hält Ratzinger die Prämissen des mit Johannes Duns Scotus und Wilhelm von Ockham eingeleiteten Nominalismus für keineswegs unhintergehbar. Die Beschreibung aller Wirklichkeit als reine Kontingenz ist, wie z.B. Robert Spaemann mit guten Argumenten erklärt[6], mindestens so voraussetzungsreich wie die theologische Antithese von der Sinnhaftigkeit alles Seienden. Für Ratzingers philosophische Grundposition entscheidend ist die Unvereinbarkeit des Nominalismus mit dem jüdisch-christlichen Offenbarungsverständnis. Denn wenn die Fakten der Natur und der Geschichte von sich aus nichts bedeuten, sondern erst durch die ‚nomina' des Menschen eine Bedeutung erhalten, können sie kaum Träger dessen sein, was die jüdisch-christliche Tradition ‚Offenbarung' nennt. Kontingentes, das von sich aus nichts bedeutet, kann Wahrheit bestenfalls bewusst machen, aber nicht offenbaren.

---

2 „Vom Standpunkt der (philosophischen) Vernunft wird man die Ausführungen Ratzingers als *Sinn*-Überlegungen bezeichnen müssen. Der Sinn der Liebe ist so groß, tief und gut, ja so göttlich, [...] dass ihm die Wirklichkeit zwar nicht auf ihrer Oberfläche, aber in ihrer Tiefe letztlich entsprechen muss. [...] Damit ist eine Aporie dieses Buches aufgedeckt, denn die ganze neuzeitliche Philosophie ist in einer wesentlichen Hinsicht als Ringen um eine Überwindung [...] der Kluft zwischen Sinn und Sein, Wert und Wirklichkeit auffassbar. [...] Die Aporie besteht freilich nur für den Außenstehenden. Denn Ratzinger könnte darauf hinweisen, dass ein Specificum der christlichen Botschaft ja gerade darin besteht, dass der auf der philosophischen Ebene vielleicht letztlich unaufhebbare Dualismus zwischen Sinn und Sein, Wert und Wirklichkeit im christlichen Heilsgeschehen als überwunden geglaubt wird." (*Hubertus Mynarek*, A. Das Wesen des Christlichen, in: ThRv 65 [1969] 178–182; 180)).

3 *Walter Kasper*, Das Wesen des Christlichen, in: ThRv 65 (1969) 182–188; 185.

4 *Joseph Ratzinger*, Glaube, Geschichte und Philosophie. Zum Echo auf meine „Einführung in das Christentum", in: Hochl. 61 (1969) 533–543; 537 [JRGS 4, 323–339; 329].

5 Vgl. JRGS 9, 109–124.135–158.286–295.368–375.

Bekanntlich beschreibt Lessing eine fortschreitende Erziehung des Menschenge-schlechtes durch die Religionsgeschichte.[7] Sie ist für ihn so etwas wie ein fortschrei-tend erfolgreicher Katalysator der Wahrheit, die jedem mit Vernunft begabten Men-schen immer schon eingeschrieben ist, aber erst durch entsprechende Anstöße von außen bewusst wird. Am Ende steht ein allen vernunftbegabten Individuen gemein-sames Weltethos – bestehend aus den ethischen Maximen, die Hans Küng in seinem gleichnamigen ‚Projekt‘[8] als Fundament des Weltfriedens beschreibt.

Ratzinger hat die Intentionen dieses ‚Projektes‘ durchaus gewürdigt[9], aber dann doch angemerkt, dass Menschen zwar für die Wahrheit zu sterben bereit sind, die Jesus Christus bzw. die ewige Gemeinschaft des je einzelnen Menschen mit ihm ist; nicht aber für die Charta der Menschenrechte der Vereinten Nationen. Wahrheit, wenn es sie gibt, ist das Unbedingte und also göttlichen Ursprungs. Deshalb steht jede Interpretation, die wahr sein will, ohne auf Gott Bezug zu nehmen, unter dem Verdacht, eine bloße Konstruktion oder Konvention zu sein. Ratzinger ist ebenso wie Spaemann davon überzeugt, dass die Menschenrechte nur in dem Maße einge-halten werden, wie Menschen an Gott glauben – nicht an irgendeinen Gott, sondern an den, der die unbedingte Liebe zu jedem einzelnen Menschen ist.

Das Sein, oder: Der Sinn (die Wahrheit) des einzelnen Seienden

Im Unterschied zu Karl Rahner und Hans Urs von Balthasar hat Joseph Ratzinger sich nirgendwo ausführlicher mit den Folgen der von Johannes Duns Scotus einge-leiteten, von Francisco Suárez fortgeschriebenen und von Kant und Hegel vollende-ten Verbegrifflichung des Seins befasst. Aber er hat seinen wohl begabtesten Schü-ler mit einer Promotionsschrift beauftragt, welche die wichtigsten Entwürfe des Transzendentalthomismus (Joseph Maréchal, Emerich Coreth und Johann Baptist Lotz) mit der von Gustav Siewerth vorgetragenen Kritik konfrontiert.[10] Gustav Siewerth – so resümiert Hansjürgen Verweyen seine wegweisende Arbeit über „die ontologischen Voraussetzungen des Glaubensaktes" – „war der erste, der, in der

6 Vgl. *Robert Spaemann / Reinhard Loew*, Natürliche Ziele. Geschichte und Wiederentdeckung des teleologischen Denkens, Stuttgart 2005, bes. 230–247.
7 Vgl. *Gotthold Ephraim Lessing*, Die Erziehung des Menschengeschlechts, in: Ders., Gesam-melte Werke, hg. v. *Paul Rilla*, Bd. VIII. Philosophische und theologische Werke II, Berlin 1956, 590–615. – Dazu: *Joseph Ratzinger*, Glaube – Wahrheit – Toleranz. Das Christentum und die Weltreligionen, Freiburg [4]2005, 157.
8 Vgl. *Hans Küng*, Projekt Weltethos, München 1990, bes. 75–78.
9 Vgl. *Ratzinger* (Anm. 7) 203. – Dazu: *Robert Spaemann*, Grenzen. Zur ethischen Dimension des Handelns, Stuttgart [2]2002, 531–533.
10 Nicht zufällig beschließt Joseph Ratzinger seine Erwiderung auf Walter Kaspers Rezension zu seiner „Einführung" mit der Bemerkung: „Ich war und bin der Auffassung, dass diese metho-dischen Vorfragen, die Hermeneutik philosophischen und theologischen Denkens, nicht in den Aufgabenbereich meines Buches fielen, wie ich andererseits ihren Anspruch indirekt in der Weise meines Vorgehens gegenwärtigzuhalten versucht habe. Im Übrigen darf ich für dieses von mir vorausgesetzte Problem auf die Arbeit meines Schülers H. Verweyen, Ontologische Voraus-setzungen des Glaubensaktes. Zum Problem einer transzendentalphilosophischen Begründung der Fundamentaltheologie, und auf das bedeutende Buch von E. Simons / K. Hecker, Theologi-sches Verstehen, Philosophische Prolegomena zu einer theologischen Hermeneutik, verweisen, wo diese Fragen in der gebotenen Gründlichkeit und Sorgfalt analysiert sind." (*Ratzinger* [Anm. 4] 543).

scholastischen Tradition stehend, einen transzendentalphilosophischen Entwurf der ‚Erkenntnismetaphysik' vorgelegt hat, welcher von vornherein die ‚Apriorität' der Wahrheit aus dem Ganzen der Wirklichkeitsbegegnung versteht."[11] Transzendentalphilosophie, die sich im Gefolge von Joseph Maréchal auf die transzendentale Analyse der Voraussetzungen von Erkenntnis beschränkt[12], kann – so Siewerths Resümée – nicht erklären, wie sie dem mit Duns Scotus einsetzenden „Schicksal der Metaphysik"[13], nämlich der „Verbegrifflichung des Seins", entkommen will.

Karl Rahner war von Anfang an den Konsequenzen der Maréchal-Schule verpflichtet. Nicht irgendwelche Einzelthemen oder aktuelle Debatten, sondern Rahners transzendentalphilosophischer Ansatz – exemplarisch kritisiert von Gustav Siewerth und Hansjürgen Verweyen – war der Grund für die fortschreitende Entfremdung zwischen Ratzinger und Rahner und – zugleich! – für die fortschreitende Affinität Ratzingers zur Theologie von Hans Urs von Balthasar.[14]

Ratzingers eigene Aussagen belegen, dass er die Ausführungen seines Schülers Hansjürgen Verweyen[15] über Rahners „übernatürliches Existential" und die daraus abgeleitete These vom „anonymen Christentum" affirmiert hat.[16] Eine Transzendentalität nämlich, die ‚immer schon' unreflex und unthematisch um die Selbstmitteilung Gottes in Jesus Christus weiß, degradiert – zumindest tendenziell – die

---

11 *Hansjürgen Verweyen*, Ontologische Voraussetzungen des Glaubensaktes. Zum Problem einer transzendentalphilosophischen Begründung der Fundamentaltheologie, Düsseldorf 1969, 161.

12 „Solange sich das Denken ausschließlich auf die Analyse transzendentaler Formalitäten und Denknotwendigkeiten beschränkt, gelingt Siewerth zufolge keine Überwindung des in sich verschlossenen Subjekts, selbst dann nicht, wenn zu den transzendentalen Vollzügen die Idee der Intersubjektivität gehört. […] Eine Theorieform, die im Rahmen des christlichen Glaubens rationale Gründe für dessen Plausibilität angeben will, wird ohne die mit Siewerth einzufordernde *Objektivität* des Begründungsverfahrens – d. ohne den Bezug auf eine apriorische *conceptio entis* – Schwierigkeiten haben, zu erklären, wie das Subjekt – allein von sich aus – zur Plattform einer Vergewisserung im Glauben an den dreieinigen Gott fungieren und wie über ein Denken in bloßen Begriffen hinausgegangen werden kann. Andererseits suspendiert Siewerths Kritik nicht von der Aufgabe, durch eine transzendentale Reflexion und Vermittlung die von ihm angesprochenen *objektiven* Zusammenhänge aufzudecken." (*Michael Schulz*, Überlegungen zur ontologischen Grundfrage in Gustav Siewerths Werk „Das Schicksal der Metaphysik von Thomas zu Heidegger" [Neue Kriterien 7], Freiburg 2003, 89–91).

13 Vgl. *Gustav Siewerth*, Das Schicksal der Metaphysik von Thomas zu Heidegger (Horizonte 6), Einsiedeln 1959, bes. 88–118.227–262.

14 „Bei der gemeinsamen Arbeit wurde mir klar, dass Rahner und ich trotz der Übereinstimmung in vielen Ergebnissen und Wünschen theologisch auf zwei verschiedenen Planeten lebten. Für liturgische Reform, für eine neue Stellung der Exegese in Kirche und Theologie und für vieles andere trat er ein wie ich, aber aus ganz anderen Gründen. Rahners Theologie war – trotz der Väterlektüre seiner frühen Jahre – ganz von der Tradition der suarezischen Scholastik und ihrer neuen Rezeption im Licht des deutschen Idealismus und Heideggers geprägt. Es war eine spekulative und philosophische Theologie, in der Schrift und Väter letztlich keine Rolle spielten, in der überhaupt die geschichtliche Dimension von geringer Bedeutung war. Ich war hingegen von meiner Bildung her ganz von Schrift und Vätern und von einem wesentlich geschichtlichen Denken bestimmt: Der ganze Unterschied zwischen der Münchener Schule, durch die ich gegangen war, und derjenigen Rahners ist mir in jenen Tagen [des Zweiten Vatikanischen Konzils] klargeworden, auch wenn es noch einige Zeit dauerte, ehe die Trennung unserer Wege nach außen sichtbar wurde." (*Joseph Ratzinger*, Aus meinem Leben. Erinnerungen, Stuttgart 1998, 131).

15 Vgl. *Hansjürgen Verweyen*, Christologische Brennpunkte (CSMW 20), Essen 1985, 32–35; *Ders.*, Wie wird ein Existential übernatürlich?, in: TThZ 95 1986) 115–131; *Ders.*, Gottes letztes Wort. Grundriss der Fundamentaltheologie, Regensburg ³2000, 115–129.

16 Vgl. *Ratzinger* (Anm. 7) 15f; *Ders.*, Theologische Prinzipienlehre. Bausteine zur Fundamentaltheologie, München 1982, 172–174.

geschichtlich ergangene Offenbarung zu einer nachträglich konkretisierenden Bestätigung. Und wenn das besagte Apriori einer unreflexen und unthematischen Verwiesenheit auf Jesus Christus für ein (zumindest ‚anonymes‘) Christsein genügt, dann ist das kirchliche Christusbekenntnis nur die Explikation des implizit immer schon Gewussten.

Gustav Siewerth hat der Maréchal-Schule und also indirekt auch Rahner die Reduktion der Offenbarung auf den eigenen Horizont und dessen Begrifflichkeit vorgeworfen; und mit dieser Kritik zugleich die Vorarbeiten zu der Alternative erarbeitet, die Hans Urs von Balthasar in dem ersten Band seiner ‚Theologik‘ vorlegt, den er vor allen anderen Bänden seiner Trilogie als deren philosophische Grundlegung schon 1946 unter dem bezeichnenden Titel ‚Wahrheit‘ publiziert hat.

Mit Gustav Siewerth stellt Balthasar die Unterscheidung zwischen dem subsisten Sein (Gott), dem geschaffenen (nicht subsistenten) Sein, dem Seienden und dem Seinsbegriff an den Anfang seiner Ausführungen über „die Wahrheit des Seins". Was Thomas in Abhebung von den vielen differenten ‚Seienden‘ ‚das Sein‘ bzw. ‚den Seinsakt‘ nennt, ist weder die bloße Summe aller ‚Seienden‘, noch der univokeste aller univoken Begriffe. Das Sein eines Seienden ist das, was ein Seiendes mit allen anderen ‚Seienden‘ verbindet und *zugleich* von allen anderen ‚Seienden‘ unterscheidet. Das Sein eines Seienden ist sein Logos, sein Sinn. Oder anders ausgedrückt: Der Sinn bzw. die Bedeutung jeder Entität liegt in dieser selbst. Sie wird von dem die Wirklichkeit wahrnehmenden und reflektierenden Erkenntnissubjekt nicht nachträglich konstruiert.[17] Wer die Bedeutung eines ‚Seienden‘ zu verstehen versucht, bedient sich selbstverständlich der Begriffe seiner Sprache. Aber Begriffe sind etwas Nachträgliches. Sie abstrahieren von der Wirklichkeit entweder das, was ein Seiendes mit anderen Seienden verbindet; oder das, was ein Seiendes von anderen Seienden unterscheidet. Niemals aber erfasst ein Begriff beides zugleich; weswegen auch die Summe aller Begriffe das Sein nicht einholt. Und doch gibt es objektiv messbare Fortschritte des Verstehens, weil jeder mit Vernunft und freiem Willen begabte Mensch immer schon hingeordnet wird auf das ‚Sein‘ des ‚Seienden‘ und daher in dem Maße richtig erkennt und handelt, wie er sich von dieser Hinordnung bestimmen lässt.

Mit Berufung auf die Thomas-Interpretation von Gustav Siewerth betont Hans Urs von Balthasar: Es ist ein und dasselbe Sein, durch das alle seienden Dinge und Lebewesen wirklich sind; deshalb ist das ‚Für-sich‘ des einzelnen Seienden gar nicht

---

17 „Dasjenige, was der Ausdruck ‚Sein‘ bezeichnet, wird [...] nur dann richtig verstanden, wenn man davon ausgeht, dass es nichts Gegenständliches, nichts in der Weise der Einzelbestimmungen Vorliegendes bedeutet. [...] Sein als solches kann schon deshalb nichts Gegenständliches meinen, weil es das bezeichnet, was allem, was in welcher Weise auch immer ist, zukommt. Das Sein ist also das, was allen Unterscheidungen vorausliegt. Alle die gängigen, *anderes ausschließenden* Unterscheidungen erweisen sich ihm gegenüber als sekundär, d. h. als *Unterscheidungen innerhalb des Seins*. Deshalb schließt das Sein nicht nur das Wirkliche, sondern auch das (im Sinne der realen Potentialität) Mögliche ein [...]. Vor allem aber ist zu beachten, dass nicht nur das, was wir denken, zum Sein gehört, sondern dass das Denken selbst eine Weise des Seins ist. Man kann also Sein und Denken nur dann als einander ausschließende Gegensätze auffassen, wenn man Sein von vornherein als das bestimmt hat, was dem Denken entgegengesetzt ist, womit man freilich das Denken aus dem Sein ausgegliedert und im Grunde ort- und beziehungslos gemacht hat. Man darf sich aber dann auch nicht wundern, dass nach einer solchen Operation das Denken und das Sein niemals zusammengebracht werden können." (*Béla Weissmahr*, Die Wirklichkeit des Geistes. Eine philosophische Hinführung, Stuttgart 2006, 141 f).

denkbar ohne seine Verbindung zu allem anderen, das ebenso wie es selbst wirklich ist.[18] Das Sein bzw. der *actus essendi* darf nicht wie ein Objekt statisch, sondern muss im Gegenteil wie eine Bewegung verstanden werden, die im einzelnen Seienden anwest, *indem* sie zugleich jedes Endliche unendlich transzendiert. Oder anders ausgedrückt: Weil und insofern der *actus essendi* das einzelne Seiende auf den unendlichen Horizont des Ganzen der Wirklichkeit hin öffnet, begründet er zugleich die Einmaligkeit des einzelnen Seienden. Balthasar spricht von den Gestalten der Wirklichkeit als der gelichteten Schönheit des Seins. Als Gestalt bezeichnet er „eine als solche erfasste, in sich stehende begrenzte Ganzheit von Teilen und Elementen, die doch zu ihrem Bestand nicht nur einer ‚Um-welt', sondern schließlich des Seins im Ganzen bedarf und in diesem Bedürfen eine (wie Cusanus sagt) ‚kontrakte' Darstellung des ‚Absoluten' ist, sofern auch sie auf ihrem beschränkten Feld seine Teile als Glieder übersteigt und beherrscht"[19].

Allerdings schließt die singuläre Schönheit jeder einzelnen Gestalt der Schöpfung nicht aus, dass es eine Hierarchie der Gestalten gibt. Denn das, was Thomas von Aquin im Unterschied zum *actus essendi* (das Sein) die *essentia* (das Wesen) nennt, qualifiziert den Rang eines jeden von uns unterscheidbaren Seienden. Je mehr ein Seiendes sich auf sich selbst und damit auch auf Anderes beziehen (transzendieren) kann, desto mehr „Selbst" oder „Innerlichkeit" ist ihm zuzusprechen, und desto höher steht es in der Hierarchie der Gestalten.[20] Weil eine Pflanze über einen höheren Grad von Innerlichkeit und Selbsttranszendenz als ein Stein verfügt, und weil ein Tier in entsprechender Weise über jeder Pflanze steht, ergibt sich wie von selbst eine Hierarchie der Gestalten. Erst der Mensch kann sich bewusst und also willentlich bzw. frei auf sich selbst (*reditio ad seipsum*), auf das Sein im Ganzen und damit auch auf den Grund des Seins, auf den Schöpfer, beziehen. Balthasar folgert: „Sofern dies ein innerweltlich qualitativ nicht überschreitbarer Höhepunkt ist, lässt sich sagen, dass der Stufenbau der Welt (ontisch und gleichzeitig evolutiv betrachtet) sich wesenhaft auf den Menschen zu bewegt."[21]

Was Balthasar in seiner kleinen Abhandlung mit dem bezeichnenden Titel „Glaubhaft ist nur Liebe" zusammenfasst[22], wird ausführlich in den Bänden seiner Trilogie

---

18 Dazu: *Jörg Disse*, Metaphysik der Singularität. Eine Hinführung am Leitfaden der Philosophie Hans Urs von Balthasars, Wien 1996, bes. 180–209.

19 *Hans Urs von Balthasar*, Herrlichkeit. Eine theologische Ästhetik, Bd. III/1/A. Im Raum der Metaphysik. Altertum, Einsiedeln 1965, 30.

20 „Für-sich-sein erscheint nicht mehr als eine Eigenschaft unter anderen, die unzähligen Wesen gemeinsam ist, sondern als dieses Unbeschreibliche, das den einzelnen Geist von allen Anderen absondert, ihn zu einer unvergleichlichen, durch nichts anderes aufzuwiegenden und zu ersetzenden Kostbarkeit macht. Das Seiende erhält einen Innenraum, der als solcher unendlichen Wert hat, dessen Haupteigenschaft es ist, unvergleichbar, unverwechselbar zu sein, jeder Einreihung in das Allgemeine, jeder Unterordnung unter eine Kategorie zu widerstehen. Als Individuen mögen die Einzelwesen wie ‚Fälle' einer Art oder Gattung erscheinen; als Personen, als für-sich-seiende geistige Räume haben sie jeweils die Einheit des Seins in sich selbst und können nicht mehr als Vielheit unter eine andere Einheit subsumiert werden. Der Kern des Seins selbst wird hier subjektiv, und damit auch die Wahrheit. Es ist in diesem Aspekt nicht mehr möglich, eine den Personen übergeordnete Sphäre allgemeiner, unpersönlicher ‚Geltungen' anzusetzen, eine Art von Ideenwelt, die die von den Personen erfasste Wahrheit in sich fassen würde." (*Hans Urs von Balthasar*, Theologik, Bd. I. Wahrheit der Welt, Einsiedeln ²1985, 212).

21 *Hans Urs von Balthasar*, Epilog, Einsiedeln / Trier 1987, 39.

22 Vgl. *Hans Urs von Balthasar*, Glaubhaft ist nur Liebe, Einsiedeln ⁴1963, bes. 92–97.

expliziert, die den Gekreuzigten als das „universale concretissimum" oder als „die unüberbietbare Herrlichkeitsgestalt" explizieren[23]. Denn wo ein einzelner Mensch ohne jede Einschränkung Relation, Beziehung, Für-Sein, Liebe ist, ist er *gerade in seiner unersetzlichen Einzigkeit und Konkretheit* die Offenbarkeit des Sinns (der Wahrheit) aller Wirklichkeit.

Es würde sich lohnen, Balthasars Ausführungen über das Kreuzesgeschehen als eschatologisch unüberbietbare Offenbarkeit des göttlichen Logos mit den entsprechenden Publikationen von Joseph Ratzinger und Hansjürgen Verweyen zu vergleichen. Verweyen beschreibt dieses geschichtliche Ereignis einerseits als Sprengung aller Gottesbilder und Projektionen; als einen Ikonoklasmus, wie er radikaler nicht gedacht werden kann[24]; und zugleich – mit Joseph Ratzinger – als „den wahren Dornbusch"[25], als Evidenz der Liebe, die einen heidnischen Hauptmann unter Jesu Kreuz das Bekenntnis sprechen ließ: „Dieser Mensch war in Wahrheit Gottes Sohn" (Mk 15, 39)[26].

Geschichte als Offenbarung

Für Joseph Ratzinger steht und fällt das Christentum mit folgender Alternative: *Entweder* hat sich der Glaube der ersten Jesus-Anhänger in Geschichten veranschaulicht, die erst nachträglich – durch Rückgriff auf Geschichten der hebräischen Bibel – konstruiert wurden. Oder es war die real geschehene Geschichte Jesu, die sich als Erfüllung der Geschichte Israels und so als Offenbarkeit des göttlichen Logos erwiesen hat.

Die Offenbarung – so betont er – liegt der Geschichte nicht voraus, sondern umgekehrt: Die Geschichte ist der Ort der Offenbarkeit des göttlichen Logos. Denn die biblisch bezeugte Geschichte ist keine bloße Veranschaulichung apriori empfangener Ideen (Platon); und auch nicht bloße Erzieherin des Menschengeschlechtes (Lessing). Sie macht nicht nur bewusst, was jeder Mensch auch ohne sie wissen könnte. Nein, sie offenbart den göttlichen Logos.

Adressat und Empfänger der geschichtlich vermittelten und biblisch bezeugten Offenbarung ist das Volk Gottes bzw. die Kirche. Die Kirche ist die Gemeinschaft derer, die mit Christus kommunizieren und ihr Christus-Verstehen in einem gemeinsamen Bekenntnis verleiblichen. Die einzelnen Autoren oder Autorenkollektive der Bibel bringen zum Ausdruck, was Israel bzw. die Kirche schon erkannt hat und entsprechend praktiziert. „An dieser Stelle", so bemerkt Ratzinger, „können wir [...] ahnen, was Inspiration bedeutet: Der Autor spricht nicht als privates, in sich geschlossenes Subjekt. Er spricht in einer lebendigen Gemeinschaft und so in einer lebendigen geschichtlichen Bewegung, die er nicht macht und die auch vom Kollektiv nicht gemacht wird, sondern in der eine größere, führende Macht am Werk ist."[27]

---

23 Vgl. *Hans Urs von Balthasar*, Theodramatik, Bd. III. Die Handlung, Einsiedeln 1980, 295–395.
24 Vgl. *Verweyen*, Gottes letztes Wort (Anm.15) 169–175.
25 JRGS 4, 193 f; JRGS 6, 477–596.
26 Vgl. *Hansjürgen Verweyen*, Ist Gott die Liebe? Spurensuche in Bibel und Tradition, Regensburg 2014, 162–188.
27 JRGS 6, 136.

Ein Exeget, der nicht an ein Sinnziel der Geschichte glaubt, kann die biblischen Schriften nur als Dokumente einer fernen Vergangenheit analysieren. Er ist vielleicht Philologe oder Archäologe, aber nicht Theologe. Exegese, die erheben will, was die Autoren der biblischen Texte sagen wollten, setzt den Glauben an die Fleischwerdung des göttlichen Logos (an das Sinnziel der Geschichte) voraus und bindet sich an das diachrone Gedächtnis der Glaubensgemeinschaft, in der die untersuchten Schriften entstanden sind und immer wieder in das Heute der Gegenwart vermittelt werden.

Es ist kein Zufall, dass Ratzinger kaum einen protestantischen Theologen häufiger erwähnt als Rudolf Bultmann.[28] Denn der Marburger Exeget hat das Ergebnis aller Versuche der Trennung des historischen Jesus vom Christus des Glaubens auf den Punkt gebracht: Mehr als das bloße ‚Dass‘ der Existenz Jesu ist, so meint er, historisch-kritisch nicht erweisbar. Alles, was die Evangelisten darüber hinaus erzählen, ist zeitbedingte Konstruktion. Aber – und darin besteht Bultmanns theologischer Trick – die Destruktion aller Konstruktionen – von ihm „Entmythologisierung" genannt – bietet die Chance, den lebendigen Künder des Reiches Gottes auch heute wieder ‚Ereignis‘ werden zu lassen. Bultmann spricht von der Verheutigung des verkündigenden Jesus im ‚Kerygma‘. Mit Rückgriff auf die Terminologie Heideggers[29] nennt er den zum Objekt der Vergangenheit oder zum Konstrukt der eigenen Begriffe degradierten Jesus den ‚uneigentlichen‘; und den vergegenwärtigten Verkünder der Reich-Gottes-Botschaft den ‚eigentlichen‘ Jesus.

Joseph Ratzinger entdeckt einige Gemeinsamkeiten. Denn auch Bultmann erklärt jeden Versuch, den historischen Jesus vom Christus des Glaubens trennen zu wollen, als gescheitert. Und auch Bultmann will die universale Bedeutung Jesu für jeden nach Sinn fragenden Menschen retten. Doch die Art und Weise dieser ‚Rettungsaktion‘ kann Ratzingers Zustimmung nicht finden. Denn was Jesus für den je einzelnen Hörer der Reich-Gottes-Botschaft bedeutet, entscheidet sich aus Bultmanns Sicht nicht in der Geschichte Jesu, sondern in dem, was Heidegger den „Vollzug der Existenzialität der Existenz" nennt. Hier, so kritisiert Ratzinger, ist das genuin protestantische ‚ab extra‘ der Offenbarung in sein Gegenteil verkehrt; hier ist Theozen-

---

28 Dazu: *Eckart D. Schmidt*, „… das Wort Gottes immer mehr zu lieben". Joseph Ratzingers Bibelhermeneutik im Kontext der Exegesegeschichte der römisch-katholischen Kirche (SBS 233), Stuttgart 2015, 101–110.

29 „Für Bultmann heißt Christsein nichts anderes als ‚eschatologisch existieren‘. Der Begriff ‚eschatologisch‘ verliert dabei aber jede zeitliche Komponente. Er stellt den Gegensatz zum ‚Subjekt-Objekt-Schema‘ dar, zu der vorfindlichen Wirklichkeit, die wir als Objekt uns gegenüberstellen und zergliedern können. Diese ‚objektive‘ Wirklichkeit ist das Uneigentliche. Wenn der Mensch ihr verfällt, sie als die einzige Realität überhaupt ansieht, dann geht er am Eigentlichen vorbei. Das Eigentliche des Menschen liegt nicht in den Dingen, die wir uns gegenüberstellen können, sondern im Ereignis der Begegnung. Menschliches Sein ist seinem Wesen nach Seinkönnen, es wird in der Entscheidung. Diese Entscheidung aber setzt der Mensch nicht einfach aus sich selbst heraus, sie wird möglich in dem Augenblick, in dem der Anspruch des Du ihn trifft. Die Bedeutung Christi lässt sich auf diesem Hintergrund damit beschreiben, dass er ‚das eschatologische Ereignis‘ sei. So heißt Christsein: In diesem Ereignis der Begegnung zur Eigentlichkeit vorstoßen – eben das ist der Inhalt von ‚Eschatologie‘, denn dies ist der Ausbruch aus dem Subjekt-Objekt-Zirkel, der Ausbruch aus der Zeit, Ende der Zeit, radikale Entweltlichung. Eschatologie wird mit dem Akt der Hingabe identisch, der freilich immer nur fallweise geschehen kann. Gewänne er Kontinuität, so wäre er selbst Zeit und nicht mehr das Ende der Zeit." (JRGS 10, 76 f).

trik in Anthropozentrik umgeschlagen. Ratzinger wörtlich: „Wenn Bultmann sagt, Geist könne nicht durch Materielles genährt werden und damit das sakramentale Prinzip erledigt glaubt, ist letztlich noch immer dieselbe naive Vorstellung von der geistigen Autonomie des Menschen am Werk." [30]

In diesem Zitat wird deutlich, warum das Motiv zur Abfassung des Jesus-Buches dasselbe war, das den jungen Professor Ratzinger seine „Einführung in das Christentum" schreiben ließ. Schon 1968 erklärte er: Wenn Jesu Leben, Tod und Auferstehung nicht die Wahrheit des Logos *sind*, dann war er nur einer unter anderen Weisheitslehrern oder Religionsgründern; dann kann man die Offenbarung des göttlichen Logos von ihm selbst trennen und solange interpretieren, bis sie die eigenen Plausibilitäten bestätigt. Ratzinger spricht in seiner „Einführung" vom „Interpretationschristentum" derer, die sich den Logos Gottes nicht von der biblisch bezeugten Geschichte vorgeben lassen, sondern diese Geschichte lediglich als Katalysator ihrer eigenen Interpretationen betrachten. „Hier", so kommentiert er, „wird mit der Methode der Interpretation der Skandal des Christlichen aufgelöst und, indem er solchermaßen unanstößig gemacht wird, zugleich auch die Sache selbst zur verzichtbaren Phrase gemacht, zu einem Umweg, der nicht nötig ist" [31], um das zu sagen, was die autonome Vernunft immer schon weiß.

Weil der Logos Gottes geschichtlich vermittelt ist, bedarf es der Unterscheidung zwischen dem, was an der Überlieferung kontingent ist, und dem, was Ausdruck des göttlichen Logos (verbindlich) ist. Man kann – so betont Ratzinger – sehr wohl historisch-kritische Exegese betreiben und gleichzeitig voraussetzen, dass die Schriften des Alten und des Neuen Testamentes eine Bedeutungseinheit bilden [32], und dass die Inhalte des kirchlichen Glaubens von den biblisch bezeugten Fakten vermittelt wurden. [33] Nicht schon die methodische Unterscheidung zwischen dem historischen

---

30 JRGS 11, 211.

31 JRGS 4, 140.

32 Vgl. JRGS 9, 790–819.

33 In seiner Erwiderung auf Walter Kaspers Vorwurf einer mangelnden Wertschätzung der historisch-kritischen Exegese erklärt Ratzinger: „Ein Historiker, der untersuchen würde, was an Platons *Nomoi* oder an seiner *Politeia* verbindlich ist, würde sich lächerlich machen. Der Historiker fragt nach den Quellen und der ursprünglichen Bedeutung eines Textes. Die Voraussetzung, dass ein Text verbindliche Glaubensaussagen [neben anderen, nicht verbindlichen] enthalte, liegt außerhalb der historischen Methode. Wenn man also fragt, was hier zu glauben sei und was nicht, setzt man neben der historischen Analyse ein Wir des Glaubens voraus, das diesen Text nicht nur als Vergangenheit, sondern im Innern des Glaubens als Anspruch an die Gegenwart begreift. Das heißt: In einer solchen Fragestellung ist in jedem Fall die Problemstruktur Exegese-Dogmatik impliziert, selbst wenn man ein ‚Dogma' im engeren Sinn nicht akzeptiert. Eine Fragestellung dieser Art bewegt sich im Raum einer ‚dogmatischen' Hermeneutik. Die ihren Leitfaden notwendig ebenso vom Text wie vom Wir des Glaubens empfängt, das allein diesem Text eine über seine Gewesenheit hinausreichende gegenwärtige Verbindlichkeit geben kann; ‚Verbindlichkeit' schließt ein Wir und schließt Gegenwart ein […]. Die Frage nach der Verbindlichkeit oder Nichtverbindlichkeit einzelner neutestamentlicher Texte für den Glauben wird überall da auftauchen, wo man nicht einfach mit einem verbal gefassten *Sola scriptura* das Ganze der Schrift buchstäblich zum Glaubensgut erklärt. Wo dies nämlich nicht geschieht, wird man angesichts der Verschiedenheit [oder sogar Gegenläufigkeit] der neutestamentlichen Überlieferungen nach einer normierenden ‚Mitte des Evangeliums' fragen müssen – […] eine den Rahmen der historischen Methode überschreitende ‚dogmatische' Fragestellung, denn schon die Einheit der unter dem Titel ‚Neues Testament' zusammengefassten Literatur ist kein aus dieser selbst herkommendes historisches Datum, sondern ein Datum des Glaubens. Erst recht also der Gedanke, diese an sich unterschiedliche Literatur sei von einer bestimmten inneren Mitte her zu lesen." (*Ratzinger* [Anm. 4] 540 f).

Jesus und dem Christus der Kirche, sondern erst die Trennung des Jesus der Fakten vom Christus des Bekenntnisses führt in die Konsequenz des Dualismus von Sein und Denken, von Faktum und Deutung.

Die großen und wegweisenden Arbeiten Ratzingers zur Verhältnisbestimmung von Geschichte und Offenbarung, von Schrift, Tradition und Lehramt, von Exegese und Dogmatik sind allesamt Früchte seiner großen Studie über das Offenbarungsverständnis und die Geschichtstheologie Bonaventuras. Das gilt für seine Bonner Antrittsvorlesung ebenso wie für die Abhandlungen seiner „Theologischen Prinzipienlehre" und besonders auch für seinen Kommentar zu den entsprechenden Kapiteln der Offenbarungskonstitution „Dei Verbum" des Zweiten Vatikanischen Konzils. Es war Bonaventura, der ihm in Absetzung von einer aristotelisch-thomistischen Substanzmetaphysik[34] zu einer relationalen Ontologie verhalf. Denn Bonaventura beschreibt die Geschichte Gottes mit dem Menschen als Grund der Schöpfung und also das Sein (den Sinn) alles Seienden als Anrede des Schöpfers an den Menschen.[35] Jedes Seiende ist Bild und als Bild Wort; dies allerdings nicht an und für sich betrachtet, sondern erst durch sein Ankommen im Verstehen der Adressaten Gottes. Ratzinger wörtlich:

„Der mit dem Wort ‚Offenbarung' bezeichnete Vorgang „besteht [...] aus zwei Komponenten: a) Einem äußerlich fassbaren ‚geschichtlichen' Geschehen, das jedoch für sich allein genommen blind, bedeutungsleer und daher noch keine ‚Offenbarung', keine wahrhafte *Kund*-Gabe des Göttlichen ist. – b) und aus der dieser geschichtlich-äußeren Erscheinung zugeordneten inneren Selbsterschließung der Gottheit, die erst im wahren Sinn Offenbarung ist und mit dem Namen ‚revelatio', ‚inspiratio', ‚illuminatio' belegt wird."[36]

Mit den Reformatoren betont Ratzinger, dass Jesus Christus die Fülle der Offenbarung ist, „weil es nach ihm und über ihn hinaus nichts mehr zu sagen gibt[37]. Und er affirmiert auch deren These, dass Christus durch den Kanon der neutestamentlichen Schriften *auf vollständige Weise* bezeugt wird. Aber – und da beginnt sein Einwand – die Vollständigkeit der Bezeugung schließt die Unabschließbarkeit des Verstehens der Offenbarung nicht aus.[38] In diesem Sinne besonders aufschlussreich ist Ratzingers Votum gegen die Formel des Vinzenz von Lérins: „Wahr ist, was überall immer von allen geglaubt worden ist". Ratzinger hält diese Formel schon in ihrem Ursprung für fragwürdig, weil sie mit der Absicht kreiert wurde, eine bestimmte

---

34 JRGS 2, 64 (Anm. 15) zitiert in diesem Zusammenhang folgenden Passus aus der Bonaventura-Studie von Étienne Gilson: „Geht man auf das Letzte, so unterscheidet sich die christliche Welt des heiligen Bonaventura von der heidnischen Welt des Aristoteles darin, dass sie eine Geschichte hat. Da folgt nicht unterschiedslos jede Himmelsumdrehung unendlich vielen gleichen Umdrehungen, sondern sie deckt sich vielmehr mit dem Auftreten einziger Ereignisse. Jedes von ihnen hat einen vorgezeichneten Platz in dem großen Drama, das sich von der Schöpfung der Welt an bis zum jüngsten Gericht abspielt." (*Étienne Gilson*, Der Heilige Bonaventura, Hellerau 1929, 271).

35 „Bekanntlich hat [...] die franziskanische Theologie des Mittelalters in einer ganz neuen Weise die Herrlichkeit Gottes in der Schöpfung erschaut. Hier ist wirklich die ganze Schöpfung ‚Spur Gottes', ‚Treppe zu Gott hinüber'. Liegt biblischer Schöpfungsglaube vor (was man gerade für Franz selbst apriori kaum wird bezweifeln können) oder handelt es sich um ‚griechische Physikotheologie', um ‚eine andere Offenbarung, die neben Gott den Menschen in den Mittelpunkt stellen würde', oder gibt es da vielleicht noch eine echte Einheit von biblischer und griechischer Erkenntnis Gottes im Spiegel der Natur?" (*Ratzinger* [Anm. 34] 65).

36 *Ratzinger* (Anm. 34) 106.

Gnadenlehre (die des Semipelagianismus) mit dem rein formalen Argument zu widerlegen, sie sei nicht überall immer von allen so gelehrt worden. Denn Offenbarung ist mehr als Schrift und Dogma; sie „ist etwas Lebendiges, […] zu ihr gehört auch das Ankommen und das Vernommenwerden […]. Wenn es aber diesen Überhang von Offenbarung über Schrift hinaus gibt, dann kann nicht Gesteinsanalyse – historisch-kritische Methode – das letzte Wort über sie sein, sondern dann gehört der lebendige Organismus des Glaubens aller Jahrhunderte zu ihr. Genau diesen Überhang von Offenbarung über Schrift, den man nicht noch einmal in einen Kodex von Formeln fassen kann, nennen wir ‚Überlieferung'."[39]

„Heilige Überlieferung" als Offenbarkeit des göttlichen Logos

Ratzinger weiß sich mit seinem Verständnis von ‚Überlieferung' Josef Pieper verpflichtet, der in seiner Abhandlung zum Begriff und Anspruch von Tradition den Vorgang der Überlieferung wie folgt erklärt: „Ich nehme etwas an, das jemand anders mir anbietet und darreicht; ich lasse es mir von ihm geben; das heißt, ich nehme es nicht mir selbst; ich verschaffe es mir nicht aus eigener Kraft. Andererseits, ich akzeptiere das *traditum* nicht, ‚weil es überliefert ist', sondern weil ich davon überzeugt bin, dass es wahr und gültig ist. Ob dies allerdings zutrifft, kann ich nicht nachprüfen, weder durch Erfahrung noch durch rationale Argumentation."[40]

Der letzte Satz dieses Zitates hat den Münsteraner Philosophen Klaus Müller zu dem Vorwurf veranlasst, Pieper identifiziere grundlos Autorität und Wahrheit; und Ratzinger stimme ihm ohne Einschränkung zu. Aus Müllers Sicht degradieren Pieper und Ratzinger das transzendentale Ich zu einem bloßen Epiphänomen von Sprache, Kultur und Geschichte. Ja, sie tragen mit ihrer Autonomie-Schelte – so meint er – ungewollt bei zum Siegeszug jenes Relativismus, der mit Berufung auf Gadamer und Wittgenstein die transzendentale Vernunft zum Spielball faktischer Interpretationen und Sprachspiele macht.[41]

---

37 JRGS 7, 742 f.
38 „Wir sagten vorhin, Christus sei das Ende von Gottes Sprechen, aber dieses Ende ist ja nichts anderes als immerwährendes Angesprochensein des Menschen von Gott, es ist die immerwährende Hinordnung des Menschen auf den einen Menschen, der Gottes Wort selber ist. So kann die folgende Geschichte zwar nicht mehr überschreiten, was in Christus geschehen ist, wohl aber muss sie versuchen, es allmählich einzuholen, die Menschheit einzuholen in den Menschen, der als Mensch von Gott her der Mensch für alle anderen, der Raum aller menschlichen Existenz und der definitive Adam ist. Und wenn vorhin gesagt wurde, Christus sei das Ende von Gottes Sprechen, weil nach ihm nichts mehr zu sagen ist, so heißt das zugleich, dass er die beständige Anrede Gottes an den Menschen ist, dass zwar nichts *nach* ihm kommt, wohl aber in ihm sich erst die ganze Weite von Gottes Wort zu eröffnen beginnt." (*Ratzinger* [Anm. 37] 743).
39 *Ratzinger* (Anm. 14) 129 f.
40 *Josef Pieper*, Überlieferung, in: Ders., Schriften zum Philosophiebegriff (Werke Bd. 3), hg. v. *Berthold Wald*, Hamburg 1995, 236–299; 253.
41 Vgl. *Klaus Müller*, Vernunft und Glaube. Eine Zwischenbilanz zu laufenden Debatten (Pontes 20), Münster 2005, 142 f.

Eine Zeit lang habe ich Müllers Kritik für zumindest teilweise berechtigt gehalten; inzwischen nicht mehr.[42] Denn Ratzinger leugnet nicht, dass sich ein Mensch, der christlich sozialisiert worden ist, methodisch autonom (transzendentallogisch) von der Wahrheit seines Glaubens überzeugen kann. Aber die transzendentallogische Reflexion entscheidet nicht, ob eine Tradition wahr ist oder nicht. Denn der einzelne Mensch kann sich transzendentallogisch von etwas überzeugt haben und doch – objektiv betrachtet – irren. Mit Pieper expliziert Ratzinger die These, dass die Traditionsgeschichte der Menschheit – bestehend aus vielen einzelnen vernunftbegabten Individuen, die miteinander kommunizieren – die Wahrheit vom Irrtum reinigt und somit Kriterien für die Unterscheidung einer einzigen ‚heiligen Überlieferung' in Absetzung von vielen Um- und Abwegen entwickelt.

Pieper und Ratzinger können gute Gründe für die These anführen, dass es nur im Abendland eine *das Ganze* der Welt betreffende philosophische Überlieferung gibt. Klaus Müller bezweifelt dies[43], bestreitet aber nicht, dass sich das Christentum von Anfang an mit der Wahrheitssuche der griechischen Philosophie verbündet und deshalb stets die eine Wahrheit von den vielen Wahrheitsansprüchen unterschieden hat. Der Dissens zwischen ihm und Ratzinger bzw. Pieper beginnt da, wo Letztere von einer „heiligen", weil „einzig wahren" Überlieferung sprechen[44] und diese als Entelechie der gesamten Religions- und Kulturgeschichte betrachten.

Pieper scheut sich nicht, den Begriff ‚Uroffenbarung' aufzugreifen[45], um zu verdeutlichen, dass der sich in Schöpfung und Geschichte offenbarende Logos in Gestalt einer „heiligen Überlieferung" allem reflexen Bemühen des Menschen bedingend vorausliegt. Natürlich weiß er, dass der Terminus ‚Uroffenbarung' von den französischen Traditionalisten mit einer Sprachtheorie verbunden worden ist, die das interpretierende Subjekt durch Definitionen bzw. Sprachregelungen ausschalten sollte.[46] Deshalb distanziert sich Pieper ausdrücklich von jedem Traditionsverständnis, das die kritische Aneignung von Überlieferung ausschließt.[47] Und deshalb erklärt Ratzinger seine geradezu antitraditionalistische Position wie folgt:

---

42 Ich habe die von Ratzinger an meinem Büchlein „Die Einzigkeit Jesu Christi" (Einsiedeln 1995) geäußerte Kritik (vgl. *Ratzinger* [Anm. 52] 372) zunächst ähnlich beurteilt wie *Klaus Müller* (Anm. 41, 131 f; vgl. *Karl-Heinz Menke*, Wahrheit und Geschichte, Theorie und Praxis, in: ThGl 96 [2006] 148–170; 154 f), dann aber mein Urteil revidiert (vgl. *Karl-Heinz Menke*, Das unterscheidend Christliche. Beiträge zur Bestimmung seiner Einzigkeit, Regensburg 2015, 464–466), weil es Ratzinger um die transzendentallogische Unableitbarkeit des Logos der Geschichte geht. Dass umgekehrt die transzendentale Vernunft nicht bloßes Epiphänomen einer Tradition oder Sprache ist, ist aus Ratzingers Sicht ebenso klar.
43 Vgl. *Müller* (Anm. 41) 140 f.
44 Pieper ist überzeugt, dass „die wahre Einheit unter den Menschen ihre Wurzel in nichts anderem hat als in der Gemeinsamkeit von Tradition im strengen Sinn, das heißt in der gemeinsamen Teilhabe an der auf die Rede Gottes zurückgehenden heiligen Überlieferung." (*Pieper* [Anm. 40] 299).
45 Josef Pieper beruft sich für sein Verständnis von ‚Uroffenbarung' auf folgenden Passus aus den „Retractationes" (I, 12) des hl. Augustinus: „Die Sache selbst, welche jetzt ‚christliche Religion' genannt wird, hat es auch bei den Alten gegeben; ja, sie ist seit Beginn des menschlichen Geschlechts nicht abwesend gewesen, bis dass Christus im Fleisch erschien: von da an begann die wahre Religion, welche es schon gab, ‚christliche Religion' genannt zu werden." (Zitiert nach: *Pieper* [Anm. 40] 283).
46 Vgl. *Norbert Hötzel*, Die Uroffenbarung im französischen Traditionalismus, München 1962, bes. 18–20.35–49.
47 „Mit ‚Traditionalismus' haben solche Annahmen […] nichts zu tun. Dieser heutigentags als eine Art Schimpfwort ausschweifend verwendete Ausdruck sollte reserviert bleiben zur Be-

„Es geht um die Frage, ob die Vernunft bzw. das Vernünftige am Anfang aller Dinge und auf ihrem Grunde steht oder nicht. Es geht um die Frage, ob das Wirkliche aufgrund von Zufall und [...] also aus dem Vernunftlosen entstanden ist, [...] oder ob wahr bleibt, was die Grundüberzeugung des christlichen Glaubens und seiner Philosophie bildet: *In principio erat Verbum* – am Anfang aller Dinge steht die schöpferische Kraft der Vernunft."[48]

Was Pieper „heilige Überlieferung" nennt, erklärt Ratzinger als die Offenbarkeit des göttlichen Logos in Schöpfung und Geschichte[49]. Wäre die Schöpfung nicht von dem Logos gedacht, von dem die Christen sagen, dass er personal offenbar geworden ist in Jesus Christus, dann könnte der Mensch seiner Vernunft nicht trauen. Seine Begriffe und Theorien wären möglicherweise bloße Konstruktionen, deren Geltung sich am Grad ihrer funktionalen Effizienz bemäße[50]. Die Vernunft des Menschen ist – so erklärt Ratzinger – vor allem ein Vernehmen des göttlichen Logos. Sie kann sich kritisch zu sich selbst und ihrer geschichtlich bedingten Verortung verhalten. Aber sie kann sich nicht autonom aus ihrer Verstrickung in die Folgen der Sünde und des Irrtums befreien, sondern bedarf dazu des in „der heiligen Überlieferung" geschichtlich gewordenen Logos.

In einem Vortrag, den Ratzinger als Kardinalpräfekt der Glaubenskongregation zunächst in Lateinamerika gehalten und dann unter dem unscheinbaren Titel „Zur Lage von Glaube und Theologie heute" in der *Internationalen Katholischen Zeitschrift Communio* veröffentlicht hat, erklärt er:

Der „Versuch einer streng autonomen Vernunft, die vom Glauben nichts wissen will, sich sozusagen selbst an den Haaren aus dem Sumpf der Ungewissheiten herausziehen zu wollen, wird letztlich kaum gelingen[51]. Denn die menschliche Vernunft ist gar nicht autonom. Sie lebt immer in geschichtlichen Zusammenhängen. Geschichtliche Zusammenhänge verstellen ihr den Blick [...]; darum braucht sie auch geschichtliche Hilfe, um über ihre geschichtlichen Sperren hinwegzukommen."[52]

---

zeichnung jener im neunzehnten Jahrhundert hervorgetretenen geistesgeschichtlichen Doktrin, welche besagt, die menschliche Vernunft sei aus sich selbst, das heißt ohne Rückgriff auf Ur-Offenbarung und Tradition, nicht imstande, die fundamentalen Existenzsachverhalte überhaupt zu erfassen. Es ist klar, dass einer diese These für grundfalsch halten und zugleich die heilige Überlieferung als etwas Verehrungswürdiges und sogar als etwas Verbindliches respektieren kann." (*Pieper* [Anm. 40] 289).

48 *Benedikt XVI.* (Anm. 1) 40.
49 Am Anfang alles Seienden steht der „Logos, der rationale Urgrund alles Wirklichen, die schöpferische Vernunft, aus der die Welt entstand und die sich in der Welt spiegelt". Ihm „entspricht der Mensch durch die Öffnung der Vernunft." (*Benedikt XVI.* [Anm. 1] 65).
50 Vgl. dazu *Benedikt XVI.* (Anm. 1) 40 f.
51 Mit dem Bild von dem Sumpf, aus dem sich eine scheinbar autonome Vernunft selbst befreien will, spielt Ratzinger an auf das von *Hans Albert* (Traktat über kritische Vernunft [UTB 2138], Tübingen 1968, 13) so genannte Münchhausen-Trilemma. Gemeint sind mit dieser Bezeichnung die drei Alternativen, vor die Albert jeden Versuch gestellt sieht, letztgültige Wahrheit zu begründen: Wer – so doziert er – eine Position gegen jeden möglichen Einwand verteidigen bzw. begründen wolle, gerate entweder in einen *regressus infinitum*, weil er gezwungen werde, für jeden Grund einen weiteren Grund zu suchen. Oder er gerate in einen *circulus vitiosus*, weil er das, was er begründen soll, im Gang seiner Begründung bereits voraussetze. Oder er erwecke nur den Schein einer hinreichenden Begründung, indem er seine Begründungskette irgendwo dezisionistisch abbreche und als vollendet deklariere.
52 *Joseph Ratzinger*, Zur Lage von Glaube und Theologie heute, in IKaZ 35 (1996) 359–372; 369.

Das Erkennen der „geschichtlichen Hilfe" geschieht durch das Volk Gottes, das zunächst Israel und dann auch die Kirche ist. Die Annahme der von der Kirche gelebten Tradition schließt jedoch das kritische Reflektieren des je einzelnen Gläubigen nicht aus. Die Argumente der transzendentallogisch und historisch-kritisch argumentierenden Vernunft können den Glauben zwar nicht einholen, dürfen aber auch nicht im Widerspruch zu seinen Inhalten stehen. Meines Wissens hat Joseph Ratzinger nirgendwo Einwände erhoben gegen den groß angelegten Versuch Hansjürgen Verweyens (Gottes letztes Wort), *methodisch* autonom einen *Begriff* letztgültigen Sinns zu eruieren. Denn Verweyen hat immer Wert auf die Feststellung gelegt, dass der von ihm vorgestellte Begriff nicht darüber entscheidet, ob es die entsprechende Realität gibt. Er will die Kongruenz zwischen dem rein philosophisch erarbeiteten Begriff letztgültigen Sinns und der biblisch bezeugten Gestalt Jesu Christi erweisen, nicht aber deren Realität aus einem zuvor gebildeten Begriff ableiten.

Ratzinger selbst ist die akribisch gewahrte Unterscheidung zwischen Philosophie und Theologie fremd.[53] Seine Kritik an allen transzendentalphilosophisch ansetzenden Theologien ist von dem Verdacht bestimmt, hier entscheide – allen gegenteiligen Behauptungen zum Trotz – das kritisch fragende Subjekt, was möglich ist und was nicht, was Gott offenbaren kann und was nicht. Deshalb beginnt er selbst seine Theologie nicht mit der Frage nach den transzendentalen Bedingungen der Möglichkeit von Erkenntnis, sondern mit der Frage nach der Logik der in Schrift und Tradition interpretierten Geschichte. Dies allerdings unter der *geglaubten* Prämisse, dass Christus das Sinnziel der Geschichte und die Kirche das Subjekt ihrer authentischen Interpretation ist.[54]

Das transzendentale Ich: nicht ‚selbst-ursprünglich',
sondern Bild des ‚Un-bedingten'

Joseph Ratzinger sieht in der vom Schöpfer bewirkten Hinordnung der menschlichen Vernunft auf die Wahrheit des Logos den Grund dafür, dass der Mensch seinem Wesen in eben dem Maße entspricht, in dem er sich zu demselben Ziel bestimmt, zu dem hin der Schöpfer ihn ruft. So gesehen ist die Vernunft des Menschen ein Abbild der göttlichen Vernunft. Der Mensch ist sich selbst in demselben Maße treu, als er durch sein Erkennen und Handeln die Wahrheit des göttlichen Logos abbildet. Ein Abbild ist in demselben Maße ‚es selbst', in dem es das Urbild abbildet (direkte Proportionalität von Heteronomie und Autonomie). Auf die dem Menschen gegebene Vernunft angewandt bedeutet der Begriff ‚Abbild', dass nicht die Vernunft die Wahrheit, sondern umgekehrt die Wahrheit (Urbild) die Vernunft (Abbild) bestimmt.

Hier liegt der Grund für Ratzingers Kritik an Kant und Fichte[55]: Vernunft und Freiheit des Menschen – so betont er – sind nicht ‚selbstursprünglich', sondern Bild

---

53 Vgl. *Ratzinger* (Anm. 5) 109–124.
54 Vgl. *Ratzinger* (Anm. 5) 135–158.
55 Freiheit – so erklären Kant und Fichte unisono – kann man nicht kausal ableiten. Wenn der Mensch nicht nur das Ergebnis naturaler Kausalitäten sein soll, muss man die Wirklichkeit der Freiheit immer schon voraussetzen, ohne sie beweisen zu können. Entweder ist der Mensch identisch mit seiner Natur; oder einer, der sich von der Natur und also dem Gesamt der Wirklichkeit als ein unwiederholbares ‚Ich' unterscheidet. Jeder Mensch, der verantwortlich sein

der göttlichen Vernunft und Liebe. Einmal abgesehen von der Frage, wie außerhalb des Schöpfers eine ‚selbstursprüngliche' Vernunft und eine ‚selbstursprüngliche' Freiheit denkbar sein soll, kann doch ‚un-bedingt' – im strengen Sinne dieses Wortes – nur Gott sein. Folglich kann die von Kant beschriebene ‚Un-Bedingtheit' der transzendentalen Freiheit und Vernunft des Menschen, wenn überhaupt, dann lediglich als Bild des Unbedingten[56] logisch widerspruchsfrei erklärt werden.

Kant und Fichte identifizieren das, was die christliche Tradition als ‚Gewissen' beschreibt, mit der ‚selbstursprünglichen' Vernunft bzw. Freiheit. Diese ist letzte Instanz. Es gibt für sie kein irriges Gewissen, weil das als „selbstursprünglich" beschriebene Gewissen von keiner ihm äußeren Instanz gerichtet wird. Andernfalls – so argumentieren sie – wäre die eigene Überzeugung nicht selbst-, sondern fremdbestimmt. Dennoch würden sich beide gegen den Vorwurf des Relativismus wehren. Denn Kant versucht zu zeigen, dass die transzendentale Freiheit jedes Menschen sich immer schon aufgefordert weiß, jedem anderen Menschen unbedingt gerecht werden zu sollen (kategorischer Imperativ). Und Fichte erklärt[57], dass ein Mensch, der ‚Ich' sein und als ‚Ich' von jedem anderen ‚Ich' anerkannt werden will, seinerseits jedes ‚Nicht-Ich' anerkennen muss. Doch selbst wenn man diese Logik für unhintergehbar hält, bleibt die Frage unbeantwortet, woher das unbedingte Sollen kommt, mit dem sich das Ich in der Begegnung mit jedem Nicht-Ich immer schon konfrontiert sieht. Entweder ist dieses Sollen Abbild des göttlichen Logos[58]; oder doch nur eine Fiktion des Gehirns oder eine bloße Selbstdeutung des Menschen. Ein autonomes Sollen, das seinen Inhalt selbst bestimmt, zeitigt – so ver-

---

will für sein Denken und Handeln, spricht sich das Vermögen zu, „einen Zustand von selbst anzufangen". Kant und Fichte unterscheiden die Unbedingtheit bzw. Spontaneität der transzendentalen Freiheit von der praktischen Freiheit, die sich in der Selbstbestimmung eines Freiheitssubjektes realisiert. Die transzendentale Freiheit, wenngleich ein Abstraktum oder Postulat der Reflexion, liegt der praktischen Freiheit als deren konstitutive Bedingung voraus. Sie ist präreflexiv, aber als präreflexive immer schon geistig erhellt. Dazu: *Heiko Nüllmann*, Logos Gottes und Logos des Menschen. Der Vernunftbegriff Joseph Ratzingers und seine Implikationen für Glaubensverantwortung, Moralbegründung und interreligiösen Dialog (BDS 52), Würzburg 2012, bes. 247–322.

56 „Weitab davon, dass die Gottesidee eine sekundär in das Denken hineingebrachte Vorstellung wäre, weiß das Denken diese Idee als eine ihm ursprünglich eingebrannte Prägung; ja, es erkennt sich schließlich als nichts anderes denn diese Gottesidee, als Bild Gottes." (*Verweyen*, Gottes letztes Wort [Anm. 15] 92).

57 Vgl. *Hermann Krings*, System und Freiheit. Gesammelte Aufsätze, Freiburg / München 1980, 121–125.

58 René Descartes bemerkt in der dritten seiner „Meditationes de prima philosophia": „Es ist auch gar nicht zu verwundern, dass Gott mir, als er mich schuf, diese Vorstellung eingebrannt hat, damit sie gleichsam das Zeichen sei, mit dem der Künstler sein Werk signiert. Übrigens braucht dieses Zeichen gar nicht etwas von dem Werke selbst Verschiedenes zu sein, sondern einzig und allein daher, dass Gott mich geschaffen hat, ist es ganz glaubhaft, dass ich gewissermaßen nach seinem Bilde und seinem Gleichnis geschaffen bin und dass dieses Gleichnis – in dem die Idee Gottes steckt – von mir durch dieselbe Fähigkeit erfasst wird, durch die ich mich selbst erfasse." (*René Descartes*, Meditationes de prima philosophia, deutsch: Meditationen über die Grundanliegen der Philosophie [PhB 250a], hg. v. *Lüder Gäbe*, Hamburg ³1992, 95). Hansjürgen Verweyen kommentiert: „Das im radikalen methodischen Zweifel seinen unhinterfragbaren eigenen Boden der Wirklichkeit auslotende Denken erkennt im gleichen Akt die Gottesidee als notwendige Möglichkeitsbedingung des eigenen Zweifelns. Weitab davon, dass die Gottesidee eine sekundär in das Denken hineingebrachte Vorstellung wäre, weiß das Denken diese Idee als eine ihm ursprünglich eingebrannte Prägung; ja, es erkennt sich schließlich als nichts anderes denn diese Gottesidee, als Bild Gottes." (Gottes letztes Wort [Anm. 15] 92).

mutet Ratzinger – einen Pluralismus, der alles duldet, was, wie der je Einzelne meint, dem Nächsten nicht schadet. Deshalb wagt er das harte Urteil: „So ist im neuzeitlichen [von Kant und Fichte bestimmten] Gewissensbegriff das Gewissen die Kanonisierung des Relativismus, der Unmöglichkeit gemeinsamer sittlicher und religiöser Maßstäbe, wie es umgekehrt für Paulus und die christliche Tradition die Gewähr für die Einheit der Menschheit und die Vernehmbarkeit Gottes, für die gemeinsame Verbindlichkeit des einen und gleichen Guten gewesen war. Dass es zu allen Zeiten ‚heilige Heiden‘ gegeben hat und gibt, liegt daran, dass überall und in allen Zeiten […] der Spruch des ‚Herzens‘ vernehmbar war.“[59]

Ratzinger erklärt das Gewissen als die allen Menschen verliehene Gabe, die dazu befähigt, Gottes Sprechen in Schöpfung und Geschichte („die heilige Überlieferung“) zu vernehmen. Die Einheit der Menschheit, so formuliert er, „hat ein Organ: das Gewissen. Es war die Kühnheit des Heiligen Paulus [vgl. Röm 2, 14 f], die Hörfähigkeit auf das Gewissen bei allen Menschen zu behaupten […]. Paulus sagt nicht: Wenn Heiden sich an ihre Religion halten, ist es gut vor dem Gericht Gottes. Im Gegenteil, er verurteilt den Großteil der religiösen Praktiken der Zeit. Er verweist auf eine andere Quelle – auf das, was allen ins Herz geschrieben ist, das eine Gute des einen Gottes.“[60]

Auch wenn jeder Mensch seinem Gewissen nicht nur folgen darf, sondern folgen muss, ist damit nicht gesagt, dass jedes Gewissensurteil wahr ist.[61] Ratzinger geht es um die Hinordnung des Gewissens auf eine Ordnung, die nicht bloße Interpretation des je Einzelnen ist; um die apriorische Hinordnung des transzendentalen Ich auf einen ihm vorgegebenen Logos.[62] Würde man diese Hinordnung leugnen, dann – so bemerkt er wörtlich – könnte man meinen, „dass Hitler und seine Mittäter, zutiefst von ihrer Sache überzeugt, gar nicht anders handeln durften und daher – bei aller objektiven Schrecklichkeit ihres Tuns – subjektiv moralisch gehandelt hätten.“[63]

Das Einzelgewissen darf nicht reduziert werden auf die transzendentale Fähigkeit des ‚Ich‘, sich zu jedem ‚Nicht-Ich‘ verhalten zu können. Denn es ist zugleich Verwiesenheit auf den Grund alles Seienden. Nur unter dieser Voraussetzung entgeht man dem Relativismus der Gleichsetzung von subjektiver Überzeugung und wahrem Urteilen.[64] „Es gibt“ – so Ratzinger – „die gar nicht abzuweisende Gegenwart

---

59 *Ratzinger* (Anm. 7) 167.

60 *Ratzinger* (Anm. 7) 166 f.

61 Vgl. *Joseph Ratzinger*, Werte in Zeiten des Umbruchs. Die Herausforderungen der Zukunft bestehen, Freiburg 2005, 101.

62 Ratzinger beruft sich für seine These, die Letztinstanzlichkeit des Gewissens sei vereinbar mit dessen Bindung an den Logos des Schöpfers, auf die Anamnesis-Lehre Platons und auf John Henry Newmans Phänomenologie „der Innerlichkeit des Menschen und der Wahrheit von Gott her“ (*Joseph Ratzinger*, Wahrheit, Werte, Macht. Die pluralistische Gesellschaft im Kreuzverhör, Frankfurt 1999, 43 [JRGS 4, 696–717; 706]. Das Gewissen, so betont er wiederholt, bringt dem Menschen seine geschöpfliche Verwiesenheit auf den Schöpfer zu Bewusstsein. Denn die „ontologische Schicht des Phänomens Gewissen besteht darin, dass uns so etwas wie eine Urerinnerung an das Gute und an das Wahre (beides ist identisch) eingefügt ist; dass es eine innere Seinstendenz des gottebenbildlich geschaffenen Menschen auf das Gottgemäße hin gibt.“ (51; [JRGS 4, 711]).

63 *Ratzinger* (Anm. 61) 104.

64 „Es ist *nie Schuld*, der gewonnenen *Überzeugung zu folgen* – man muss es sogar; aber es kann sehr wohl *Schuld* sein, dass man *zu so verkehrten Überzeugungen gelang*t ist und den Widerspruch der Anamnese des Seins niedergetreten hat. *Die Schuld* liegt dann woanders, tiefer: nicht in dem jetzigen Akt, sondern *in der Verwahrlosung meines Seins*, die mich stumpf gemacht hat

der Wahrheit im Menschen – jener einen Wahrheit des Schöpfers, die in der heils-geschichtlichen Offenbarung auch schriftlich geworden ist."[65]

Kurzum: Joseph Ratzinger spricht in seiner Gewissenslehre eine konstitutive Hinordnung des Menschen auf Offenbarung an. Gemeint ist nicht eine Summe von Inhalten oder konkreten Weisungen, sondern die transzendentale Fähigkeit, „wahr-haft gültige von nur faktisch geltenden Ansprüchen an unser sittliches Handeln zu unterscheiden [...]. Wenn dieses Vorwissen auf eine dem Menschen haltgebende und ihn wirklich befreiende Autorität stößt, wird er dadurch in den Stand gesetzt, die geschichtlich-kulturellen wie auch die aus eigener Schuld erwachsenen Verde-ckungen dieses ‚besseren Wissens um sich selbst' zu entlarven."[66]

Unter der doppelten Prämisse, dass (a) die Wirklichkeit von Schöpfung und Ge-schichte so etwas wie ‚die heilige Überlieferung' offenbart, und dass (b) die Einheit der Menschheit ein Organ, nämlich das Gewissen, hat, sieht sich Ratzinger in der Lage, allen Einwänden zum Trotz vom „Naturrecht" und von „der wahren Reli-gion" zu sprechen.

Mit Verweis auf Robert Spaemann versteht er das ‚Naturrecht' nicht als eine Summe von abrufbaren Inhalten, sondern als eine Denkweise.[67] Es geht – so erklärt er – bei der Prämisse eines Naturrechtes um die Bindung des Gesetzgebers an einen ihm vorgegebenen Maßstab des Richtigen und Falschen. In seinen Reden[68] vor der UNO (18.4.2008), anlässlich seines Staatsbesuches in Großbritannien (17.9.2010) und vor dem Deutschen Bundestag (22.9.2011) hat Papst Benedikt wiederholt un-terstrichen, dass etwas nicht schon deshalb Recht ist, weil eine parlamentarische Mehrheit es beschlossen hat. Deutsche Politiker sehen es als ihre Pflicht an, chinesi-sche Politiker auf die Menschenrechte der Charta der Vereinten Nationen zu verwei-sen. Aber sie erhalten ebenso regelmäßig die Antwort, die Werte der chinesischen Ge-sellschaft seien nun einmal nicht die der Europäer. Sie finden keine überzeugende Antwort auf diesen Einwand, weil sie wie ihre Gesprächspartner davon ausgehen, dass Werte und Wertsysteme kulturelle Schöpfungen von begrenzter Geltungsdauer sind. Ratzinger gibt zu bedenken: Wenn es nicht die eine Wahrheit gibt, auf die jeder Mensch jedes Kulturkreises immer schon ausgerichtet ist, dann sind auch die Men-schenrechte der Charta der Vereinten Nationen nur so etwas wie eine Vereinbarung, der man sich anschließen kann, aber nicht anschließen muss. Nur wenn eine Verfas-sung Grundrechte aufzählt, die von keiner parlamentarischen Mehrheit geändert werden können, beschreibt sie Konsequenzen einer *un-bedingten* Würde des je ein-zelnen Menschen. Das Naturrecht ersetzt nicht das positive Recht; im Gegenteil, es

für die Stimme der Wahrheit und deren Zuspruch in meinem Innern. Deshalb bleiben Überzeu-gungstäter wie Hitler und Stalin schuldig. Diese krassen Exempel sollen aber nicht dazu dienen, uns über uns selbst zu beruhigen, sondern sie sollten uns aufschrecken und uns den Ernst der Bitte eindrücklich machen: Von meiner unerkannten Schuld befreie mich (Ps 19, 13)." (*Ratzin-ger* [Anm. 61] 120).

65 *Ratzinger* (Anm. 62) 37 [JRGS 4, 702].
66 *Hansjürgen Verweyen*, Joseph Ratzinger – Benedikt XVI. Die Entwicklung seines Denkens, Darmstadt 2007, 112 f.
67 Vgl. *Maria Raphaela Hölscher*, Das Naturrecht bei Joseph Ratzinger / Papst Benedikt XVI., bes. 58–91.
68 Vgl. die Zitation der entsprechenden Ausführungen des Papstes in: *Hölscher* (Anm. 67) 227–230.

ist darauf angewiesen.[69] Denn ohne Positivierung des Rechts gäbe es keine Rechtssicherheit. Aber das positive Recht ist umgekehrt auch auf das Naturrecht angewiesen. Andernfalls kann es zum Instrument des Unrechts werden.[70]

„Heilige Überlieferung", oder: Die Menschheitsgeschichte als Entelechie des göttlichen Logos

Joseph Ratzinger bezeichnet den in Gen 8 f bezeugten Bundesschluss mit Noach als biblischen Hinweis auf eine Entelechie des göttlichen Logos in der gesamten Menschheitsgeschichte.[71] In dieser Geschichte gibt es Fortschritte der Offenbarkeit des göttlichen Logos, die irreversibel sind, weil sie die von allen Menschen unaufhörlich gestellte Frage nach der Wahrheit ungleich besser beantworten als eine vorausliegende Weltanschauung. Man kann in allen Kulturen der Menschheit von einem Stadium des Mythos sprechen. Der Kieler Mythos-Forscher Kurt Hübner hat dieses Stadium als Gestalt einer Rationalität dargestellt, die keine Unterscheidung von Subjekt und Objekt, von Gott und Welt kennt, sondern alles Wirkliche als Phänomen einer Gottheit erklärt.[72] Innerhalb einer solchen Weltanschauung gibt es keine kritische Hinterfragung des Bestehenden. Jede Unterdrückung, jede Gewalt, jeder Krieg, jeder Sieg, jede Niederlage, jedes kollektive oder private Unglück ist eine Erscheinung einer der vielen Götter. Erst wo der Mensch versucht, sich durch Magie bestimmte Götter dienstbar zu machen oder abzuwehren, versteht er sich selbst und sein Schicksal nicht mehr als göttlich vorherbestimmt. Ratzinger bemerkt: „Die Entwicklung der griechisch-römischen Antike zeigt uns exemplarisch den Vorgang, dass das sich ausweitende Bewusstsein unausweichlich immer nachdrücklicher die Frage stellt, ob das Ganze denn wahr sei."[73] Und er fügt an die Adresse des Ägyptologen Jan Assmann[74] hinzu: Die Wahrheitsfrage ist nicht erst von ‚Mose' erfunden worden. Sie stellt sich notwendig ein, wo das Bewusstsein eine gewisse Reifung erlangt. Die mit den Vorsokratikern einsetzende „Theo-Logie" ist nichts anderes als Mythos- bzw. Polytheismus-Kritik; ist das ständig weiterboh-

---

69 Vgl. *Hölscher* (Anm. 67) bes. 58–91.
70 „Ein Strafprozess, in dem der Ankläger sich nur auf das Naturrecht beruft, ist selbst naturrechtswidrig, weil das gegen die Rechtssicherheit verstößt. Wohl aber hat jeder Mensch das Recht, einem legal zustande gekommenen Gesetz oder Befehl den Gehorsam zu verweigern, wenn die Handlung, die der Gesetzgeber befiehlt, naturrechtswidrig ist." (*Robert Spaemann*, Warum gibt es kein Recht ohne Naturrecht?, in: Naturrecht und Kirche im säkularen Staat, hg. v. Hanns-Gregor Nissing, Wiesbaden 2016, 27–34; 34).
71 Vgl. *Ratzinger* (Anm. 7) 17 f.
72 Vgl. *Kurt Hübner*, Die Wahrheit des Mythos, München 1985, bes. 95–182. – *Hübner* befasst sich in einer eigenen Abhandlung (Joseph Ratzinger, in: *Ders.*, Irrwege und Wege der Theologie. Ein kritischer Leitfaden zu einer Problemgeschichte, Augsburg 2006, 257–304) mit dem von Ratzinger beschriebenen Verhältnis der Wahrheit der Geschichte zur Wahrheit der Vernunft.
73 *Ratzinger* (Anm. 7) 177 f.
74 Vgl. *Jan Assmann*, Moses der Ägypter. Entzifferung einer Gedächtnisspur, München / Wien 1998, 178. – „Christian Gnilka hat in seinem wichtigen Buch ‚Chresis' das Einbrechen der Wahrheitsfrage in die Welt der antiken Götter und die Begegnung mit dem Christentum mit dieser Situation eingehend geschildert. Bezeichnend für diesen Vorgang ist die von Cicero beschriebene Gestalt des [...] C. Aurelius Cotta, der in seiner Funktion als Augur [...] die heid-nische Religion von damals vertritt. [...] Aber zu Hause im Freundeskreis erweist sich derselbe Cotta als akademischer Skeptiker, der die Frage nach der Wahrheit stellt." (*Ratzinger* [Anm. 7] 178).

rende Fragen nach der Einheit alles Vielen, nach dem Grund aller Gründe. Die Vorsokratiker – von ihren frommen Kritikern als ‚A-Theisten‘ bezeichnet – identifizieren den Grund aller Gründe mit einem Stoff (griechisch ‚hülä‘), der alle nur denkbaren Gestalten (griech. ‚morphai‘) formt und wieder in sich aufhebt. Sokrates bzw. Platon unterscheiden zwischen der ewig bleibenden Wirklichkeit der Ideen und deren materieller Anschaulichkeit in mehr oder weniger vollkommenen Abbildern. Es ist – so erklärt Ratzinger – kein Zufall, dass die Polytheismus-Kritik der alttestamentlichen Propheten mit der Polytheismus-Kritik der griechischen Philosophie konvergiert; und dass das Christentum sich von Anfang an mit der Aufklärung – der ‚Theo-Logia‘ – der griechischen Philosophie verbündet[75], ja, dass es selbst Aufklärung bzw. ‚die wahrere Philosophie‘ sein will. Weil der göttliche Logos Grund alles Seienden ist, erklärt Ratzinger:

„Kulturen sind nicht ein für alle Mal auf eine Gestalt fixiert; zu ihnen gehört die Fähigkeit zum Voranschreiten und zur Umformung [...]. Weil die innere Offenheit des Menschen für Gott sie umso mehr prägt, je größer und je reiner sie sind, deshalb ist ihnen die innere Bereitschaft für die Offenbarung Gottes eingeschrieben. Die Offenbarung ist ihnen nichts Fremdes, sondern sie antwortet auf eine innere Erwartung in den Kulturen selbst. Theodor Haecker [Vergil. Vater des Abendlandes, München ⁵1947, 117 f] hat in diesem Zusammenhang vom adventlichen Charakter der vorchristlichen Kulturen gesprochen, und inzwischen haben vielfältige Untersuchungen dieses Zugehen der Kulturen auf den Logos Gottes, der in Jesus Christus Fleisch geworden ist, auch ganz anschaulich zeigen können.“[76]

Es gibt irreversible Erkenntnisfortschritte der Kultur- und Religionsgeschichte. Die Überwindung des mythischen bzw. polytheistischen Weltbildes ist irreversibel.[77] Denn wer nach der Wahrheit alles Seienden fragt, wird die Apotheosen von Natur und politischer Macht als Unwahrheit entlarven und die logische Unmöglichkeit einer Pluralität des Absoluten erkennen.

Zu unterscheiden sind – so erklärt Ratzinger – zwei Spielarten der auf diese Weise fortschreitenden Entelechie der Offenbarkeit des göttlichen Logos: die aszendente

---

75 „Demgemäß gibt es in der christlichen Beziehung zu den ‚heidnischen‘ Religionen [...] das Bündnis des christlichen Glaubens mit der Aufklärung, das die Väterliteratur von Justin bis Augustinus und darüber hinaus beherrscht: Die Verkünder des Christentums stellen sich auf die Seite der Philosophie, der Aufklärung, gegen die Religionen [...]. Sie sehen die Samen des Logos, der göttlichen Vernunft, nicht in den Religionen, sondern in der Vernunftbewegung, die diese Religionen ausgelöst hat.“ (*Ratzinger* [Anm. 7] 184 f).

76 *Ratzinger* (Anm. 7) 158.

77 Joseph Ratzinger unterstellt Jan Assmann nicht die These, er halte die von ihm bedauerte „Mosaische Unterscheidung“ zwischen Gott und Kosmos (bzw. Natur), zwischen ‚Gut‘ und ‚Böse‘ für hintergehbar. Aber er wendet sich gegen dessen negative Beurteilung dieser Entwicklung. „Es sieht so aus“, schreibt Assmann, „als sei mit der Mosaischen Unterscheidung die Sünde in die Welt gekommen. Vielleicht liegt darin das wichtigste Motiv, die Mosaische Unterscheidung in Frage zu stellen.“ (Moses der Ägypter, 282). Und Ratzinger kontert: „Wenn wir Wahrheit über Gott nicht erkennen können, dann bleibt auch die Wahrheit darüber, was gut ist und was böse ist, unzugänglich. Dann gibt es das Gute und das Böse nicht; es bleibt nur der Kalkül der Folgen: Ethos wird durch Berechnung ersetzt. [...] Der Gottesbegriff der Bibel erkennt Gott als das Gute, als den Guten (vgl. Mk 10, 18). Dieser Gottesbegriff erreicht seine letzte Höhe in der johanneischen Aussage: Gott ist die Liebe (1 Joh 4, 8). Wahrheit und Liebe sind identisch. Dieser Satz, wenn er in seinem ganzen Anspruch begriffen wird – ist die höchste Garantie der Toleranz; eines Umgangs mit der Wahrheit, deren einzige Waffe sie selbst und damit die Liebe ist.“ (*Ratzinger* [Anm. 7] 186).

Spielart der asiatischen Religionsgeschichte und die deszendente Spielart des abrahamitischen Monotheismus.[78]

Die aszendente Spielart kann man auch die mystizistische nennen. Innerhalb mystizistischer Methoden ist Gott bzw. das Göttliche kein Gegenüber, keine Person, sondern Inbegriff der Aufhebung jeder Differenz. Erst wenn das Ich das Bewusstsein seiner selbst (der Unterscheidung zwischen Ich und Nicht-Ich) überwunden hat, ist es eins geworden mit dem Ewigen und Unendlichen. Die Hochkonjunktur des asiatischen Mystizismus in der westlichen Welt – so beobachtet Ratzinger – ist maßgeblich motiviert durch die Relativierung aller dogmatischen Differenzen im Sinne vorläufiger Symbole einer Identität, die allem zugrunde liegt und auf die alles zurückstrebt. Man wählt sich aus unterschiedlichen Traditionen das aus, was dem eigenen Ich Entlastung von Widerständen, von Geboten und Verboten, von Festlegungen und überhaupt von allem Endlichen, Begrenzten, kurzum: ‚Differenten' verspricht. Mystizistische Religiosität ist bestimmt von Privatisierung und Innerlichkeit, von der Rückführung alles Bestimmten auf das Unbestimmte, zum Beispiel des Personalen auf das Impersonale; und vom Primat der eigenen Erfahrung vor jedem dogmatischen, rituellen oder ethischen Anspruch von außen.

Während die aszendente Spielart die Welt tendenziell in der absoluten Einheit der alle Vielheit transzendierenden Gottheit aufhebt, beruht die deszendente bzw. revelatorische Spielart auf der radikalen Unterscheidung von Gott und Welt.[79] Alle drei abrahamitischen Monotheismen erklären Gott als den einen und einzigen Schöpfer und die nichtgöttliche Wirklichkeit als seine nicht notwendige, sondern willentlich realisierte Schöpfung. Unter der von allen drei abrahamitischen Religionen geteilten Voraussetzung, dass der Mensch Adressat aller Schöpfung und Geschichte ist, kann der Mensch den Logos des Schöpfers erkennen. Aber Juden und Christen erkennen Gott in der Geschichte; die Muslime hingegen halten jede Vermittlung Gottes durch ein Geschöpf – durch von Menschen interpretierte Geschichte, durch von Menschen verfasste Schriften und erst recht durch einen einzelnen Menschen – für Gotteslästerung. Der Koran ist aus muslimischer Sicht nicht das von inspirierten Menschen bezeugte Wort Gottes, sondern Gottes Wort selbst, das, wenn es rezitiert wird, zum Ereignis der Gegenwart wird.

---

78 Vgl. *Ratzinger* (Anm. 7) 22–37.

79 „Der Buddhist sucht die Befreiung vom Dasein als dem Leiden in einer noch viel radikaleren Form des Menschseins, in einer Disziplinierung des Leibes und der Konzentration des Geistes auf die Weisheit der totalen Ruhe. Stunde für Stunde läutert er sein Ich von jeder Unreinheit und meidet alles, was anderen schaden kann. Das Mitleid erstreckt sich auch auf die Blätter und Insekten. In einem Vierstufenplan will der Yoga die Leidenschaften und Wünsche zum Schweigen bringen, dann den Geist der Ruhe finden, dann das Schwinden aller Gefühle des Genusses erleben und auf der letzten Stufe auch noch das Glücksgefühl verlieren. Dann können ihm weder Freude noch Verdruss noch Schmerz etwas anhaben, weil er den heiligen Gleichmut und den Geist des Mitleids mit den Kreaturen als Weisheit besitzt. Das Mönchtum ist der konsequenteste Buddhismus. Wie sinnvoll ist es, einen Mitmenschen in seinem augenblicklichen Stand, der im Rahmen der Reinkarnation seiner Erlösung dienlich ist, durch karitatives Eingreifen zu stören, wenn alles nur auf das Erlöschen des Bewusstseins der eigenen Persönlichkeit ankommt? […] Gibt es nach der indischen Weltanschauung den Menschen als wirkliches Individuum? Selbst die Schriftstellerin Marguerite Yourcenar, die Indien feiert, weil es uns bereichere, ‚um die tiefste Erkenntnis der Einheit in der Vielfalt, um den Pulsschlag einer Wonne, die Pflanze, Tier, Mensch und Gottheit gleichermaßen durchbebt', muss gestehen: ‚Es kennt nicht einmal Persönlichkeit.'" (*Ludwig Weimer*, Christsein angesichts der Religionen, Bad Tölz 2002, 107 f).

Wenn es aber eine *Unmittelbarkeit* zu Gottes Wort und Willen gibt, dann ist das Gelingen der Offenbarung nicht abhängig vom Verstehen ihrer Adressaten, sondern göttliche Verfügung. Bekanntlich hat Papst Benedikt in seiner Regensburger Universitätsrede[80] die Vereinbarkeit der jüdisch-christlichen Tradition mit jeder Erkenntnis der philosophisch, historisch-kritisch oder naturwissenschaftlich interpretierenden Vernunft betont und gleichzeitig die nicht ohne Folgen gebliebene Frage gestellt, ob der Islam das, was er die Offenbarkeit Gottes nennt, in gleicher Weise jedem kritischen Einwand auszusetzen bereit ist.[81]

Vielleicht können Christen das Entstehen einer monotheistischen Weltreligion post Christum natum nach Jahrhunderten des Dialogs – also in ferner Zukunft einmal – als Läuterung der eigenen Geschichte und als Entelechie der mit Jesus Christus identifizierten Wahrheit verstehen. Papst Benedikt jedenfalls ist überzeugt, dass die Identifikation der göttlichen Wahrheit mit der Person Jesu jede Anwendung von Gewalt und Missachtung der Andersheit des Anderen diskreditiert. Denn Jesu Liebe erzwingt nichts; sie grenzt niemanden aus; im Gegenteil, sie lässt sich eher kreuzigen als irgendetwas – und mag es das objektiv Beste sein – mit Gewalt durchzusetzen.

Was die von der jüdisch-christlichen Tradition geprägten Länder auffallend deutlich von der islamisch geprägten Welt unterscheidet, ist die immer noch fortschreitende Trennung von Religion und Politik, von für alle verbindlichen staatlichen Gesetzen und nur für Gläubige geltenden Regeln. Diese vom Christentum vor der Konstantinischen Wende eingeforderte Trennung wurde im christlichen Mittelalter durch eine allzu enge Verflechtung von Staat und Kirche verraten, aber – angestoßen durch die Aufklärung – neu errungen. Papst Benedikt ist ein strikter Befürworter dieser Trennung, weiß aber auch, warum der Islam in weiten Teilen die vom Christentum emanzipierte Gesellschaft der westlichen Industrienationen als dekadent und gottlos verachtet.

Einerseits legt Papst Benedikt Wert auf die Feststellung, dass die Aufklärung „nicht ohne Grund gerade und nur im Raum des christlichen Glaubens entstanden"[82] ist. Es ist aus seiner Sicht kein Zufall, dass die wissenschaftliche Rationalität, die dem Phänomen der Globalisierung zugrunde liegt, von dem ehemals christlich geprägten Europa ausging. Wer wie Papst Benedikt diesen Zusammenhang für unbestreitbar hält, muss zugleich feststellen, dass nicht der christliche Glaube, sondern die von ihm ermöglichte empirisch-technische Rationalität den Globus eroberte. Die Aufklärung hat sich nicht nur von ihren christlichen Voraussetzungen abgekoppelt, sondern auch gegen das Christentum emanzipiert. Nicht im Einflussbereich anderer Religionen, sondern dort, wo die technische Rationalität ihren Ausgang nahm, in den ehemaligen Kernlanden des jüdisch-christlichen Glaubens, ist – so konzediert Papst Benedikt der Christentumskritik des Islam – eine Kultur entstanden, „die in einer bisher nirgendwo in der Menschheit gekannten Weise Gott aus dem öffent-

---

80 *Benedikt XVI.*, Glaube, Vernunft und Universität. Erinnerungen und Reflexionen, in: Gott rettet die Vernunft. Die Regensburger Vorlesung des Papstes in der philosophischen Diskussion, Augsburg 2008, 11–30.

81 Dazu: *Robert Spaemann*, Gedanken zur Regensburger Vorlesung Papst Benedikts XVI., in: Gott rettet die Vernunft (Anm. 80) 147–170; bes. 164–167.

82 *Benedikt XVI.*, Gott und die Vernunft, 81.

lichen Bewusstsein verbannt, sei es, dass er ganz geleugnet, sei es, dass seine Existenz als unbeweisbar, unsicher und daher eben dem subjektiven Entscheiden zugehörig als jedenfalls öffentlich irrelevant eingestuft wird."[83]

Der bedeutendste Philosoph der Aufklärung war sich im Unterschied zu seinen weniger bedeutenden Epigonen bewusst, dass das unbedingte Sollen des Guten, zu dem sich, wie er meint, jeder Mensch immer schon aufgefordert weiß, nur dann realisierbar ist, wenn es eine Instanz gibt, die den Sinn des ‚kategorischen Imperativs' verbürgt.[84] Wenn es Gott nicht gibt, steht der von Kant beschriebene Imperativ unter dem von Freud und Nietzsche beschriebenen Verdacht der Lebensfeindlichkeit; dann ist es möglicherweise nur eine Frage der Genomanalyse, bis Gentechniker das quälende Über-Ich bzw. den ‚kategorischen Imperativ' operativ beseitigen können. Viele Gehirnforscher vermuten ja, dass die Selbstunterscheidung des Menschen vom Tier – also das, was Philosophen als die Transzendentalität oder kausale Unableitbarkeit des ‚Ich' bzw. der Freiheit beschreiben – eine mehr oder weniger nützliche Fiktion des Gehirns ist. Exakt diese These hat Clive Staples Lewis als den Anfang des Projektes „Abschaffung des Menschen"[85] beschrieben. Nicht von ungefähr wird das entsprechend betitelte Buch dieses englischen Denkers von Ratzinger wiederholt erwähnt und zitiert; zum Beispiel in dieser Bemerkung: „Die radikale Loslösung der Aufklärungsphilosophie von ihren Wurzeln wird letztlich zur Abschaffung des Menschen. Er hat eigentlich gar keine Freiheit, so wird uns von Vertretern der Naturwissenschaft [...] eingeredet. Er sollte sich nicht einbilden, etwas anderes zu sein als alle übrigen Lebewesen. Er sollte sich deshalb auch wie diese behandeln."[86]

Zur Entelechie des göttlichen Logos in der Geschichte gehört möglicherweise auch die Dualität einer alle Lebensbereiche durchgängig bestimmenden Weltreligion (des Islam) einerseits und einer glaubenslosen Moderne andererseits. Papst Benedikt ist überzeugt, dass diese Dualität überwindbar ist; und dass die Kraft zur Überwindung schlechthin aller Antagonismen in dem Logos liegt, der das Antlitz des Gekreuzigten trägt. Mit Blick auf Ihn, der von sich sagen durfte: „Wer mich sieht, sieht Gott den Vater" (Joh 12, 45; 14, 9), bekennt Papst Benedikt: „Wir können zwar nicht sagen: ‚Ich habe die Wahrheit'. Aber die Wahrheit hat uns, sie hat uns berührt. Und wir versuchen, uns von dieser Berührung leiten zu lassen."[87]

---

83 *Benedikt XVI.*, Gott und die Vernunft, 71.
84 „Kant hatte die Erkennbarkeit Gottes im Bereich der reinen Vernunft bestritten, aber Gott, Freiheit und Unsterblichkeit als Postulate der praktischen Vernunft dargestellt, ohne die seiner Einsicht nach konsequenterweise sittliches Handeln nicht möglich schien. Gibt uns nicht die Weltlage von heute Anlass dazu, neu nachzudenken, ob er nicht recht hatte? [...] Der zu Ende geführte Versuch, die menschlichen Dinge unter gänzlicher Absehung von Gott zu gestalten, führt uns immer wieder an den Rand des Abgrunds – zur Abschaffung des Menschen hin." (*Benedikt XVI.* [Anm. 1] 83).
85 *Clive Staples Lewis*, The Abolition of Man, or Reflections on Education with Special Reference to the Teaching of English in the Upper Forms of Schools (Touchstone Edition), New York 1996 [Deutsche Übersetzung durch *Martha Gisi*: Die Abschaffung des Menschen (Kriterien 50), eingel. v. *Hans Urs von Balthasar*, Einsiedeln ⁴1993].
86 *Benedikt XVI.* (Anm. 1) 78.
87 *Benedikt XVI.*, Letzte Gespräche. Mit Peter Seewald, München 2016, 272.

In der Schule der Heiligen

Joseph Ratzingers Reflexionen zu den Schulen dieser Welt

Thorsten Paprotny

Mancher Lateinschüler erinnert Streifzüge durch Caesars Kriege, sommers wie winters, exerziert in der Enge des Klassenzimmers, ergänzt durch strenge Exkursionen ins Land der Grammatik – vom Gerundium über das Gerundivum bis hin zum Ablativus absolutus. Schulmeisterliche Ironie, galliger Spott, auch feindseliger Zynismus traten hinzu, zuweilen bukolische, nationalistisch kolorierte Volksgesänge, über hochmütige Römer und rauflustige Germanen, zu Zeiten von Joseph Ratzinger und später. Ungeachtet der Schönheit der lateinischen Sprache, herrschte in den Schulhäusern eine lähmende Angst und umgreifende Freudlosigkeit. Generationen von Schülern kennen aus eigener Anschauung und Erfahrung, was der von Joseph Ratzinger geschätzte Religionsphilosoph Martin Buber als „Vergegnung" bezeichnet hat.[1] Wir wissen – und Bildungstheorien von Maria Montessori, Janusz Korczak und Romano Guardini bestätigen dies –, dass und wie sehr Kinder und junge Menschen gelingender Beziehungen, des Angenommenseins und des geschützten Freiraumes bedürftig sind. Doch alle müssen zur Schule gehen, und die Schule ist oft – die Schule geblieben. Verfehlte Begegnungen, Vergegnungen also, ereignen sich in Ehe und Partnerschaft, in der Familie wie in Institutionen, mit Amtspersonen, die den Obliegenheiten ergeben sind, mitunter, apologetisch, mit Blick auf sich selbst, menschliches Verständnis für den Einzelnen und seine Not artikulieren. Letztlich aber erfüllen sie die scheinbar wichtigste dienstliche, ja pädagogische Aufgabe: der Amtspflicht oder sogar Weisungen, die niemand erteilt hat, vollauf zu genügen. Zugleich möchten sie sich von aller Schuld für eigene Taten oder Versäumnisse dispensieren.[2] Mancher fügt sodann, zumeist in einer sich offenbarenden Ahnungslosigkeit, eine oft und fast ebenso häufig ins Gegenteil verkehrte Wendung eines römischen Stoikers hinzu. Der Philosoph Seneca schreibt an Lucillius in den ethischen

---

1   Martin Buber beschreibt diese Erfahrung: „Später habe ich mir einmal das Wort ‚Vergegnung' zurechtgemacht, womit etwas das Verfehlen einer wirklichen Begegnung zwischen Menschen bezeichnet war." Martin Buber, Begegnung. Autobiographische Fragmente, Stuttgart 1960, 6.

2   Über die problematische Trennung von Amt und Person vgl. Joseph Ratzinger, Einführung in das Christentum. Vorlesungen über das Apostolische Glaubensbekenntnis, in: JRGS 4, 54–322, hier 191. – Wenn der Herr die Trennung zwischen Amt und Person nicht vornimmt, bedeutet das, dass solches in der Nachfolge Christi mitunter geradezu vorlaut wie apologetisch beständig geschieht und als lutherischer Fortschritt apostrophiert wird? Es gebe, so Ratzinger ebd., für Jesus keinen „Vorbehaltsraum des Privaten": „Die Person *ist* das Amt, das Amt *ist* die Person." Ratzinger möchte zwar nicht darlegen, dass ein Mensch als Amtsträger vollständig mit dem Amt verschmilzt oder dahinter verschwindet, gleichwohl aber warnen, dass das Amt als Ausrede oder Rechtfertigung benutzt wird. Eine Person kann ein Amt nur bekleiden und ausüben – so erscheint es auch fraglich, ob eine Person, die das Amt der Person vorordnet und damit auch die Verantwortung für das eigene Handeln scheinbar entpersönlichen möchte, noch imstande ist, den Erfordernissen des Amtes als Person zu genügen.

Briefen: „Non vitae sed scholae discimus." – und das heißt: „Nicht für das Leben, sondern für die Schule lernen wir."[3] Genau so und nicht anders, steht es im lateinischen Originaltext, zitierfähig gewiss, ein Gedanke, der pointiert Sinn und Zweck solcher Übungen in so vielen Bildungsanstalten zusammenfasst – und die inkorrekte Wendung, die mit „Non scholae ..." verfügt über einen auf andere Art sprechenden Charakter.

Auch Joseph Ratzinger hat, in der Rückschau auf sein Leben, zur Beschreibung der Einrichtung und ihrer Eigenheiten einen Begriff gewählt, der seine eigenen Erfahrungen treffend zusammenfasst und heute Verwunderung auslösen mag. Ratzingers Wort lautet nämlich: „Folter".[4]

Die sensible Wahrnehmung solcher Erlebnisse teilt Ratzinger mit anderen Persönlichkeiten, etwa mit Schriftstellern wie Thomas Mann und Hermann Hesse. Mann beantwortete 1929 in der Zeitschrift „Schule und Elternhaus" Fragen zu seiner Schulzeit. Positive Eindrücke werden nicht berichtet. Die Schule habe, so sagt er, „keinen bestimmenden Einfluss auf meine Entwicklung gehabt", seine Begabungen zwar geahnt, jedoch zugleich als „obstinate Untauglichkeit" angesehen. Mann erkannte, dass „die Lehrer meine Erzieher nicht waren, sondern mittlere Beamte, und dass ich meine Erzieher anderswo zu suchen hätte". Die Kindheit habe zwar „viel Raum für Freude" geboten: „Aber die Schule war ohne Verdienst daran."[5] Wenig später schreibt er deutlich: „Ich verabscheute die Schule und tat ihren Anforderungen bis ans Ende nicht Genüge [...]."[6] Mann opponierte gegen die „Manieren ihrer Machthaber", dazu „gegen ihren Geist, ihre Disziplin, ihre Abrichtungsmethoden".[7] Jeglicher „Lernzwang" sei ihm verhasst gewesen. So habe er sich „trotzig" über diesen hinweggesetzt.[8] Auch Joseph Ratzinger litt an dem System Schule und ihren Exponenten, ähnlich wie Thomas Mann, aber er widerstand auf andere Weise, so dass es erwägenswert zu sein scheint, nachzuvollziehen, wie er die Schule erlebte und wie ihm nicht an, sondern auf welche Weise trotz dieser ihm Erzieher und Lehrer für den Glauben und das Leben begegnet sind – und insbesondere gilt es zu erwägen, welche Schule zur wahren Schule des Lebens taugt und in die Weite führt.

---

3 Lucius Annaeus Seneca, Brief 106, in: Ad Lucilium. Epistulae morales / Briefe über Ethik 70–124, 620–627, hier: 626 f., in: Ders., Philosophische Schriften in fünf Bänden. Hrsg. u. übers. v. Manfred Rosenbach. Bd. 4, Darmstadt 1995.
4 S. hierzu etwa: Joseph Ratzinger, Aus meinem Leben, Stuttgart 1998, 29.
5 Thomas Mann, [»Was war uns die Schule?«] (1930), in: Ders., Gesammelte Werke in Einzelbänden. Frankfurter Ausgabe. Hrsg. v. Peter de Mendelssohn. Über mich selbst. Autobiographische Schriften. Nachwort v. Martin Gregor-Dellin, Frankfurt am Main 1983, 168–169, hier 169. – In „Unterm Rad" 1905 erzählt auch Hermann Hesse von der unüberbrückbaren Distanz zwischen dem Einzelnen und der „Lehrerzunft". Er charakterisiert den Lehrer als übellaunigen, grimmigen und boshaften Tropf von pedantisch stumpfer Strenge. Dieser sei ein „Schulmeister", der „einige Esel" einem einzelnen Begabten unbedingt vorziehe. Hermann Hesse erinnert wehmütig an jene traurigen Schüler, die zu Opfern werden: „Manche aber – und wer weiß wie viele? – verzehren sich in stillem Trotz und gehen unter." Hermann Hesse, Unterm Rad (1905), München 2004, 87 f.
6 Mann, [Lebenslauf 1930], in: Über mich selbst, 95–99, hier 95.
7 Mann, Lebensabriss (1930), in: Über mich selbst, 99–146, hier 100.
8 Mann, Lebensabriss, 101. – Die Abscheu gegenüber der Schule und die Erinnerung an die Anstalt, ihr Personal und ihre Zwänge, bewahrt sich Thomas Mann, nicht als Einziger, aber in markanter Weise, früh und bleibend dargelegt in Hanno Buddenbrooks' Schulgeschichten. Vgl. Mann, [Lebensabriss 1936], in: Über mich selbst, 146–152, hier 148.

Die Schule als Stätte der „Folter"

Mehrfach bezeichnet der Kardinalpräfekt die Institution Schule als Stätte der „Folter". Den Gegensatz hierzu bildet der Schutzraum der Familie: „Ich hatte in großer Freiheit zu Hause gelebt, studiert, wie ich wollte, und meine eigene kindliche Welt gebaut." Die geistige, aber auch die räumliche Enge, „in einen Studiersaal mit etwa sechzig anderen Buben eingefügt" zu sein, erlebte Ratzinger als Einschnitt, ja als „eine Folter, in der mir das Lernen, das mir vorher so leicht gewesen war, fast unmöglich schien".[9] Die Schule nahm Joseph Ratzinger als eine von Zwang regierte, ideologisch imprägnierte und autoritäre Institution wahr, der behüteten Kindheit schroff entgegengesetzt, in der inneres Wachstum, geistliche Reifung wie demütiges Staunen ihren Platz hatten. Zuhause konnte auch eine scheue Entfaltung der Person gelingen, ein vorsichtig tastender Weg ins Leben, weil in dieser Sphäre aufrichtige Zugehörigkeit und Güte in einem herzlichen Miteinander erlebt wurden. Nicht die Schule, nicht ihr Lehrpersonal ermutigten durch ihr Sein und Wesen dazu, den Schulmeistern und den staatlichen Zielen der Bildung nachzustreben, sondern die Familie schenkte Geborgenheit und Fürsorge, Wegweisung zum Glauben, durch Beispiel und Vorbild. Dankbar memoriert dies Benedikt XVI. im Pontifikat.[10] Er schreibt 1997 zugleich, dass die „heitere kindliche Welt" der Familie „nicht in ein Paradies eingelassen war". Hinter den „schönen Fassaden" des Chiemgaus verbarg sich „viel stille Armut".[11]

Joseph Ratzingers erste Schule stand in Aschau am Inn. Wechseln musste er, bedingt durch die Umzüge der Familie, die Bildungshäuser einige Male. Hitler und seine Getreuen gestalteten die Schulen von 1933 an zielstrebig auf eigene Weise. Neuheidnische Rituale wurden zügig eingeführt, so auch in Bayern. Mit Begeisterung begleiteten einige Pädagogen diese verstörend säkularen Feiern, die zwar – so berichtet Ratzinger – durchaus Neugierde weckten, nicht aber sogleich Enthusiasmus für die stramme Ideologie der Machthaber unter seinen Landsleuten erwirkten. Georg Ratzinger erzählt etwa davon, dass zu jedem Trimesterbeginn eine öffentliche „Fahnenhissung" erfolgte: „Damals musste sich die ganze Schule im Karree

---

9 Ratzinger, Aus meinem Leben, 28 f.

10 Noch liebevoller fällt Benedikts Antwort aus, als er beim Welttreffen der Familien in Mailand 2012 von einem kleinen Mädchen aus Vietnam nach Erinnerungen an das eigene Zuhause gefragt wird: „Mit einem Wort: wir waren ein Herz und eine Seele, haben vieles gemeinsam erlebt und durchgestanden, auch in schweren Zeiten, weil damals die Zeit des Krieges war, davor die Zeit der Diktatur und dann der Armut. Aber diese Liebe, die uns verband, diese Freude auch an einfachen Dingen, war stark, und so konnte man auch diese Dinge ertragen und überwinden. Das erscheint mir sehr wichtig: dass auch kleine Dinge Freude machten, weil so das Innerste des Herzens des anderen zum Ausdruck kam. So sind wir also aufgewachsen in der Gewissheit, dass es gut ist, ein Mensch zu sein, denn wir konnten ja sehen, dass sich die Güte Gottes in unseren Eltern und Geschwistern widerspiegelte. Und um die Wahrheit zu sagen: wenn ich mir vorzustellen versuche, wie wohl das Paradies aussehen könnte, dann kommt mir immer die Zeit meiner Jugend, meiner Kindheit, in den Sinn. In diesem Kontext des Vertrauens, der Freude und der Liebe waren wir glücklich, und ich denke, dass es im Paradies ähnlich sein muss wie in meiner Kinder- und Jugendzeit. In diesem Sinn hoffe ich eines Tages ‚heimzugehen', der ‚anderen Welt' entgegen." S. hierzu: Pastoralbesuch in der Erzdiözese Mailand und VII. Weltfamilientreffen (1.–3. Juni 2012). Fest mit Glaubenszeugnissen. Ansprache von Papst Benedikt XVI. – https://w2.vatican.va/content/benedict-xvi/de/speeches/2012/june/documents/hf_ben-xvi_spe_20120602_festa-testimonianze.html [10.06.2018].

11 Ratzinger, Aus meinem Leben, 14.

aufstellen, dann hielt der kommissarische Schulleiter eine zündende Nazi-Rede und schließlich wurde die Flagge gehisst." Später habe ein „Nazi-Großkopferter" der Hitlerjugend, aus München kommend, pathetisch vorgetragen und die Bildung, die das konservative Gymnasium zuvor vermittelt hatte, ausgiebig beschimpft. Manche Lehrer politisierten beherzt, entschlossen und eifrig.[12] Joseph Ratzinger erinnert den Kampf um die Bekenntnisschulen. Die Bischöfe hofften noch auf den Bestand des Konkordates, doch nahm Ratzinger an, „dass sie mit dem Kampf um die Institutionen die Realität zum Teil verkannten". Ein „antiklerikales Ressentiment" sei in vielen Schulen sichtbar gewesen und das Beharren auf die „institutionell verbürgte Christlichkeit ins Leere" gegangen.[13] Besonders junge Lehrer zeigten sich anfällig für den Nationalsozialismus und „begeistert von den neuen Ideen". Ratzinger berichtet von einem Pädagogen, der dem NS-Regime sichtbar positiv gegenüberstand: „So ließ er mit großem Pomp den Maibaum aufrichten und verfasste eine Art Gebet an den Maibaum als Symbol der stets sich erneuernden Kraft des Lebens. […] Die jungen Burschen interessierten sich mehr für die Würste, die am Maibaum hingen und den schnellsten Kletterern zufielen, als für die hochgestochenen Reden des Schulmeisters." Das Kirchenjahr sollte im Mai mit einem Zeugnis „germanischer Religion" und liturgischen Experimenten, dem Reservoir des Neuheidentums entsprungen, ergänzt werden. Auch der Spatenkult sei in jener Zeit eingeführt worden.[14] Ob das überschaubare Interesse der Kinder und Jugendlichen im Chiemgau an den hochpolitischen Bekundungen von den Herren der neuen Ordnung bemerkt wurde? Dazu schweigt Ratzinger. Bemerkenswert aber ist, dass er in dem Aufsatz „Wozu noch Christentum?" an Goethes „Faust" erinnert und dazu Solschenizyns Deutung aufnimmt, wenn der teuflisch inspirierte, verführte und verblendete Faust, die Arbeiter organisiert, die beim „Geklirr der Spaten" nun eine „neue Erde" schaffen und gestalten sollen: „Die Spaten, deren Geklirr Faust zu seinem Ausruf veranlassen, gehören den Bedienten des Teufels, die damit nicht eine neue Welt, sondern sein Grab schaufeln und nur der Blinde, Blindgewordene kann darin die Musik der Erlösung hören, nicht ahnend, wie er sich selbst verhöhnt."[15] Das Dämonische, ja das diabolisch Böse war im Nationalsozialismus spürbar gegenwärtig.

---

12 Georg Ratzinger, Mein Bruder, der Papst. Aufgezeichnet von Michael Hesemann, München 2011, 100 f. – Wie die Schüler die NS-Begeisterung eines Altphilologen auf ihre Weise ausnutzten, beschreibt Ratzinger ebd.: „Da fragte ihn dann immer jemand, wie das denn mit dem Krieg so sei, und er hat angefangen zu reden, ein ganzer Wortschwall quoll aus ihm heraus. Das machten wir natürlich nicht aus politischem Interesse, sondern nur, damit die Lateinstunde schnell vorüberging und er gar nicht mehr die Zeit hatte, unsere Hausaufgaben abzufragen." – Der drei Jahre jüngere Joseph Ratzinger stellt Erwägungen zur scheinbaren Immunität der Altphilologen an. Am Traunsteiner Gymnasium fand sich Ratzinger „einer neuen Disziplin und einem neuen Anspruch ausgesetzt". Aus der „alten Garde der Altphilologen" hatte sich dort, so Ratzinger, zwar niemand der NSDAP angeschlossen. Die „Bildung an der griechischen und lateinischen Antike" führte, so vermutet Ratzinger, mutmaßlich eher aus Liebe zum Latein, als in Kenntnis der Verstrickungen der Altphilologen mit dem neuen Regime und ihrer Ideologie, zu einer „geistigen Haltung", die der „Verführung durch die totalitäre Ideologie" entgegenstand; siehe: dazu Ratzinger, Aus meinem Leben, 26.
13 Ratzinger, Aus meinem Leben, 18.
14 Ratzinger, Aus meinem Leben, 19. – Über die „Pseudo-Liturgie" des Spaten-Kultes s. insb. ebd., 37 f.
15 Ratzinger, Wozu noch Christentum? (1972), in: JRGS 4, 396–402, hier 399 f.

Der Stundenplan wurde in der NS-Zeit zügig erneuert und paramilitärisch modernisiert. Die Gewöhnung an den militärischen Drill setzte früh ein. Gymnasium und Realschule wurden fusioniert: „Mit dem neuen Schultypus kam auch eine neue und jüngere Generation von Lehrern, in der es gewiss auch ausgezeichnete Kräfte gab, aber nun eben auch entschiedene Vorkämpfer des neuen Regimes. Wieder drei Jahre später wurde der Religionsunterricht aus der Schule verbannt, dafür der Anteil des Sportunterrichts gesteigert."[16] Wohin dies führte, das ahnte nicht nur die Familie Ratzinger. Turnübungen, vorbereitend für Hitlers Krieg, verdrängten auch den Unterricht in den alten Sprachen zunehmend.[17] Das Erziehungsprogramm verknüpfte Strenge mit Zwang, erforderte die vollständige Einfügung in ein absolut gesetztes Gefüge und ideologische Disziplinierung. Nur in der Kirche hingegen begegnet Ratzinger, wie in der Familie, ein Ordnungsgefüge ganz anderer Art. Manche, doch aufs Ganze gesehen nur wenige Menschen entwickelten einen inneren Widerstand gegen die im öffentlichen Leben agierende Macht, die gewissermaßen mehrheitlich gewählt worden war und dann den Staat gänzlich okkupiert hatte. Etliche folgten dem Superioritätsanspruch der pathologischen nationalsozialistischen Weltanschauung, auch Philosophen wie Martin Heidegger, Juristen wie Carl Schmitt und Soziologen wie Arnold Gehlen fügten sich auf je eigene Weise der neuen Zeit, einige Gelehrte machten auch zügig Karriere.

Die Schule betrieb eine unnachsichtige, erbarmungslose Konditionierung auf das Gemeinwesen hin, auf die Einfügung in die politische Ordnung, ihre Zwecke und Absichten. Der einzelne Schüler war – wie Ratzinger auch am Beispiel des von der nazistischen Ideologie geförderten Sportunterrichts zeigt – dem System vollständig ausgesetzt, damit den amtlich bestallten, sich auf je eigene Weise exponierenden Lehrern und deren Vorgaben unterworfen. Diese diktierten autoritativ Weisungen, verstanden sich zugleich als Stellvertreter der herrschenden Ordnung. Die Lehrer folgten einem vorgegebenen Bildungsplan und nahmen Funktionen wahr, oft mit Eifer und Begeisterung, in einer Schule, die mit dem Exerzierplatz mehr als eine nur vordergründige Ähnlichkeit aufwies. Theatralische Auftritte einzelner Lehrer darüber hinaus ließen diese zu einer als befremdlich, ja verstörend erlebten Schaubühne für temperamentvolle Darbietungen, ja zu einer Folterstätte werden, in der Formen der ostentativen Gehässigkeit, der körperlichen Züchtigung und der brutalen Gewalt eine Heimstatt gefunden haben, unter vollständiger Abwesenheit von Verständnis, Mitgefühl, Freundlichkeit, Güte, Wohlwollen und Sympathie. Hinzu trat die massive Feindseligkeit gegenüber dem christlichen Glauben, insbesondere gegenüber der römisch-katholischen Kirche.

Zu Ostern 1939 musste Joseph Ratzinger gewissermaßen kaserniert werden, also „ins Knabenseminar eintreten, um wirklich ins geistliche Leben eingeführt zu wer-

---

16 Ratzinger, Aus meinem Leben, 27.

17 Man darf auch hier nicht verkennen, dass die lateinische Wendung „Mens sana in corpore sano." auch Jahrzehnte später noch im Lateinunterricht zu einer Verklärung der kraftvollen Gestalt des sportlichen Jünglings von etlichen Pädagogen geradezu wonnevoll zitiert wurde, auch um die noch immer sogenannten „Leibesertüchtigungen" aus dem Geist der Antike zu legitimieren – und zugleich die vermeintliche Lebensuntüchtigkeit, bis hin zur Betrachtung des sog. Lebensunwerten, mit Schwäche, Behinderung und Krankheit zu identifizieren. Die Ideologie hatte ein Nachleben inmitten der sogenannten Lebenswirklichkeit und Lebenswelt Schule.

den". Er sei aber „nicht fürs Internat geschaffen" gewesen. Zugleich erinnert er erneut die Sportstunden, und auch der Begriff „Folter" kehrt wieder: „Die größte Belastung aber war es für mich, dass – einer fortschrittlichen Idee von Erziehung folgend – jeden Tag zwei Stunden Sport auf dem großen Spielplatz des Hauses vorgesehen waren. Da ich sportlich nun einmal ganz unbegabt bin und überdies als der Jüngste unter den Mitschülern, die bis zu drei Jahren älter waren als ich, fast allen an Kräften weit unterlegen war, wurde dies zu einer wahren Folter für mich."[18] Besonders die martialische Strenge schneidig auftretender, jähzorniger Pädagogen – deren Methoden und deren ruppiger, boshafter Ton, oft als verächtlich mokante Lustigkeit dargeboten, die auch das zwölf Jahre währende 1000-jährige Reich mancherorts lange überdauerten – befremdete Joseph Ratzinger sehr.

Am Traunsteiner Gymnasium wurde Ratzinger aber auch – eine positive Reminiszenz also findet sich – mit Werken aus der Weimarer Klassik und der Romantik vertraut. Summarisch berichtet er von literarischen Entdeckungen: „Ich las hingerissen Goethe, während Schiller mir ein wenig zu moralistisch erschien und liebte besonders die Schriftsteller des 19. Jahrhunderts: Eichendorff, Mörike, Storm, Stifter, während andere wie Raabe und Kleist mir eher fremd blieben. Natürlich begann ich auch selber eifrig zu dichten und wandte mich mit neuer Freude den liturgischen Texten zu, die ich besser und lebendiger aus den Urtexten zu übertragen versuchte."[19] Wenige Jahre später erfolgte die Schließung der Klosterschulen. Die Seminaristen zogen in das ehemalige Mädchen-Institut der Englischen Fräulein. Ratzinger stellte hocherfreut fest: Es handelte sich um ein Haus ohne Sportplatz. Er selbst lernte zunehmend, aus der „Eigenbrötelei" herauszutreten und „im Geben und Empfangen eine Gemeinschaft mit den anderen zu bilden" – eine wertvolle Erfahrung auch vor dem Hintergrund der Zeitumstände.[20] Nach dem Krieg erfolgten „erste Schritte ins unbekannte Land der Philosophie und der Theologie" – mithilfe von Büchern des Pfarrers oder aus der Seminarbibliothek.[21]

---

18 Ratzinger, Aus meinem Leben, 29. – „Ich muss eigens sagen, dass meine Kameraden sehr tolerant waren, aber es ist auf die Dauer nicht schön, von der Toleranz der anderen leben zu müssen und zu wissen, dass man für die Mannschaft, der man zugeteilt wird, nur eine Belastung darstellt."

19 Ratzinger, Aus meinem Leben, 32. – Die Neigung zur Poesie zeigt auch der 19-Jährige, als er bei der Übertragung von Werken des hl. Thomas sprachlich in kühner Freiheit, die manchen Altphilologen ergrimmt hätte, das spröde Latein nimmt, um von glaubensvoll „liebesdurchglühten Menschen" zu sprechen. Thomas zeigt in Art. 20, Abs. 20, die Nichtidentität von amor und caritas. Er schreibt: „Ergo cum aliqui qui sunt in caritate, diligant eum secundum quod diligibilis est; videtur quod dilectio qua diligimus Deum, non sit aliquid creatum." Ratzinger wendet sich nun ganz zur Sprachgestalt seiner Zeit: „Da nun aber liebesdurchglühte Menschen ihn so lieben, wie es ihm zukommt, kann anscheinend die Liebe, die wir zu ihm haben, nicht etwas Geschaffenes sein." Er übersieht das Semikolon und verbindet die Satzglieder, formuliert somit abweichend. Das „cum" können wir übergehen, auch Thomas hätte das „cum" nicht einfügen müssen – es fügt der Aussage nichts hinzu. „Daher sind einige in der Liebe, sie lieben ihn demgemäß, weil er liebenswert ist", soweit der erste Satzteil. Sodann aber folgt eine Passivkonstruktion: „Es scheint, dass die Liebe, insoweit wir Gott lieben, nicht irgendetwas Geschaffenes ist." Ratzingers emphatische Übersetzung der Gedanken des hl. Thomas führt zu einer abweichenden Akzentsetzung. S. Thomas von Aquin, Untersuchung über die Liebe. Übers. v. Joseph Ratzinger, hrsg. v. Rolf Schönberger (= MMIPB 4), Regensburg 2017, 16.

20 Ratzinger, Aus meinem Leben, 30.

21 Ratzinger, Aus meinem Leben, 25.

Liturgie und Musik

Erzieherisch im guten Sinne wirkte die Liturgie der Kirche. Sie schenkte Geborgenheit und wurde wahrhaft zu einem Zuhause.[22] Ratzinger erinnert die „unerschöpfliche Realität der Liturgie" – der profanen Wirklichkeit der Schule entgegengesetzt –, die spielerisch, freudig und staunend entdeckt wurde, mit allen Stadien des „Hineinwachsens in eine alle Individualitäten und Generationen übersteigende große Realität", die weder künstlich hergestellt noch ausgedacht war und eine ungekannte Leichtigkeit offerierte; himmelwärts schauen ließ.

Joseph Ratzinger zeigt förmlich kontrastierende Erfahrungsräume auf, das Regiment der schulischen Erziehung einerseits, die eine äußerliche Disziplinierung, ja Dressur mit sich brachte, und die Liturgie der Kirche andererseits, die farbenfrohe Schönheit, die Gemeinschaft, in der er sich ganz aufhoben, geliebt, gewollt und gebraucht fühlte – so wie in der eigenen Familie. Die häusliche liturgische Bildung erfolgte auch anhand der von Anselm Schott herausgegebenen Messbücher: „Jede neue Stufe im Zugehen auf die Liturgie war ein großes Ereignis für mich. Das jeweils neue Buch war eine Kostbarkeit, wie ich sie mir nicht schöner träumen konnte. Es war ein fesselndes Abenteuer, langsam in die geheimnisvolle Welt der Liturgie einzutreten, die sich da am Altar vor uns und für uns abspielte. Immer klarer wurde mir, dass ich da einer Wirklichkeit begegnete, die nicht irgend jemand erdacht hatte, die weder eine Behörde noch ein großer Einzelner geschaffen hatte. Dieses geheimnisvolle Gewebe von Text und Handlungen war in Jahrhunderten aus dem Glauben der Kirche gewachsen. Es trug die Frucht der ganzen Geschichte in sich und war zugleich doch mehr als ein Produkt menschlicher Geschichte. [...] Nicht alles war logisch, es war manchmal verwinkelt und die Orientierung gewiss nicht immer leicht zu finden. Aber gerade dadurch war dieser Bau wunderbar und war er eine Heimat."[23] Die barocken Kirchen in der Heimat erzählten auch in Bildern und Ausmalungen von der Schönheit des Glaubens, von Pracht und Herrlichkeit. Das Haus des Herrn war Joseph Ratzingers Zuhause geworden. Zur Liturgie gehört untrennbar die Musik der Kirche, nicht jede Musik, die in einer Kirche dargeboten wird, sondern die Musik, die mit der Liturgie zusammenstimmt und zusammenklingt, die ihrer Würde und Schönheit entspricht und, auf sanfte Weise bildsam, den von innen her hörenden Menschen mit hinein nimmt in das Geschehnis, das in der heiligen Messe gefeiert wird. Ratzinger führt hierzu aus: „Die Musik, die dem Gottesdienst des Menschgewordenen und am Kreuz Erhöhten entspricht, lebt aus einer anderen, größeren und weiter gespannten Synthese von Geist, Intuition und sinnenhaftem Klang. Man kann sagen, dass die abendländische Musik vom Gregorianischen Choral über die Musik der Kathedralen und die große Polyphonie, über die Musik der Renaissance und des Barock bis hin zu Bruckner und darüber hinaus aus dem inneren Reichtum dieser Synthese kommt und sie in einer Fülle von Möglichkeiten entfaltet hat. Es gibt dieses Große nur hier, weil es allein aus dem anthropologischen

---

22 Vgl. auch Ratzinger, Einführung in das Christentum, 103.
23 Ratzinger, Aus meinem Leben, 23. – Die Liturgie der Kirche bewahrte ihre Form und schenkte ein bergendes Obdach: „Das Kirchenjahr gab der Zeit ihren Rhythmus, und ich habe das schon als Kind, ja, gerade als Kind mit großer Dankbarkeit und Freude empfunden." Ebd., 21.

Grund wachsen konnte, der Geistiges und Profanes in einer letzten menschlichen Einheit verband. [...] Wer wirklich von ihr getroffen wird, weiß irgendwie vom Innersten her, dass der Glaube wahr ist, auch wenn er noch viele Schritte braucht, um diese Einsicht mit Verstand und Willen nachzuvollziehen."[24] Als Benedikt XVI. nach dem Amtsverzicht die Ehrendoktorwürde der Lubliner Universität verliehen wird, spricht er vom Salzburger „Traditionsraum", in dem er aufgewachsen ist: „Die festlichen Messen mit Chor und Orchester gehörten ganz selbstverständlich zu unserem gläubigen Erleben der Liturgie. Es bleibt mir unvergessen, wie zum Beispiel mit den ersten Klängen der Krönungsmesse von Mozart irgendwie der Himmel aufging und die Gegenwart des Herrn ganz tief zu erleben war."[25] Musik stellt er in der Liturgie als Sinnbild des Glaubens vor. Der Gegensatz zu einer schulmeisterlichen Unterweisung wird ersichtlich. In einem Orchester verfehlt der herausragende Solist die Bestimmung, wenn er sich und seine Begabung nicht in das Ganze hinein gibt: „Das solistische gemeinsame Musizieren verlangt vom Einzelnen nicht nur den Einsatz all seiner technischen und musikalischen Fähigkeiten in der Ausführung seines Parts, sondern zugleich immer auch ein Sich-Zurücknehmen im aufmerksamen Hinhören auf die anderen: Nur wenn das gelingt, wenn jeder nicht sich selbst darstellt, sondern sich dienend der Gesamtheit einordnet und sich sozusagen als ‚Werkzeug‘ zur Verfügung stellt, damit der Gedanke des Komponisten Klang werden und so das Herz der Hörer erreichen kann, geschieht wirklich große Interpretation – wie wir sie eben gehört haben. Das ist ein schönes Bild auch für uns, die wir uns im Rahmen der Kirche bemühen, ‚Werkzeuge‘ zu sein, um unseren Mitmenschen den Gedanken des großen ‚Komponisten‘ zu vermitteln, dessen Werk die Harmonie des Universums ist." In der Musik, zur Liturgie gehörend, erfährt der als ganze Person hörende Mensch „Augenblicke des Friedens" und versteht so auf das Ganze im „Licht des Glaubens" zu schauen: „Wir können uns in der Tat die Geschichte der Welt wie eine wunderbare Symphonie vorstellen, die Gott komponiert hat und deren Aufführung er selbst als weiser Dirigent leitet. Auch wenn uns die Partitur manchmal sehr komplex und schwierig erscheint, kennt er sie von der ersten bis zur letzten Note. Wir sind nicht dazu gerufen, den Dirigentenstab in die Hand zu nehmen und noch weniger dazu, die Melodien nach unserem Geschmack zu verändern. Aber jeder von uns ist aufgerufen, an seinem Platz und mit den eigenen Fähigkeiten mit dem großen Meister zusammenzuarbeiten, um sein wunderbares Meisterwerk aufzuführen. Im Verlauf der Aufführung wird es uns dann auch gegeben sein, nach und nach den großartigen Entwurf der göttlichen Partitur zu verstehen."[26] Hiervon erzählt die Liturgie der Kirche, auch mit dem würdevollen, feierlichen Klang, fern aller Fanfarenstöße machtvoll empörender oder empor hebender Weltlichkeit. Liturgie und Musik erscheinen, auch in ihrem Zueinander, wie eine scheue, zärtliche

---

24 Ratzinger, Zur theologischen Grundlegung der Kirchenmusik (1974), in: JRGS 11, 501–547, hier 542 f.
25 Benedikt XVI., Musik im Dienste der Schönheit des Glaubens. Ansprache bei der Verleihung der Ehrendoktorwürde der Päpstlichen Universität Johannes Paul II. Krakau am 4. Juli 2015, in: L'Osservatore Romano 28/2015.
26 Benedikt XVI., Ansprache vom 18. November 2006. – https://w2.vatican.va/content/benedict-xvi/de/speeches/2006/november/documents/hf_ben-xvi_spe_20061118_quartett-berlin.html [12.08.2018].

Pädagogik, die einlädt statt diszipliniert, die teilhaben lässt statt anzuweisen. Wer sich in die Liturgie der Kirche hinein gibt, sich ihr anvertraut, erfährt Güte von oben her, nicht nur in den düsteren Jahren der Schule und in der NS-Zeit. Die Liturgie der Kirche war für Joseph Ratzinger ein Erfahrungs- und Lebensraum, dem jede Bitternis fehlte, aber in dem wahrhaft dankbare Freude und die auf Zuversicht gegründete Hoffnung gegenwärtig waren. Ratzinger beschreibt die Weggenossenschaft der pilgernden Kirche, eine Schule von ganz anderer Art, die sich von allen Schulen dieser Welt unterscheidet: „In der Welt der Heiligen, der wir im Kirchenjahr begegnen, wird gleichsam das einfache, unanschaubare Licht Gottes zerlegt in das Prisma unserer menschlichen Geschichte hinein, so dass wir der ewigen Herrlichkeit und dem Lichte Gottes mitten in unserer menschlichen Welt, in unseren menschlichen Brüdern und Schwestern, begegnen können. Die Heiligen sind gleichsam unsere älteren Geschwister in der Familie Gottes, die uns an die Hand nehmen und führen wollen, die zu uns sagen: Hat dieser und jener es gekonnt, warum nicht auch ich?"[27]

Die Schule der Heiligen

Der 2018 verstorbene hannoversche Musikpädagoge Peter Becker hat Bildung ausgesprochen lateinisch aufgefasst und auf „educatio" verwiesen, diese meine „Hinausführung", und zwar „aus dem Dunklen ins Helle" – und der Lehrer muss sich notwendig zugleich als Person einbringen und zurückbringen. Der „educator" solle nicht die „Rolle des besserwisserischen Fremdenführers" annehmen.[28] Was Becker als taugliches Vorbild im Bereich der Musik vorstellt, gilt möglicherweise auch für die Theologie, für Glaube und Leben. Der Gelehrte Joseph Ratzinger, Dozent der Theologie, als Professor, Kardinal und Papst vor allem und im Wesentlichen ein einfacher gläubiger Christ, hat nicht nur von bitteren Erfahrungen mit Schulen gesprochen, sondern auch von einer anderen Schule berichtet, von inneren Begegnungen mit Heiligen. In „Aus meinem Leben" erinnert Joseph Ratzinger an die festlichen Tage, an denen in der Diözese Passau am Wallfahrtsort Altötting die Heiligsprechung Bruder Konrads gefeiert wurde: „In diesem demütigen und grundgütigen Menschen fanden wir das Beste unseres Stammes verkörpert und durch den Glauben zu seinen schönsten Möglichkeiten geführt." Nicht durch sich selbst also, nicht aus eigener Leistung, sondern glaubend, hoffend und liebend wird der fromme Konrad von Parzham zu einem Vorbild der Heiligkeit. Im 20. Jahrhundert sei es eine besondere, ja „merkwürdige Fügung", dass im Zeitalter des technischen Fortschritts die Kirche sich, so Ratzinger, „in ganz einfachen Menschen" auf beste Weise

---

27 Ratzinger, „Unruhig ist unser Herz, bis es ruhet, o Gott, in dir.", in: JRGS 1, 697–704, hier 697.
28 Peter Becker, Mit Fragen enden – Kommentar introvers zu Richard Jakobys Essay *Neue Musik und Musikerziehung* (1991), in: Ders., Finis. Non finis ... Von Schütz bis Kagel. Texte zur Musik und ihrer Vermittlung, Mainz et al. 2009, 542–548, 546 f. – Becker spricht von einem „gemeinsamen Weg" für Lehrer und Schüler. Der Pädagoge soll sich auch vor Fragen, Zweifeln und Hoffnungen nicht ängstigen. Es gebe „mitteilenswerte Erfahrungen", die auch geteilt werden dürfen: „Es gehört zur Vorstellung von Didaktik als Haltung, dass sich der Lehrer mit solchen Erfahrungen als Person ins Spiel bringt, dass also sonare, resonare und per-sonare den Unterricht gleichermaßen konstituieren."

dargestellt fand, die verborgen vor der Welt und unberührt von den großen Geschehnissen ihrer Zeit gelebt hatten. Dieses sei „ein Zeichen, dass der helle Blick für das Wesentliche gerade auch heute den Geringen gegeben ist, der den ‚Weisen und Verständigen' so oft abgeht (vgl. Mt 11, 25)". Ratzinger formuliert weiterhin: „Ich denke schon, dass gerade diese ‚kleinen' Heiligen ein großes Zeichen an unserer Zeit sind, das mich um so mehr berührt, je mehr ich mit und in ihr lebe."[29] Joseph Ratzinger hat die Heiligen und ihre je eigene Lebensgeschichte als „Lichtspur" bezeichnet.[30] Die Heiligen stehen durch ihr Sein und Wesen, durch ihre Offenheit für und ihre Bindung an Gott wie durch die Treue zu Christus und seiner Kirche außerhalb weltlicher Maßstäbe. Sie genügen keiner, ja sie durchbrechen jede säkulare Schulordnung. Von den herrschenden Kategorien menschlichen Denkens werden sie nicht erfasst, vielleicht als Versager angesehen, als verächtliche Gestalten belächelt und verhöhnt, als krank, töricht und lebensuntüchtig abgetan. Als Bettler gelten sie, denen es an Erfolg mangelt und die – wie auch ein abschätziges Urteil lauten mag – nichts oder zu wenig aus ihren Möglichkeiten gemacht haben. Stattdessen vertrauen die Heiligen gläubig auf Gottes Herz und Barmherzigkeit, auf den Herrn, denn „er steht da als ein Liebender, mit der ganzen Wunderlichkeit eines Liebenden". Wer groß und abstrakt von Gott denke, so Ratzinger, der denke in Wirklichkeit klein, nicht „recht göttlich", sondern „allzu menschlich". Die Heiligen verstehen, dass die „quantitativen Maßstäbe" nun „überholt" sind, eine „Umwertung von Maximum und Minimum" erfolgt und dass „höher als das bloße Denken die Liebe steht".[31]

Joseph Ratzinger verdeutlicht in der Habilitationsschrift, dass der heilige Bonaventura die scholastische Methode um eine Perspektive erweitert habe, die außerphilosophischer wie außertheologischer Art sei, bedingt durch das „Wurzelfassen innerhalb der franziskanischen Wirklichkeit". Bonaventura mühe sich weiter um die „innere Richtigkeit" der scholastischen Denkweise, sehe aber zugleich, dass dieses System „nichts Endgültiges an sich hat": „Die Lebensform des heiligen Franz wird einmal die allgemeine Lebensform der Kirche sein – der simplex et idiota wird triumphieren über alle die großen Gelehrten und die Kirche der Endzeit wird Geist von seinem Geiste atmen."[32] Menschen wie diese unterwerfen sich der Führung

---

29 Ratzinger, Aus meinem Leben, 10 f.
30 Ratzinger, Bilanz der Nachkonzilszeit (1982), in: JRGS 7/2, 1064–1078, hier 1072.
31 Ratzinger, Einführung in das Christentum, 143 f. – S. auch ebd., 144: „Für den, der als Geist das Weltall trägt und umspannt, ist ein Geist, ist das Herz eines Menschen, das zu lieben vermag, größer als alle Milchstraßensysteme. […] Das absolute Denken ist ein Lieben, ist nicht fühlloser Gedanke, sondern schöpferisch, weil es Liebe ist." – Vgl. ebd., 155 f.: „Nicht umschlossen werden vom Größten, sich umschließen lassen vom Kleinsten, das ist göttlich. […] In einer Welt, die letztlich nicht Mathematik, sondern Liebe ist, ist gerade das Minimum ein Maximum, ist jenes Geringste, das lieben kann, ein Größtes; ist das Besondere mehr als das Allgemeine; ist die Person, das Einmalige, Unwiederholbare, zugleich das Endliche und Höchste."
32 Ratzinger, Die Geschichtstheologie des heiligen Bonaventura (1959), in: JRGS 2, 419–646, hier 643 f. – S. ebd., 645 f.: Bonaventura spreche vom Frieden wie Augustinus in „De civitate Dei", doch der „Friede" sei nun „erdnäher geworden": „Es ist nicht mehr jener nie mehr endende Friede in Gottes Ewigkeit, der dem Abbruch dieser Welt folgen wird; es ist ein Friede, den Gott auf dieser Erde selbst errichten wird, die soviel Blut und Tränen gesehen hat, wie wenn er doch wenigstens am Ende noch zeigen wollte, wie es eigentlich hätte sein können und sollen nach seinem Plan. So weht hier doch schon der Hauch einer neuen Zeit, in der das Verlangen nach dem Glanz der anderen Welt überformt ist von einer tiefen Liebe zu dieser Erde, auf der wir

Jesu, somit der Kirche, auf Glaube, Hoffnung und Liebe vertrauend, auf eine gottes-
kindliche, nicht auf eine kindische Weise. Die „Vernunft mit all ihrem Scharfsinn"
genüge nicht: „Um zur Weisheit, zu echtem Wissen um die Wahrheit zu kommen,
muss der Mensch also vorher sich von Gott den Weg des heilenden Glaubens führen
lassen. […] Es gibt Weisheit, die echte Einsicht vermittelt, aber es gibt zugleich diese
Einsicht nur über die Demut des Glaubens."[33]

Hervorgehoben hat Joseph Ratzinger in seinen Erinnerungen, wie bemerkt, die
Bedeutung der kleinen Heiligen. Die „Bedrohung der Ungewissheit" werde gegenwärtig in „Augenblicken der Anfechtung". Ratzinger deutet in der „Einführung in
das Christentum" den Lebens- und Glaubensweg Therese von Lisieux – mit dem
Ordensnamen Theresia vom Kinde Jesu genannt –, die in „religiöser Geborgenheit"
aufwuchs und „von Anfang bis Ende so vollständig und bis ins Kleinste vom Glauben der Kirche geprägt" war. An den Tagen schwerer Krankheit erfuhr sie, wie ihr
Verstand vom Unglauben bedroht wurde und der Gottlosigkeit ausgeliefert zu sein
schien, so als sei das „Gefühl des Glaubens selbst verschwunden".[34] Am Ende aber
nach der Erfahrung des Dunkels spürte sie Gottes Nähe. Anlässlich der Proklama-
tion zur Kirchenlehrerin erklärte Johannes Paul II., die Heilige habe zwar nicht
„eine wissenschaftlich ausgearbeitete Darstellung der göttlichen Dinge" geboten,
aber ein „erleuchtetes Zeugnis des Glaubens" gezeigt und sei eine „echte Lehrmeis-
terin des Glaubens und des christlichen Lebens". So habe sie „in unserer Zeit die
Schönheit des Evangeliums aufleuchten lassen". Johannes Paul II. erklärt: „In der
Barmherzigkeit Gottes hat Theresia alle göttlichen Vollkommenheiten betrachtet
und angebetet, denn ,selbst die Gerechtigkeit Gottes scheint mir (mehr vielleicht als
jede andere Vollkommenheit) in Liebe gekleidet zu sein'."[35]

Die persönliche Erfahrung der Heiligen weitet Joseph Ratzinger perspektivisch
ins allgemein Menschliche. Heilige seien „eine Tür, ein Fenster, das über sich hinaus-
weist in Gottes Ewigkeit hinein".[36] Im Stadium existenzieller Bedrängnis, so verdeutlicht er, relativieren sich kontrovers diskutierte Themen wie von selbst: „In
einer scheinbar völlig bruchlos verfugten Welt wird hier jählings einem Menschen
der Abgrund sichtbar, der unter dem festen Zusammenhang der tragenden Konven-
tionen lauert – auch für ihn. In einer solchen Situation steht dann nicht mehr dies
oder jenes zur Frage, um das man sonst vielleicht streitet – Himmelfahrt Marias
oder nicht, Beichte so oder anders –, all das wird völlig sekundär. Es geht dann
wirklich um das Ganze, alles oder nichts. Das ist die einzige Alternative, die bleibt,
und nirgendwo scheint ein Grund sich anzubieten, auf dem man in diesem jähen

---

leben. Aber bei aller Verschiedenheit der Zeiten, die so auch das Werk der großen christlichen
Theologen trennt, bleibt doch eine entscheidende Einheit bestehen: Augustin wie Bonaventura
wissen, dass der Kirche für das ,Einst' den Frieden erhofft, für das ,Jetzt' die Liebe aufgetragen
ist, und dass das Reich des ewigen Friedens im Herzen derer wächst, die je in ihrer Zeit das Gesetz der Liebe Christi erfüllen."

33 Ratzinger, Volk und Haus Gottes in Augustins Lehre von der Kirche, in: JRGS 1, 43–418,
   hier 73.
34 Ratzinger, Einführung in das Christentum, 56.
35 Johannes Paul II., Divinis Amoris Scientia, Abschnitte 7 u. 8. – https://w2.vatican.va/content/
   john-paul-ii/de/apost_letters/1997/documents/hf_jp-ii_apl_19101997_divini-amoris.html
   [11.08.2018].
36 Ratzinger, „Unruhig ist unser Herz, bis es ruhet, o Gott, in dir", 697.

Absturz sich dennoch festklammern könnte. Nur noch die bodenlose Tiefe des Nichts ist zu sehen, wohin man auch blickt."[37] Niemand braucht zu einer solchen Zeit, so ließe sich sagen, theologische Manifeste, religionspädagogisch professionalisierte Bildungsarbeit und institutionelle Formen der gewiss in sich wertvollen Gremienarbeit einer verwalteten Christenwelt, wohl aber die Fürsprache der Heiligen. Gesucht wird einzig der Zuspruch des liebenden Gottes, der schlichte, einfache Glaube, der schützt und stützt, trägt und hält. Gott spreche zum Menschen und durch Menschen. So verbinde der Glaube, sagt Ratzinger, den „Aspekt des nicht-selbständigen Wissens" und das „Element des gegenseitigen Vertrauens, durch welches das Wissen des anderen mein Wissen wird": „Das Element des Vertrauens trägt also in sich zugleich das Element der Teilhabe: Durch mein Vertrauen werde ich Teilhaber fremden Wissens. Darin liegt sozusagen der soziale Aspekt des Phänomens Glaube. Keiner weiß alles, aber miteinander wissen wir das Nötige; Glaube bildet ein Netz gegenseitiger Abhängigkeit, das zugleich ein Netz gegenseitiger Verbundenheit, des Sich-Tragens und Getragenwerdens ist."[38]

Im personalen Akt des Credo tritt der Einzelne in das „Wir des Glaubens" ein. Das Ich öffnet sich für Christus und seine Kirche, die nur als einmütige, auf die Wahrheit in Person gegründete Gemeinschaft aller Zeiten und Orte vorstellbar ist. In den Heiligen hat auch das Credo Gestalt angenommen. Der Glaube wächst aus der näheren Bekanntschaft, aus der Begegnung mit ihnen, etwa in der Feier der heiligen Eucharistie, in der die ganze Kirche versammelt und einig ist, in der meditativen Besinnung und Lektüre geistlicher Schriften, im Gebet zu Gott auf Fürsprache der Heiligen, denen sich der Einzelne anvertraut. Sie ziehen den Suchenden und den Gläubigen Herrn zu Christus, sie erziehen ihn, führen ihn hinauf. In der Schule der Heiligen zu sein, das heißt: mit ihnen zu leben und von ihnen zu lernen. Der Christ ist damit ebenso wenig einem herrischen Frontalunterricht wie einer kreativ inspirierten Bastelgruppe ausgesetzt, sondern er geht mit den Heiligen dem wiederkommenden Herrn entgegen – in der großen Pilgergruppe der Kirche, die Lern- und Lebensgemeinschaft ist –, in zuversichtlicher Hoffnung auf die Vollendung in Christus hin. Zu bedenken bleibt – und dies gilt für die kleinen und großen Heiligen –, dass die „aktiven Verkünder des Wortes zutiefst immer dessen Empfänger bleiben und nur als Lernende und Empfangende Lehrende sein können".[39] Der Glaube sei weder das „Ausdenken des Ausdenkbaren" noch ein „Ergebnis einsamer Grübelei", sondern das „Ergebnis eines Dialogs, Ausdruck von Hören, Empfangen und Antworten, das den Menschen durch das Zueinander von Ich und Du in das Wir der gleichermaßen Glaubenden einweist".[40] So sagt Joseph Ratzinger in einer Predigt am

---

37 Ratzinger, Einführung in das Christentum, 56 f.
38 Ratzinger, Auf Christus schauen (1989), in: JRGS 4, 403–490, hier 422. Ratzinger schreibt dort weiter erhellend: „Auch unsere Gotteserkenntnis beruht auf dieser Gegenseitigkeit, auf einem Vertrauen, das Teilhabe wird und sich dann für den Einzelnen in der gelebten Erfahrung verifiziert." Voraussetzung für den Empfang dieses Wissens sei „innere Wachheit, Verinnerlichung, das geöffnete Herz, das persönlich in schweigender Sammlung seiner Direktheit zum Schöpfer innewird": „Aber zugleich gilt doch, dass sich Gott nicht dem isolierten Ich öffnet, individualistische Abkapselung ausschließt: Die Beziehung zu Gott ist gebunden an die Beziehung, die Kommunion mit unseren Brüdern und Schwestern." Ebd., 422 f.
39 Ratzinger, Zur Theologie des Konzils (1961), in: JRGS 7/1, 92–120, hier 97.
40 Ratzinger, Einführung in das Christentum, 97.

Korbiniansfest: „Wir alle leben von der Gemeinschaft der Heiligen, derer, die einst waren und derer, die still unter uns sind, die Glauben in Leben umwandeln und ihn für uns wieder lebbar machen."[41] Die Demut lehrt, dass auch die höchste Bildung nicht die Gegenwart des Höchsten garantiert und in den Himmel hinaufreicht. Von dieser Demut spricht das Credo, das der gläubige Christ mit dem Amen beschließt und in die er solange hineinwächst, bis das letzte Amen ihm zugesprochen wird, wie den Vorfahren und Weggefährten im Glauben sowie den Heiligen. Der „tägliche Glaube der schlichten Menschen" liefere den „Einschussfaden für den göttlichen Webstuhl der Kirche", der ohne dieses Glaubenszeugnis nicht mehr als ein „leeres klapperndes Gerüst" wäre.[42] Die Kirche lebe besonders „in trüben und in großen Zeiten zutiefst vom Glauben derer, die einfachen Herzens sind" und die „Fackel der Hoffnung" weitergeben: „Der Glaube derer, die einfachen Herzens sind, ist der kostbarste Schatz der Kirche; ihm zu dienen und ihn selbst zu leben ist die höchste Aufgabe kirchlicher Erneuerung."[43]

Den „heroischen Glauben" hat Benedikt XVI. in der Generalaudienz vom 6. April 2011 gewürdigt, als er über die heilige Theresia vom Kinde Jesu sprach. Gemeinsam mit ihr, so sagte der Papst, „sollten auch wir dem Herrn jeden Tag immer wieder sagen können, dass wir aus der Liebe zu ihm und zu den anderen leben und in der Schule der Heiligen lernen wollen, wahrhaft und vollkommen zu lieben". Ihrer Führung anvertrauen sollten sich besonders die Theologen: „Theresia ist eine der ‚Kleinen' des Evangeliums, die sich von Gott in die Tiefen seines Geheimnisses führen lassen. Sie ist eine Führerin für alle, besonders für jene, die im Gottesvolk den Dienst der Theologen ausüben. Mit Demut und Liebe, Glauben und Hoffnung dringt Theresia unablässig in das Herz der Heiligen Schrift vor, die das Geheimnis Christi enthält. Und eine solche Lektüre der Bibel, von der ‚Wissenschaft der Liebe' genährt, steht nicht im Gegensatz zur akademischen Wissenschaft. Die ‚Wissenschaft der Heiligen' […] ist die höchste Wissenschaft."[44] In gleicher Weise dürfen wir gewiss auch an den heiligen Bruder Konrad denken, an die heilige Bernadette Soubirous und an die Hirtenkinder von Fatima. Benedikt XVI. nimmt – mit Bonaventura – den Gedanken der „sapientia multiformis" auf. Die Weisheit bestehe auch in dem „Verständnis der Geheimsprache der Heiligen Schrift": „Die Schrift spricht in Bildern und Gleichnissen, sie ist ‚verhüllt' (velata) für die Stolzen, offenbar (relevata) für die Kleinen und Demütigen." Diese Weisheit sei „Weisheit aus Offenbarung".[45]

In den „Letzten Gesprächen mit der Heiligen aus Lisieux" erinnert Céline Martin sich an die letzten Worte ihrer Schwester vom 30. September 1897: „Ja, mein Gott, so viel du willst … Aber habe Mitleid mit mir! Schwesterchen … Schwesterchen … Mein Gott, mein Gott, habe Mitleid mit mir! Ich kann nicht mehr … Ich kann nicht mehr! Und doch muss ich durchhalten …" Die Erfahrung des Leidens reicht bis zur

41 Ratzinger, Gottes Wort ist niemandes Knecht. Zum Wesen christlicher Existenz (1981), in: JRGS 4, 542–548, hier 547.
42 Ratzinger, Zur Theologie des Konzils, 119 f.
43 Ratzinger, Die letzte Sitzungsperiode des Konzils (1966), in: JRGS 7/1, 527–575, hier 575.
44 Benedikt XVI., Generalaudienz vom 6. April 2011. – http://w2.vatican.va/content/benedict-xvi/de/audiences/2011/documents/hf_ben-xvi_aud_20110406.html [09.07.2018].
45 Ratzinger, Die Geschichtstheologie des heiligen Bonaventura, 511.

Sterbestunde. Immer tiefer führt Schwester Theresias Weg in die Passionsgemeinschaft mit Christus hinein: „Gut! Weiter! Weiter! Oh! Ich möchte nicht weniger leiden! … Oh! Ich liebe ihn … Mein Gott … ich … liebe dich!"[46]

Wenn wir der Heiligen innewerden, in ihre Nähe treten, so sind wir mit ihnen auf besondere Weise Christus nahe, dessen Licht durch sie hindurch scheint. Nur in der Schule der Heiligen lernen wir, was in allem genügt und einzig wesentlich ist, im Leben wie im Sterben, mit den Worten Joseph Ratzingers aus dessen „Einführung in das Christentum" gesagt: „Ich glaube an dich, Jesus von Nazareth, als den Sinn (‚Logos') der Welt und meines Lebens."[47] Er sagt damit, auf seine Weise, nichts anderes als die heilige Theresia vom Kinde Jesu.[48] Gelernt hat, so scheint es, Joseph Ratzinger – Benedikt XVI. das Wesentliche in der Schule der Heiligen. Auch so kann er uns Vorbild und Beispiel sein in der Nachfolge Christi.

---

46 Therese Martin, Letzte Gespräche der Heiligen von Lisieux. Ich gehe ins Leben ein. Übers. v. Sr. Theresia Renata Lochs, Illertissen 2018, 257 f.
47 Ratzinger, Einführung in das Christentum, 89.
48 Vgl. auch Benedikt XVI., Deus caritas est, Abschnitt 1: „Wir haben der Liebe geglaubt: So kann der Christ den Grundentscheid seines Lebens ausdrücken." – http://w2.vatican.va/content/benedict-xvi/de/encyclicals/documents/hf_ben-xvi_enc_20051225_deus-caritas-est.html [12.08.2018].

Versöhnte Vielfalt

Zum ökumenischen Beitrag von Papst Benedikt XVI. am Beispiel der Aufnahme von Anglikanern in die Katholische Kirche[1]

Daniel Seper

1. Hinführung

Zu den zentralen Anliegen von Papst Benedikt XVI., denen er sich in seinem Pontifikat gewidmet hat, zählt zweifellos der Dienst an der Einheit. Am Tag nach seiner Wahl erklärte er in der programmatischen Ansprache an die Kardinäle die Wiedergewinnung der christlichen Einheit zu den wichtigen Aufgaben seiner Amtszeit:

> „Zu Beginn seines Amtes in der Kirche von Rom, die Petrus mit seinem Blut getränkt hat, übernimmt sein jetziger Nachfolger ganz bewusst als vorrangige Verpflichtung die Aufgabe, mit allen Kräften an der Wiederherstellung der vollen und sichtbaren Einheit aller Jünger Christi zu arbeiten. Das ist sein Bestreben, das ist seine dringende Pflicht. Er ist sich dessen bewusst, dass dafür die Bekundung aufrichtiger Gefühle nicht ausreicht. Es bedarf konkreter Gesten, die das Herz erfassen und die Gewissen aufrütteln, indem sie jeden zu der inneren Umkehr bewegen, die die Voraussetzung für jedes Fortschreiten auf dem Weg der Ökumene ist."[2]

Zu den angekündigten „konkreten Gesten" ist auch die Apostolische Konstitution *Anglicanorum coetibus* zu zählen, mit der Benedikt XVI. 2009 Anglikanern die Aufnahme in die Katholische Kirche unter besonderen Bedingungen ermöglicht hat. Doch auch bereits in den Jahrzehnten davor hat sich Joseph Kardinal Ratzinger als Präfekt der Kongregation für die Glaubenslehre für die Einheit eingesetzt.

Diesen ökumenischen Beitrag von Joseph Ratzinger / Benedikt XVI. möchte der folgende Aufsatz aufzeigen und dabei konkret auf Ergebnisse wie die Einheit von anglikanischen Gruppen mit der Katholischen Kirche verweisen. Dabei soll nicht nur die Apostolische Konstitution *Anglicanorum coetibus* thematisiert werden, sondern auch ihr vorausgehende ähnliche Entscheidungen des Apostolischen

---

1 Der Aufsatz basiert auf der Dissertation des Verfassers: SEPER, Daniel, Das *Book of Divine Worship* – Eine Untersuchung des liturgischen Buches für Katholiken anglikanischer Tradition [unveröff. Dissertation Universität Wien], 2017.
2 BENEDIKT XVI., Missa pro ecclesia. Eucharistiefeier mit den wahlberechtigten Kardinälen in der Sixtinischen Kapelle. Erste Botschaft Seiner Heiligkeit Benedikt XVI., 20. April 2005, in: Der Anfang. Papst Benedikt XVI. Joseph Ratzinger. Predigten und Ansprachen April/Mai 2005, hg. v. Sekretariat der Deutschen Bischofskonferenz (VApS 168), Bonn 2005, 20–26, hier: Nr. 5 (S. 24).

Stuhles, an denen Joseph Kardinal Ratzinger mitgewirkt hat. Schließlich soll aufgezeigt werden, welche Konsequenzen sich für die Ökumene aus diesen Schritten ableiten lassen.

2. Die Apostolische Konstitution *Anglicanorum coetibus*

Die Apostolische Konstitution *Anglicanorum coetibus* über die Errichtung von Personalordinariaten für Anglikaner, die in die volle Gemeinschaft mit der Katholischen Kirche eintreten von Papst Benedikt XVI. wurde im November 2009 veröffentlicht. In der Einleitung des Dokuments findet sich gleich dessen Begründung, die im durch den Heiligen Geist angeregten Bitten von Gruppen von Anglikanern (*coetus anglicanorum*) um korporative Aufnahme gesehen wird. Die darauf erfolgte Antwort des Apostolischen Stuhles wird ekklesiologisch fundiert. Den Spaltungen, die die Kirche Christi verwunden, wird der Dienst an der Einheit des Nachfolgers Petri entgegengestellt. Die Kirche selbst, die durch den gemeinsamen Glauben, die Sakramente und das apostolische Leitungsamt bestimmt ist, wird näherhin durch Verweise auf den achten Artikel der Dogmatischen Konstitution des Zweiten Vatikanischen Konzils über die Kirche, *Lumen gentium*, als in der Katholischen Kirche subsistierend beschrieben. Dies schließe nämlich nicht die Existenz von „Elemente[n]" der Heiligung und der Wahrheit"[3] außerhalb der Katholischen Kirche aus, die zur Einheit mit ihr antreiben. *Anglicanorum coetibus* beruft sich generell auf die ekklesiologischen Prinzipien des Zweiten Vatikanums, die die Kirche als Sakrament, Zeichen und Instrument der Einheit bezeichnen.[4] Auf diesen allgemeinen und grundlegenden Ausführungen aufbauend wird sodann in 13 Artikeln geregelt, unter welchen Bedingungen anglikanische Gläubige fortan in voller Gemeinschaft mit der Katholischen Kirche leben können. Dazu zählt zunächst die Einführung eigener kirchenrechtlicher Strukturen, sogenannter Personalordinariate, die rechtlich Diözesen gleichgestellt und nach dem Vorbild von Militärdiözesen personal verfasst sind. Sie werden von einem Ordinarius geleitet, der in seinem Dienst an den aufgenommenen Anglikanern von einem Leitungsrat und einem Pastoralrat unterstützt wird. Für die verheirateten anglikanischen Kleriker, die die katholische Priesterweihe empfangen möchten, wird auf die bestehenden Ausnahmeregelungen in Bezug auf den Zölibat verwiesen.[5] Zu den wichtigsten Elementen des anglikanischen Erbes, das in die Gemeinschaft der Katholischen Kirche eingebracht wird, ist wohl die Liturgie zu zählen. Dazu erklärt Benedikt XVI. in der Konstitution:

---

3   BENEDIKT XVI., Apostolische Konstitution *Anglicanorum Coetibus*, 4. November 2009, in: AAS 101 (2009) 985–990; BENEDIKT XVI., Apostolische Konstitution *Anglicanorum Coetibus*, dt. Übers., in: Archiv für katholisches Kirchenrecht 178/2 (2009) 550–555, hier: Einleitung; Dogmatische Konstitution über die Kirche *Lumen gentium*, in: Karl RAHNER – Herbert VORGRIMLER (Hgg.), Kleines Konzilskompendium. Sämtliche Texte des Zweiten Vatikanischen Konzils, Freiburg i. B. – Basel – Wien ³⁵2008, 123–197, hier: Nr. 8.
4   Vgl. COLE, Andrew, Swimming the Tiber: The Background, Provisions and Eventual Implementation of ,Anglicanorum coetibus', 20. November 2009, S. 2. URL: http://www.thinkingfaith.org/articles/20091120_1.htm [Abruf: 4. März 2016].
5   Vgl. PAUL VI., Rundschreiben über den priesterlichen Zölibat. V. d. dt. Bischöfen approbierte Übersetzung (Nachkonziliare Dokumentation 8), Trier 1968, Nr. 42 f.

„Ohne liturgische Feiern gemäß dem Römischen Ritus auszuschließen, hat das Ordinariat die Befugnis, die Eucharistie, die anderen Sakramente, das Stundengebet und die übrigen liturgischen Handlungen gemäß den eigenen liturgischen Büchern aus der anglikanischen Tradition zu feiern, die vom Heiligen Stuhl approbiert worden sind, um so die geistlichen, liturgischen und pastoralen Traditionen der Anglikanischen Gemeinschaft lebendig zu halten als wertvolles Gut, das den Glauben der Mitglieder des Ordinariates nährt, und als Reichtum, den es zu teilen gilt."[6]

Von der eröffneten Möglichkeit, die Sakramente und andere liturgische Feiern in einer auf anglikanischen Traditionen basierenden Form zu feiern, wurde auch Gebrauch gemacht und zunächst ein eigenes liturgisches Buch für die Feier der Taufe, der Trauung und der Begräbnisliturgie zugelassen, dem auch ein Messbuch folgte. Diese liturgische Ordnung, die dem Römischen Ritus als Unterform zugeordnet ist, trägt den Titel *Divine Worship* und wird in den Personalpfarren der bisher weltweit drei Personalordinariate in England und Wales, den Vereinigten Staaten von Amerika und Kanada und in Australien gefeiert.

Die Apostolische Konstitution *Anglicanorum coetibus* stellt allerdings nicht die erste Antwort der Katholischen Kirche auf Anfragen von anglikanischer Seite dar. Vielmehr wurden damit basierend auf den Erfahrungen der letzten Jahrzehnte bisherige Entscheidungen in dieser Sache weiterentwickelt. Die Entwicklungen im Zusammenhang mit den Übertritten von Mitgliedern der Anglikanischen Gemeinschaft zur Katholischen Kirche hatten bereits in den 1970er-Jahren zaghaft begonnen und wurden im Jahr 1980 für den Bereich der USA im Rahmen einer pastoralen Maßnahme (*Pastoral Provision*) erstmals umfassend geregelt. In der Folge hielten die Anfragen von Anglikanern um Gemeinschaft mit dem Stuhl Petri an und nahmen weltweit kontinuierlich zu, bevor sie im Jahr 2009 mit *Anglicanorum coetibus* vorerst zu einem Abschluss gebracht wurden.

3. Die *Pastoral Provision* zur Aufnahme von Mitgliedern der Episkopalkirche

Von besonderer Relevanz für diesen Beitrag ist die sogenannte *Pastoral Provision* von 1980[7], eine Regelung des Heiligen Stuhles zur Aufnahme von Mitgliedern der US-amerikanischen Provinz der Anglikanischen Gemeinschaft, der Episkopalkirche.

---

6   BENEDIKT XVI., *Anglicanorum coetibus* (s. Anm. 3), Nr. III.
7   HEILIGE KONGREGATION FÜR DIE GLAUBENSLEHRE, [Šeper, Franjo], Brief an John R. Quinn (Prot.N. 66/77), Rom 22. Juli 1980 [Archiv der Erzdiözese San Francisco]; HEILIGE KONGREGATION FÜR DIE GLAUBENSLEHRE, The Decree, in: Stephen E. CAVANAUGH (Hg.), Anglicans and the Roman Catholic Church. Reflections on recent developments, San Francisco 2011, 227. Vgl. dazu: BARKER, Jack D., A History of the Pastoral Provision for Roman Catholics in the USA, in: Stephen E. CAVANAUGH (Hg.), Anglicans and the Roman Catholic Church. Reflections on recent developments, San Francisco 2011, 3–26; WELLS, Peter B., An Historical and Canonical Study of the Ordination to the Roman Catholic Priesthood of Married Non-catholic Ministers with Particular Reference to the „Pastoral Provision", in June 1980 [unveröff. Dissertation Päpstliche Universität Gregoriana, Rom], 1999; SHEEHAN, James Matthew, A New

In die Umsetzung und Entwicklung war Kardinal Ratzinger als Präfekt der Glaubenskongregation federführend involviert. In dieser Funktion blieb er auch in den Folgejahrzehnten der maßgebliche Gesprächspartner für die Einheit mit der Katholischen Kirche suchenden Anglikaner. Daher soll hier nun der Zusammenhang der einzelnen vatikanischen Entscheidungen beleuchtet werden, um schließlich auf die damit verbundene Bedeutung von Joseph Ratzinger zunächst als Kardinalpräfekt und später als Papst Benedikt XVI. eingehen zu können.

Die *Pastoral Provision* wurde im Sommer 1980 ins Leben gerufen und stellte seither die Grundlage für den Umgang mit amerikanischen Anglikanern, die eine Vereinigung mit der Katholischen Kirche anstrebten, dar. Der Entscheidung ging ein über mehrere Jahre hinweg dauernder Dialog zwischen anglikanischen Gruppen und Vertretern der Katholischen Kirche in den USA und dem Apostolischen Stuhl voraus. Dies führte letztlich dazu, dass die US-amerikanischen Bischöfe befragt wurden, wie sie zur Aufnahme der *Episcopalians* stünden, und sich positiv dazu äußerten. In dem die *Pastoral Provision* begründenden Dokument wird die Aufnahme der Anglikaner zunächst in den Kontext des vierten Artikels des Ökumenismusdekrets des Zweiten Vatikanischen Konzils gestellt, in dem die Wiederaufnahme Einzelner in die volle kirchliche Gemeinschaft vom ökumenischen Werk an sich voneinander unterschieden wird. In diesem Sinne sei der Eintritt der *Episcopalians*, auch wenn er in Gruppen geschehe, zunächst als Aufnahme Einzelner in die Gemeinschaft der Kirche zu verstehen, aber ebenso wie die Ökumene, die die Verwirklichung der vollen Einheit zum Ziel hat, in seiner Eigenart wertzuschätzen.

Den Konvertiten wird durch die *Pastoral Provision* die Bewahrung einer gemeinsamen anglikanischen Identität, die sich in drei Bereichen manifestiert, zugesichert. Dies umfasst zunächst die Struktur. Von den ehemaligen Anglikanern wird grundsätzlich die Eingliederung in die bestehenden Diözesen unter die Jurisdiktion der Diözesanbischöfe erwartet. Gleichzeitig können aber auch Personalpfarren für die Betroffenen errichtet werden. Es wird auch bereits festgehalten, dass die Möglichkeit einer anderen Rechtsform entsprechend der kirchlichen Rechtsordnung und den Bedürfnissen der Gruppe nicht ausgeschlossen sei. Der zweite Bereich betrifft die Liturgie: Den ehemaligen Anglikanern wird zugestanden, Teile ihrer bisher gepflegten Liturgie beizubehalten. Damit wird dem zentralen Wunsch um Bewahrung von anglikanischem Erbe, der von den Anglikanern ihren katholischen Gesprächspartnern gegenüber geäußert wurde, entsprochen. 1984 wurde diese Erlaubnis umgesetzt und mit dem *Book of Divine Worship* eine anglikanische Form des Römischen Ritus begründet.[8] Das dritte Element bezieht sich auf die Ausnahmeregelung im Bereich der Zölibatspflicht für Priester der Lateinischen Kirche. Verheiratete anglikanische Geistliche können der *Pastoral Provision* entsprechend grundsätzlich die katholische Priesterweihe, nicht aber die Bischofsweihe empfangen. Wenn deren Ehefrau stirbt, wird eine erneute Heirat nach der Ordination ausgeschlossen. Die Zölibatsausnahme betrifft jedoch nicht zukünftige Kandidaten für das Priesteramt.

Canonical Configuration for the „Pastoral Provision" for Former Episcopalians in the United States of America? [unveröff. Dissertation Pontificia Universitas Sanctae Crucis, Rom], 2009, 83–197; Seper, Book of Divine Worship (s. Anm. 1), 41–191.
8   Vgl. Seper, Book of Divine Worship (s. Anm. 1), 277–317.

Mit der Umsetzung der im Dekret bezeugten Entscheidung soll ein Kirchlicher Delegat betraut werden, der in den USA für die Zusammenarbeit mit der für diese Angelegenheit zuständigen Glaubenskongregation verantwortlich ist. Dieses Amt bekleidete ab 1981 der Bischof von Springfield-Cape Girardeau/MO, Bernard Law, über 20 Jahre.

Die *Pastoral Provision* ist auf das Gebiet der Bischofskonferenz der Vereinigten Staaten beschränkt und richtet sich an Mitglieder der *Episcopal Church*, Laien und Kleriker, die eine Aufnahme in die Katholische Kirche wünschen. Seit der Errichtung im Jahr 1980 empfingen mithilfe dieser Regelung über 100 ehemals anglikanische Geistliche die katholische Priesterweihe. Ein Teil dieser Priester pflegte in den Personalpfarren auch weiterhin anglikanisches Erbe. Knapp 2.000 anglikanische Laien wurden im Rahmen der *Pastoral Provision* in die Katholische Kirche aufgenommen.[9]

Die Basis für eine Erweiterung der pastoralen Maßnahme von 1980 ist bereits im Gründungsdokument derselben zu finden.[10] Die Aussagen dort, denen zufolge für konvertierte Anglikaner neben der Eingliederung in die diözesanen Strukturen auch andere Möglichkeiten nicht ausgeschlossen sind[11] und die *Pastoral Provision* an sich nicht als endgültig definiert verstanden wird,[12] haben im Lauf der Jahre immer wieder dazu geführt, dass sich ehemalige Anglikaner für eine solche Ausweitung, sowohl territorial als auch strukturell, eingesetzt haben. Die *Pastoral Provision* hat in diesem Sinne eine spätere Regelung, wie sie nun mit der Apostolischen Konstitution vorliegt, bereits antizipiert.

So wie sich die Anfragen von Anglikanern an die Katholische Kirche über die Jahrzehnte hinweg gewandelt haben, so kam es auch zu unterschiedlichen Antworten darauf. Als sich Mitglieder der anglikanischen Diözese von Amritsar in Indien in den 1970er-Jahren erstmals um eine gemeinschaftliche Aufnahme in die Katholische Kirche bemühten, erlaubte der Heilige Stuhl diesen auch für eine Übergangszeit die Mitnahme einiger Elemente anglikanischer Liturgietradition, obschon von dieser Erlaubnis dann kein Gebrauch gemacht wurde. Die ehemaligen Anglikaner in Indien integrierten sich voll und ganz in die Katholische Kirche. Zwar wurde für an der Einheit mit Rom interessierte *Episcopalians* in den USA die Möglichkeit, eigene Traditionen in Gemeinschaft mit der Katholischen Kirche weiterpflegen zu dürfen, nicht von vornherein zeitlich befristet, doch kam es auch dort bis auf wenige Ausnahmen zur vollen Absorption der anglikanischen Laien und Geistlichen. Von Mitgliedern der *Church of England*, die Anfang der 1990er-Jahre um Aufnahme in die Katholische Kirche baten, wurde ebenfalls die Aufgabe ihrer anglikanischen Herkunft und eine volle Integration in die Katholische Kirche gefordert.

Im Vergleich zur Apostolischen Konstitution, die 2009 von Papst Benedikt XVI. erlassen wurde, zeigt sich nun darin Kontinuität, dass der Apostolische Stuhl grundsätzlich um gemeinschaftliche Aufnahme bittende Anglikaner nicht einfach abgewiesen hat, sondern ihnen immer wieder den jeweiligen Umständen entspre-

---

9 Vgl. Sᴇᴇʜᴀɴ, Configuration (s. Anm. 7), 84.
10 Vgl. Lᴀᴡ, Bernard, Book of Divine Worship, (Interview mit dem Verfasser), 29. April 2014, Rom.
11 Vgl. Hᴇɪʟɪɢᴇ Kᴏɴɢʀᴇɢᴀᴛɪᴏɴ ꜰüʀ ᴅɪᴇ Gʟᴀᴜʙᴇɴsʟᴇʜʀᴇ, Brief, 22. Juli 1980 (s. Anm. 7), Nr. II. 1.
12 Vgl. ebd., Nr. IV.

chende Möglichkeiten geboten hat, den Wunsch nach Gemeinschaft mit dem Nachfolger Petri zu verwirklichen. Der große Unterschied liegt jedoch darin, in welcher Weise die Antwort der Katholischen Kirche ausfiel. Die Situation und die Anzahl der Petenten in den USA, auf die 1980 reagiert wurde, hätte nach Ansicht der Verantwortlichen damals keine andere Lösung gerechtfertigt, als die Integration in bestehende lateinische Diözesen bei gleichzeitiger Möglichkeit, in beschränktem Ausmaß anglikanisches Erbe weiterzupflegen.[13] Da damals noch nicht abgeschätzt werden konnte, wie die pastorale Regelung sowohl von Petenten selbst als auch von der kirchlichen Gemeinschaft, die sie verließen, angenommen werden würde, entschied man sich für eine Maßnahme, die zwar einerseits den Bedürfnissen der Übertrittswilligen bis zu einem gewissen Maß entgegenkam, andererseits bei ausbleibender Nachfrage auch einfach wieder beendet werden konnte. Bei der *Pastoral Provision* von 1980 fehlten jedoch wie auch bei den Entscheidungen von Amritsar und England Vorkehrungen für die permanente Etablierung, längerfristige Bewahrung sowie Absicherung anglikanischer Traditionen in der Katholischen Kirche. Dem in den folgenden Jahren von Anglikanern immer wieder vorgebrachten Wunsch nach mehr Schutz für ihr Erbe kam der Heilige Stuhl jedoch mit der Apostolischen Konstitution entgegen. Dabei dienten die davor getroffenen Maßnahmen als Möglichkeiten, Erfahrungen zu sammeln. Es zeigte sich vor allem in den Jahren seit 1980, dass die Anfragen um Aufnahme in die Katholische Kirche anhielten, zunahmen und von Anglikanern aus der gesamten Welt an den Heiligen Stuhl herangetragen wurden. Die gewandelte Situation rechtfertigte nach Ansicht des Heiligen Stuhles auch eine neue Antwort auf die Aufnahmegesuche, bei der man nun auf den Erfahrungen von drei Jahrzehnten aufbauen konnte. Kardinal Law, der lange Jahre als Kirchlicher Delegat für die *Pastoral Provision* wirkte und deswegen auch vor der Veröffentlichung von *Anglicanorum coetibus* konsultiert wurde, erkennt eine klare Verbindung zwischen der pastoralen Maßnahme und der Apostolischen Konstitution: „I would say that there is an organic development between the action of the Holy See in 1980 and the more recent action of Pope Benedict XVI."[14]

Für Kontinuität sorgten auch die Personen, die auf katholischer Seite in die Prozesse eingebunden waren. Neben Bernard Law war dies vor allem Joseph Ratzinger, dessen Dienst als Kardinalpräfekt 1981/1982 begann als die *Pastoral Provision* Gestalt annahm, und der von da an die Entwicklungen maßgeblich begleitete. Der zu dieser Zeit erfolgte Wechsel an der Spitze des Dikastierums von Kardinal Šeper, der den anglikanischen Petenten sehr gewogen war, die pastorale Maßnahme vorbereitete und dessen Unterschrift das entsprechende Dekret 1980 schließlich auch trug, zu seinem Nachfolger Kardinal Ratzinger wirkte sich nicht merkbar auf die Gespräche mit den *Episcopalians* aus. Aus der Korrespondenz des neuen Präfekten der Glaubenskongregation mit dem Kirchlichen Delegaten Bernard Law lässt sich durchgängig das persönliche Interesse Ratzingers an dieser Frage herauslesen. Law bestätigte auch im Interview, dass Ratzinger das anglika-

---

13 Vgl. LAW, Book of Divine Worship (Interview), 29. April 2014 (s. Anm. 10).
14 Ebd.

nische Erbe persönlich am Herzen lag. Wörtlich sprach Kardinal Law von einer „empathy of Cardinal Ratzinger to this whole issue"[15]. Aber auch Kardinal Ratzinger selbst äußerte mehrmals seine Bewunderung für die Bewahrung katholischer Tradition im Anglikanismus und die Strömungen, die dieses Erbe getrennt von Rom festigen.[16] Diese Anteilnahme und das Verständnis für die Anliegen der um Gemeinschaft mit Rom bittenden Anglikaner setzten sich fort, als Ratzinger 2005 zum Papst gewählt wurde und kulminierten schließlich in seiner Apostolischen Konstitution *Anglicanorum coetibus*.

In den knapp dreißig Jahren, die zwischen der *Pastoral Provision* und *Anglicanorum coetibus* lagen, kam es zu großen Veränderungen in der Anglikanischen Gemeinschaft. Eine neue Generation von Anglikanern hat in den letzten Jahren wieder um Einheit mit Rom gebeten und die 1980 ergangene Antwort wurde als nicht mehr passend angesehen.[17] Deswegen dehnte man auch nicht die Maßnahme von 1980 auf andere Gebiete, aus denen Anfragen von Anglikanern kamen, aus, sondern entschied sich für eine neue weltweit geltende Regelung mit eigens dafür entworfenen Jurisdiktionen.[18]

4. Von der *Pastoral Provision* zu *Anglicanorum coetibus*

Die Reaktionen, die die Promulgation von *Anglicanorum coetibus* hervorrief, zeigen, dass der Entscheidung von Papst Benedikt XVI. ein ähnliches Schicksal beschieden war wie der *Pastoral Provision*: Während die rechtlichen Rahmenbedingungen und Zugeständnisse für die einen, das heißt vor allem für die Gruppe der Petenten, zu wenig weit gingen, überschritten sie für viele Beobachter jedoch bereits die Grenze des – besonders im Bereich des ökumenischen Dialogs – Vertretbaren.

Die vom Heiligen Stuhl mit der *Pastoral Provision* gesetzte spezielle Maßnahme wurde bereits bei ihrer Errichtung von den ökumenischen Aktivitäten der Katholischen Kirche im Allgemeinen unterschieden. Weiters kann festgehalten werden, dass es sich bei der pastoralen Regelung von 1980 um keine römische Initiative handelte. Vielmehr geht sie auf beharrliche Anfragen von anglikanischer Seite zurück, die über einen längeren Zeitraum von verschiedenen Gruppen an mehrere Vertreter der Katholischen Kirche gerichtet wurden. Die 1980 mit Bedacht gewählte Struktur für die Konvertiten lässt Vorsicht in Bezug auf die ökumenischen Beziehungen erkennen. Im Dekret von 1980 wird weiters gleich zu Beginn klar herausgestellt, dass es sich bei der Aussöhnung mit den Anglikanern um die Aufnahme einzelner Personen handelt, die *Unitatis redintegratio* gemäß von der ökumenischen Aktivität zu unter-

---

15 Ebd.
16 Vgl. zum Beispiel: RATZINGER, Joseph, Salz der Erde: Christentum und Katholische Kirche an der Jahrtausendwende. Ein Gespräch mit Peter Seewald, Stuttgart ⁴1996, 155 [in: JRGS 13, 336].
17 Vgl. SHEEHAN, Configuration (s. Anm. 7), 197; GHIRLANDA, Gianfranco, The Significance of the Apostolic Constitution *Anglicanorum Cœtibus*, in: The Messenger Nr. 292 (April–August 2010) 13–20, hier: 17.
18 USCCB, Anglicanorum Coetibus: Questions & Answers. URL: http://www.usccb.org/about/ leadership/usccb-general-assembly/2011-november-meeting/anglicanorum-coetibus-apostolic-constitution-questions-answers.cfm [Abruf: 2. Januar 2017].

scheiden ist. Damit versuchte der Heilige Stuhl den Wunsch der um Einheit mit Rom Bittenden ernst zu nehmen und sie nicht einfach zu ignorieren, ohne gleichzeitig dadurch ökumenische Verstimmungen mit der Anglikanischen Gemeinschaft hervorrufen zu wollen.[19] Auch wenn es sich bei den ökumenischen Bemühungen und der Aufnahme Einzelner in die Kirche um zwei unterschiedliche Wege handelt, so widersprechen sie doch einander nicht und dürfen nicht gegeneinander ausgespielt werden, sondern müssen auf ihre Weise anerkannt werden als Suchbewegungen, die die Einheit zum Ziel haben.[20]

Der Heilige Stuhl hat 1980 versucht, den anglikanischen Gläubigen eine pastorale Antwort zu geben, ohne sich dadurch Proselytismus vorwerfen lassen zu müssen. Gleichzeitig muss aber auch eingestanden werden, dass mit der *Pastoral Provision* und der mit ihr verbundenen Zugeständnisse auch das Interesse von weiteren *Episcopalians* an der Katholischen Kirche geweckt wurde. Die Regelung wurde aber auch so gedeutet, dass sie als mögliches Vorbild für die Vereinigung einzelner Mitglieder anderer nichtkatholischer Gemeinschaften mit Rom, die ihr liturgisches, spirituelles Erbe beibehalten wollen, gesehen werden könnte.[21]

Auch wenn die *Pastoral Provision* von der Ökumene zu unterscheiden ist, so impliziert die Regelung doch auch einen wichtigen Aspekt, der für eine Einheit der einzelnen christlichen Gemeinschaften wichtig ist: Die Einheit der Kirche erlaubt die Aufnahme von Elementen anderer Gemeinschaften und dies darf nicht als Verlust der eigenen Identität, sondern soll vielmehr als gegenseitige Bereicherung gesehen werden. Somit hat die *Pastoral Provision* im Kleinen etwas vorweggenommen, was für die Wiedervereinigung im Großen angestrebt wird und im Wunsch nach einem Anglikanismus, der mit der Katholischen Kirche vereint, aber nicht von ihr absorbiert wird, schon seit Jahren zum Ausdruck gebracht worden ist.[22]

Mit der *Pastoral Provision* und mit *Anglicanorum coetibus* wurde nämlich nicht nur den Betroffenen ein Zugeständnis an ihre Vergangenheit gegeben, sondern zum ersten Mal seit dem Schisma im Westen Elemente einer nichtkatholischen Gemeinschaft von der Katholischen Kirche als legitim anerkannt und aufgenommen. Dies baute auf den ökumenischen Gesprächen, die die beiden Gemeinschaften bisher verbanden, auf, stellte eine Verwirklichung der Ergebnisse des Dialogs dar und sollte den Weg ebnen für weitere Annäherungen zwischen der Anglikanischen Gemeinschaft und der Katholischen Kirche.

Es lässt sich zeigen, dass von der *Pastoral Provision* eine organische Entwicklung zu *Anglicanorum coetibus* geführt hat.[23] *Anglicanorum coetibus* geht allerdings als Apostolische Konstitution allein schon formal weiter über die pastorale Regelung von 1980 hinaus. Aber vor allem inhaltlich ist der Prozess eindeutig als Weiterentwicklung einzustufen. Für den Zeitraum seit 1960 kann die Kongregation für die

---

19 Vgl. FICHTER, Joseph H., Parishes for Anglican Usage, in: America 157 (1987) 354–357, hier: 354 f.
20 Vgl. SHEEHAN, Configuration (s. Anm. 7), 346.
21 Vgl. PARKER, Mary Alma, A bold venture in liturgy, in: New Oxford Review (Juli–August 1985) 20 f., hier: 21.
22 Vgl. ODDIE, William, The Roman Option. Crisis and the realignment of English-speaking Christianity, London 1997, 78.
23 Vgl. LAW, Book of Divine Worship (Interview), 29. April 2014 (s. Anm. 10).

Glaubenslehre auf sieben Versuche von anglikanischen Gruppen um korporative Vereinigung mit der Kirche verweisen, die allerdings oft von wenig Erfolg gezeichnet oder gar gescheitert sind. Begründet wird dies damit, dass die Antworten auf diese Anfragen lokalen Bischofskonferenzen überlassen und erst wie im Fall von *Anglicanorum coetibus* durch den Heiligen Stuhl selbst verantwortet wurden.[24] Auch in anderen Bereichen konnte man für *Anglicanorum coetibus* auf Lernorte wie die Erfahrungen mit der *Pastoral Provision* zurückgreifen. Ob die für die *Pastoral Provision* gewählte Lösung der Eingliederung der ehemaligen Anglikaner in bestehende Diözesen durch die überschaubare Nachfrage begründet oder aber selbst das Hindernis für größeres Interesse war, lässt sich nicht sicher sagen, jedenfalls aber entschied sich der Heilige Stuhl mit *Anglicanorum coetibus* gegen die Fortführung dieser Art von Struktur. Es wurde erkannt, dass, nachdem man ehemaligen Anglikanern und ihren Traditionen einen Platz innerhalb der Katholischen Kirche zugestanden hatte, dies auch die Absicherung in einer eigenen Jurisdiktion erfordert, die mit dem Personalordinariat realisiert wurde. Als besonderes Gut, das aus dem Anglikanismus kommend in die Katholische Kirche eingebracht wurde, kann die Liturgie gesehen werden. Hat man mit dem Dekret 1980 noch vorsichtig die Beibehaltung von „certain elements of the Anglican liturgy"[25] erlaubt, so spricht *Anglicanorum coetibus* über die anglikanische Liturgie von einem wertvollen Gut und Reichtum.[26] Mit dem anglikanischen Erbe hängt auch die Frage zusammen, ob die Personalordinariate auf Dauer angelegt sind oder nur für den Übergang eingerichtet werden. Ginge es nur darum, ehemaligen Anglikanern den Eintritt in die katholische Gemeinschaft zu erleichtern, hätte es wohl gar keiner Weiterentwicklung der *Pastoral Provision* bedurft – eine Ausweitung der *Pastoral Provision* auf die Gebiete anderer Bischofskonferenzen hätte gereicht. Dass der Heiligen Stuhl mit *Anglicanorum coetibus* aber den Wunsch verbindet, Anglikanern die Aufnahme zu ermöglichen und gleichzeitig anglikanisches Erbe in der Kirche auf Dauer zu bewahren, bestätigt die Annahme, dass es sich bei den Personalordinariaten um dauerhafte Einrichtungen handelt. Papst Benedikt XVI. sah in seiner Entscheidung, für die er die Apostolische Konstitution als feierlichste Gesetzesform wählte, die Erstellung einer eigenen liturgischen Ordnung sowie die Errichtung eigener Ausbildungshäuser und Gerichte vor, die allesamt Beständigkeit versprechen.[27] Damit wird liturgischen, spirituellen und pastoralen Traditionen aus dem Anglikanismus ein rechtlich geschützter Platz in der Kirche zugestanden.[28] Gestärkt wurde dies zuletzt auch durch die Ernennung eines ersten Bischofs für

24 Vgl. Lopes, Steven J., Unity of Faith in a Diversity of Expression: The Work of the Congregation for the Doctrine of the Faith (Vortrag), Institut für Historische Theologie – Liturgiewissenschaft und Sakramententheologie: Universität Wien, 28. März 2017, Wien, 12.

25 Heilige Kongregation für die Glaubenslehre, Brief, 22. Juli 1980 (s. Anm. 7), Nr. II. 2.

26 Vgl. Huels, John M., Canonical Comments on *Anglicanorum Coetibus*, in: Worship 84 (2010) 237–253, hier: 251.

27 Vgl. Wirz, Christian, Das eigene Erbe wahren. Anglicanorum cœtibus als kirchenrechtliches Modell für Einheit in Vielfalt? (Beihefte zum Münsterischen Kommentar zum Codex Iuris Canonici 63), Essen 2012, 129 f.

28 Vgl. Slipper, Callan, The Apostolic Constitution *Anglicanorum coetibus* of Pope Benedict XVI from an Anglican Perspective, in: Ecumenical Review Sibiu 2 (2010) 169–184, hier: 175.

eines der Personalordinariate.[29] Die durch *Anglicanorum coetibus* bestätigte Möglichkeit zur Inkorporation anglikanischer Liturgie, wie sie mit dem *Book of Divine Worship* seit 1984 schon im kleinen Rahmen begonnen wurde, ist „ein historischer Akt in sich"[30], der dem Anliegen des Heiligen Stuhles entsprechend auf gegenseitige Bereicherung abzielt.[31] Die Katholische Kirche erlaubt mit *Anglicanorum coetibus* nicht nur anglikanische Traditionen, sondern macht sich diese zu eigen. Diese Elemente werden zudem als Ursache dafür gesehen, dass Anglikaner nach der Einheit mit der Katholischen Kirche gesucht haben.[32] Darüber hinaus beinhaltet die von *Anglicanorum coetibus* geförderte wechselseitige Befruchtung, dass die ehemaligen Anglikaner durch den Zugang zum kirchlichen Lehramt und zu den Traditionen der Katholischen Kirche Bereicherung erfahren.[33]

5. Bedeutung für die Ökumene

Wurde die *Pastoral Provision* vom Heiligen Stuhl noch als Versöhnung mit einzelnen Anglikanern und damit als etwas vom ökumenischen Tun zu Unterscheidendes gewertet, so änderte sich dies mit der Apostolischen Konstitution *Anglicanorum coetibus*, die explizit als Beitrag auf der Suche nach der Einheit eingestuft wird. In welchem Zusammenhang stehen nun die Annäherungen von Anglikanern an die Katholische Kirche und deren Antworten darauf mit der auf die Einheit der Christen zielenden Ökumene?

Mit der *Pastoral Provision* von 1980 und der Apostolischen Konstitution *Anglicanorum coetibus* von 2009 hat die Katholische Kirche Entscheidungen getroffen, die ihre Beziehungen zur Anglikanischen Gemeinschaft betroffen haben. Dabei hat der Heilige Stuhl in mehrfacher Hinsicht gezeigt, dass er mit den beiden Maßnahmen einerseits den wiederholten und eindringlichen Bitten von anglikanischen Gruppen eine angemessene Antwort geben wollte und andererseits die ökumenischen Beziehungen zur Anglikanischen Gemeinschaft dadurch nicht belastet werden sollten. Keine der beiden Entscheidungen wollte weder den anhaltenden Dialog beeinträchtigen noch zu einer Spaltung innerhalb der Anglikanischen Gemeinschaft führen.[34] Vielmehr war genau das Gegenteil das Anliegen des Heiligen Stuhles: Das

---

29 Vgl. Papst bringt zu Adventbeginn eigenen Messritus für Ex-Anglikaner, in: Katholische Presseagentur Österreich (27. November 2015). URL: http://www.kathpress.at/kathpressnow/ search_detail.siteswift?so=kathpressnow_search_list&do=kathpressnow_search_list&c= showmeldung&d=custom.redsysmeldung%3A1323137.

30 LOPES, Steven J., Einheit im Glauben – Vielfalt im Ausdruck, in: Gottesdienst 48 (2014) 194–196, hier: 196.

31 Dabei ist es nicht ohne Ironie, dass mithilfe von *Anglicanorum coetibus* nun gerade durch Rom anglikanische Elemente bewahrt werden, die in den einzelnen Provinzen des Anglikanismus zunehmend an Bedeutung verlieren.

32 Vgl. LEVADA, William Joseph, Five Hundred Years after St John Fisher: Pope Benedict's Initiatives Regarding the Anglican Communion, Ansprache vom 6. März 2010, in: The Messenger Nr. 292 (April–August 2010) 21–32, hier: 30.

33 Vgl. GHIRLANDA, Significance (s. Anm. 17), 16.

34 Vgl. LAW, Bernard, A Statement from Bishop Bernard F. Law, Ecclesiastical Delegate for the Pastoral Provision for former Episcopal Priests, o. O. 4. Januar 1982, S. 5 [ACUA; Collection Parker – Box 2 – Folder Parker Dossier].

Ziel bleibt weiterhin die Wiederherstellung der vollen Einheit aller Christen in der einen Kirche Christi. Mit der *Pastoral Provision* und der Apostolischen Konstitution *Anglicanorum coetibus* hat die Katholische Kirche gezeigt, dass die Pflege guter ökumenischer Beziehungen nicht einfach zu Lasten von um Hilfe bittender Menschen geschehen könne. Die Art und Weise der Einrichtung der beiden Maßnahmen lässt erkennen, dass es immer Anliegen des Heiligen Stuhles war, dabei mit größtmöglicher Rücksicht auf den ökumenischen Gesprächspartner vorzugehen.

Die *Pastoral Provision* und die Apostolische Konstitution können nicht als Entscheidungen gesehen werden, die an der Ökumene vorbei getroffen wurden oder gar gegen diese gerichtet sind. In der Apostolischen Konstitution *Anglicanorum coetibus* wird dezidiert auf das Ökumenismusdekret verwiesen. Demnach widerspricht jede Spaltung innerhalb der Christenheit „ganz offenbar dem Willen Christi" und ist „ein Ärgernis für die Welt und ein Schaden für die heilige Sache der Verkündigung des Evangeliums vor allen Geschöpfen"[35] und rechtfertigt von daher neben der Suche nach der vollen Einheit auf gesamtkirchlicher Ebene auch andere Wege.[36]

Während die Katholische Kirche mit besonderer Rücksicht auf die Ökumene im Rahmen der *Pastoral Provision* noch lediglich mit einer pastoralen Maßnahme ohne feste Strukturen antwortete, so „erhebt die Apostolische Konstitution [*Anglicanorum coetibus*] von 2009 nicht nur in kanonistischer, sondern auch in theologischer Hinsicht einen höheren Anspruch"[37]. Papst Benedikt XVI. stellte die Errichtung von Personalordinariaten nun eindeutig in den ökumenischen Kontext, durch die er seinem Dienst an der Einheit nachzukommen suchte.[38] Für Papst Benedikt XVI. beinhaltet die Apostolische Konstitution ein besonderes, positives Potential für die Ökumene. In seiner Ansprache an die englischen Bischöfe ruft er diese dazu auf, großzügig zu sein bei der Umsetzung von *Anglicanorum coetibus*, die er als „prophetic gesture that can contribute positively to the developing relations between Anglicans and Catholics"[39] einstuft. Denn, so Papst Benedikt XVI. weiter, übergetretene Anglikaner könnten dazu dienen, das letzte Ziel der Ökumene nicht aus den Augen zu verlieren, das ja in der Wiederherstellung voller kirchlicher Gemeinschaft besteht.[40]

Ein nicht zu unterschätzender Aspekt in der Ökumene liegt in der geistlichen Ökumene, im Gebet für die Einheit. Das weist auch auf die Grenzen jeder ökumenischen Mühe hin, bleibt Einheit doch letztlich eine Gabe Christi, die „nicht durch theologische Konsenserklärungen oder kirchendiplomatische Verhandlungen al-

---

35 BENEDIKT XVI., *Anglicanorum coetibus* (dt.) (s. Anm. 3); vgl. dazu: Dekret über den Ökumenismus *Unitatis Redintegratio*, in: Karl RAHNER – Herbert VORGRIMLER (Hgg.), Kleines Konzilskompendium. Sämtliche Texte des Zweiten Vatikanischen Konzils, Freiburg i. B. – Basel – Wien 35 2008, 229–250, hier: Nr. 1.
36 Vgl. DOE, Norman, The Apostolic Constitution *Anglicanorum coetibus*: An Anglican Juridical Perspective, in: One in Christ 44 (2010) 23–48, hier: 24.
37 WIRZ, Erbe (s. Anm. 27), 74.
38 Vgl. COOPER, Austin, Catholics Using Cranmer, in: The Australasian Catholic Record 84 (2007) 267–278, hier: 268; WIRZ, Erbe (s. Anm. 27), 73 f.
39 BENEDIKT XVI., Ansprache anlässlich des Treffens mit den Bischöfen von England, Schottland und Wales, 19. September 2010, Birmingham. URL: http://www.vatican.va/holy_father/benedict_xvi/speeches/2010/september/documents/hf_ben-xvi_spe_20100919_vescovi-inghilterra_en.html [Abruf: 28. September 2017].
40 Vgl. ebd.

lein erreicht werden"[41] kann. Zum einen schließt das mit ein, dass die christliche Einheit nicht immer (gleich) die Form annimmt, die sich Menschen vorstellen. Dies eröffnet die Möglichkeit, dass die Zwischenschritte, als die die *Pastoral Provision* und *Anglicanorum coetibus* gesehen werden können, durchaus von dem, der Ursprung und Ziel der Einheit ist, nämlich Christus, intendiert sein können, auch wenn diese im ökumenischen Dialog nicht vorgesehen waren. Darüber hinaus ergibt sich aus der Erkenntnis, dass die Einheit der Christen nicht von Menschen gemacht, sondern letztlich nur erbetet werden kann, eine besondere Aufgabe für die ehemaligen Anglikaner in der Katholischen Kirche. Sie sind in spezieller Weise dazu aufgerufen, dafür zu beten, dass die Einheit, die durch sie im Kleinen realisiert wurde, für die ganze Gemeinschaft, aus der sie gekommen sind, verwirklicht wird.[42] Insofern sind die Katholiken anglikanischer Tradition nicht als Probleme für die Ökumene zu sehen, sondern durch ihr Gebet für die noch ausstehende gesamtkirchliche Wiedervereinigung vielmehr als Katalysatoren der Ökumene.[43] Papst Franziskus hat den Evangelisierungsauftrag der Ordinariate innerhalb der Kirche unterstrichen, als er eine Ergänzung zur Apostolischen Konstitution seines Vorgängers vorgenommen hat.[44]

Beide Regelungen, die *Pastoral Provision* und *Anglicanorum coetibus*, sind nicht als Absage der Katholischen Kirche an den Dialog mit der Anglikanischen Gemeinschaft oder gar als heimliche Rückkehr zu einer Rückkehr-Ökumene zu verstehen. Vielmehr wird durch diese beiden Entscheidungen noch einmal das eigentliche Anliegen, das hinter dem ökumenischen Dialog steht, nämlich die Wiederherstellung der Einheit der Christen, bekräftigt, haben doch auch die *Pastoral Provision* und *Anglicanorum coetibus* die Ermöglichung dieser Einheit zum Ziel.[45] Der Wunsch nach Einheit ist der Katholischen Kirche ein so wichtiges Anliegen, dass sie sie besser im Kleinen realisiert als gar nicht. Diese partielle Verwirklichung kirchlicher Einheit im Rahmen der Aufnahme einzelner Anglikaner oder anglikanischer Gruppen wird allerdings nicht als letztes Ziel der Ökumene gesehen. Die Katholische Kirche verpflichtet sich auch weiterhin zum ökumenischen

---

41 Tück, Jan-Heiner, Abschied von der Rückkehr-Ökumene. Das II. Vatikanum und die ökumenische Öffnung der katholischen Kirche, in: Helmut Hoping (Hg.), Konfessionelle Identität und Kirchengemeinschaft. Mit einem bibliographischen Anhang zu „Dominus Iesus" (Studien zur systematischen Theologie und Ethik 25), Münster 2000, 11–52, hier: 12.

42 Vgl. Benedikt XVI., Address to the plenary assembly of the Pontifical Council for Promoting Christian Unity. 18. 11. 2010. URL: http://www.zenit.org/en/articles/papal-words-to-members-of-christian-unity-council [Abruf: 24. Juni 2013]; Maassen, Thorsten, Das Ökumeneverständnis Joseph Ratzingers (Kirche – Konfession – Religion 56), Göttingen 2011, 365 f.

43 Vgl. The Executive of the Catholic League, Anglicanorum Coetibus. Statement of The Executive of the Catholic League, January 2010. ‚It is accomplished': our Founding Principle, in: The Messenger Nr. 292 (April–August 2010) 1–12, hier: 9.

44 Vgl. Kongregation für die Glaubenslehre, Ergänzende Normen zur Apostolischen Konstitution *Anglicanorum coetibus* vom 4. November 2009, in: Archiv für katholisches Kirchenrecht 178/2 (2009) 555–560, hier: Nr. 5 §2. Dieser Paragraph wurde dem Text der ergänzenden Normen aufgrund einer Entscheidung der Ordentlichen Versammlung vom 29. Mai 2013, die von Papst Franziskus am 31. Mai 2013 approbiert worden ist, hinzugefügt.

45 Vgl. Wells, Peter B., An Historical and Canonical Study of the Ordination to the Roman Catholic Priesthood of Married Non-catholic Ministers with Particular Reference to the „Pastoral Provision", in June 1980. Excerpta ex Dissertatione ad Doctoratum in Facultate Iuris Canonici Pontificiae Universitatis Gregorianae (Teilausgabe der Diss.) [unveröff. Dissertation Päpstliche Universität Gregoriana, Rom], 1999, 124.

Dialog mit der Anglikanischen Gemeinschaft mit dem Ziel, endlich die Einheit im Großen zu erreichen.[46]

5.1. Dienst an der Einheit der Kirche

Der unbedingte Wille zur Einheit hängt eng mit einer Person zusammen, die den Prozess der Aufnahme von Anglikanern und ihren Traditionen seit Beginn der 1980er-Jahre begleitet hat: Joseph Ratzinger hat nicht erst sein Pontifikat in den Dienst an der Einheit gestellt, sondern hat sich dieser Aufgabe auch schon als Präfekt der Glaubenskongregation im Besonderen verpflichtet gefühlt. Der evangelische Theologe Thorsten Maaßen kommt in seiner Studie, in der er das Ökumeneverständnis von Joseph Ratzinger untersucht hat, zum Ergebnis, dass sich das Thema der Einheit der Kirche wie ein roter Faden durch das Schaffen Ratzingers zieht, ja, dass Ratzinger ein Theologe „mit ökumenischer Leidenschaft"[47] ist, den der Verlust der christlichen Einheit, die Verwundung der Katholizität der Kirche, zutiefst schmerzt.[48]

Wenn sich die Katholische Kirche als Verwirklichung der Kirche Christi versteht, dann ist sie im Besonderen verpflichtet, an der Gewinnung der Einheit der Christen zu arbeiten. Dabei hat sie sich nicht nur auf den ökumenischen Dialog beschränkt, sondern auch andere Wege, Menschen zur vollen Einheit mit der Kirche zu bringen, zugelassen. Die Sorge um die Einheit, unabhängig von der Anzahl derer, denen sie zugute kam, war dabei von solch großer Bedeutung, dass die Katholische Kirche dafür selbst Kontroversen in Kauf nahm.[49] Wenn einzelne Anglikaner oder Gruppen von Anglikanern um Aufnahme in die volle Gemeinschaft der Kirche gebeten haben, konnte die Katholische Kirche gar nicht anders handeln, als diesem Wunsch zu entsprechen. Kardinal Levada erklärte dazu:

> „[I]t would be a betrayal of Catholic ecumenical principles and goals to refuse to embrace them, and to embrace them with all the distinctive gifts that enrich the Church"[50].

Christian Wirz erkennt es geradezu als Verpflichtung der Katholischen Kirche an, die sich aus ihrem Anspruch, mit der Fülle der Heilsmittel beschenkt zu sein, ergibt. Die Kirche sei „zunächst verpflichtet, getaufte Nichtkatholiken in ihre volle Gemeinschaft aufzunehmen, wenn diese das wünschen"[51] und darf dies „auch um der Ökumene willen nicht verleugnen"[52]. Es wäre wohl ein falsches Verständnis von Ökumene, wenn die Rücksicht auf die ökumenischen Beziehungen dazu führen würde, die aus dem Glauben entspringenden Bitten von Anglikanern um Aufnahme

---

46 Vgl. KLAUSNITZER, Wolfgang, Der Primat des Bischofs von Rom im Denken Joseph Ratzingers, in: Christian SCHALLER (Hg.), Kirche – Sakrament und Gemeinschaft. Zu Ekklesiologie und Ökumene bei Joseph Ratzinger (Ratzinger-Studien 4), Regensburg 2011, 153–195, hier: 194 f.
47 MAASSEN, Ökumeneverständnis (s. Anm. 42), 352.
48 Vgl. ebd., 349.
49 Vgl. WELLS, Ordination (Exzerpt) (s. Anm. 45), 30.
50 LEVADA, Five Hundred Years (s. Anm. 32), 29 f.
51 WIRZ, Erbe (s. Anm. 27), 75.
52 Ebd.

unter Beibehaltung anglikanischer Traditionen zurückzuweisen. Eine quantitative Abwägung zwischen der großen *Anglican Communion* auf der einen Seite und einer im Vergleich dazu kleinen Gruppe von Anglikanern auf der anderen Seite darf in der Entscheidung einer solchen Frage wohl nicht ins Spiel gebracht werden.[53]

5.2. Eingeständnis und Bekräftigung

Die beiden Entscheidungen des Heiligen Stuhles zugunsten von Anglikanern weisen zwei Seiten auf. Zum einen stellen sie ein Eingeständnis dar, dass die volle Einheit zwischen der Katholischen Kirche und der Anglikanischen Gemeinschaft noch nicht realisierbar ist. Zugleich sind sie aber ein Zeichen dafür, dass die Einheit der Christen grundsätzlich möglich ist.[54] Sie können gleichzeitig als Zeugnis „für den hohen Stand als auch ein Misslingen der ökumenischen Beziehungen"[55] gesehen werden. Darüber hinaus zeigen die *Pastoral Provision* im Kleinen und die Apostolische Konstitution *Anglicanorum coetibus* im Großen, unter welchen Bedingungen die Einheit in der Katholischen Kirche geschehen kann. Die ökumenische Bedeutung der beiden Maßnahmen ist deswegen vor allem darin zu sehen, dass die Katholische Kirche ihr Bekenntnis zu einer Vielfalt in Einheit verwirklicht hat. Einheit in der Katholischen Kirche verlangt nicht die volle Anpassung, sondern erlaubt und fördert sogar Eigenheiten in der Liturgie, in der Spiritualität, Theologie und im Recht.[56]

Damit ist die Richtung gewiesen, in die der ökumenische Weg führt. Es wird nicht einfach eine Rückkehr in den Schoß der Katholischen Kirche und die Verleugnung der eigenen Traditionen gefordert, sondern Ökumene wird als gemeinsame Entwicklung hin zur Einheit verstanden. Die Katholische Kirche arbeitet mit den von ihr getrennten Kirchen und Gemeinschaften auf eine gemeinsame Zukunft hin und beweist dabei die Bereitschaft, sich zu verändern, zu reinigen und sich bereichern zu lassen. Durch die Vereinigung mit den anderen Gemeinschaften und die Aufnahme von Elementen aus diesen entwickelt sich die Katholische Kirche weiter auf ihrem Weg zur Kirche Christi, die sie zwar schon verwirklicht, aber noch nicht ist.[57] In diese Entwicklung fügen sich die *Pastoral Provision* und *Anglicanorum coetibus* ein, die Traditionen aus dem Anglikanismus in die Katholische Kirche einbringen und sie damit bereichern.

---

53 Vgl. KLAUSNITZER, Wolfgang, Uniert, nicht absorbiert? Der anglikanisch-katholische Dialog nach „Anglicanorum Coetibus", in: StZ 228 (2010) 75–86, hier: 81 f.
54 Vgl. SAGOVSKY, Nicholas, The Contribution of Canon Law to Anglican-Roman Catholic Ecumenism, in: Ecclesiastical Law Journal 13 (2011) 4–14, hier: 11, Anm. 19.
55 Vgl. WIRZ, Erbe (s. Anm. 27), 63–80.
56 Vgl. OHLY, Christoph, Communio-Struktur und Einheit der Kirche. Kanonistische Erwägungen im Lichte der Apostolischen Konstitution „Anglicanorum coetibus" von Papst Benedikt XVI., in: TThZ 120 (2011) 317–337, hier: 323; DERS., Personaladministration und Personalordinariat. Neue verfassungsrechtliche Strukturen im Hinblick auf die Entwicklung eines ökumenischen Kirchenrechts, in: Wilhelm REES (Hg.), Ökumene. Kirchenrechtliche Aspekte (Kirchenrechtliche Bibliothek 13), Wien – Berlin 2014, 105–120, hier: 116.
57 Vgl. MAASSEN, Ökumeneverständnis (s. Anm. 42), 225 f.

5.3. Modell für zukünftige Ökumene

Welche Relevanz haben nun die *Pastoral Provision* und *Anglicanorum coetibus* für die Ökumene der Zukunft? Wenn Ökumene von der Katholischen Kirche als ein aktives Tun, die christliche Einheit wiederherzustellen, verstanden wird, so können die beiden Entscheidungen nicht per se dem ökumenischen Wirken zugeordnet werden, weil sie auf Initiativen von Anglikanern zurückgingen und Antworten der Kirche darauf darstellen. Die beiden Maßnahmen stellen auch nicht das Ziel des ökumenischen Gespräches zwischen der Katholischen Kirche und der Anglikanischen Gemeinschaft dar und wollen nicht als Ersatz dafür verstanden werden.[58] Sie fußen zwar unter anderem auf dem offiziellen Dialog im Rahmen der *Anglican-Roman Catholic International Commission*, dieser wird aber auch danach noch weiter fortgesetzt.[59]

Das heißt jedoch nicht, dass die pastorale Maßnahme von 1980 und *Anglicanorum coetibus* ganz ohne ökumenische Bedeutung wären. Ihre ökumenische Dimension liegt nämlich nicht im Umstand, dass kleinere Gruppen von Anglikanern in die Katholische Kirche übertreten, sondern die Relevanz für die Ökumene ergibt sich daraus, dass diese Konvertiten ihre anglikanischen Traditionen in die Kirche einbringen können. Indem der Apostolische Stuhl dadurch „ein Zeichen für die Flexibilität der katholischen Kirche"[60] setzt, haben die beiden Maßnahmen zugunsten von Anglikanern auch durchwegs Modellcharakter und können einen positiven Beitrag für das ökumenische Gespräch leisten. Sie beweisen die Anerkennung und Wertschätzung von zumindest einem Teil anglikanischer Traditionen. Damit ist schon eine Schattenseite dieser Entscheidungen angesprochen, denn sie zeigen, dass die Einheit nur mit einem Teil des Anglikanismus realisierbar ist, nämlich mit jenem anglokatholischen Flügel, der in zentralen Fragen des Glaubens bereits mit der Katholischen Kirche übereinstimmt. So bildet das anglikanische Erbe, das in die Katholische Kirche integriert wird, auch nicht die gesamte Breite, die *comprehensiveness*, des Anglikanismus ab. Damit verbindet sich ein weiterer negativ interpretierbarer Aspekt, der nicht unerwähnt bleiben soll. Die Aufnahme von Mitgliedern des der Katholischen Kirche nahestehendes Teils führt gleichzeitig zur Schwächung dieser Richtung innerhalb des Anglikanismus, was sich wiederum auf den anglikanisch-katholischen Dialog auswirkt. Eine volle Union der beiden Gemeinschaften wird durch den Wegfall dieses Flügels in der *Anglican Communion* schwieriger.[61]

---

58 Vgl. Hill, Christopher, What is the Personal Ordinariate? Canonical and Liturgical Observations, in: Ecclesiastical Law Journal 12 (2010) 202–208 [Abruf: 10. Februar 2016], hier: 202.

59 Vgl. Levada, Five Hundred Years (s. Anm. 32), 21–26.

60 Tück, Jan-Heiner, Unausgestandene Konflikte. Die Anglikanische Gemeinschaft, die katholische Kirche und das moderne Leben, in: NZZ (16. Februar 2011). URL: http://www.nzz.ch/aktuell/startseite/unausgestandene-konflikte-1.9545617 [Abruf: 10. März 2015].

61 Vgl. Elliott, Peter J., Anglican Use Ordinariates and Ecumenism, in: The Messenger Nr. 292 (April–August 2010) 271–278, hier: 271; Müller, Gerhard Ludwig, The Call to Communion: Anglicanorum coetibus and Ecclesial Unity (Vortrag), Ordinariate of the Chair of St. Peter: Symposium „The Mission of the Ordinariate", 2. Februar 2013, Houston/TX, 7; Jeremy, Anthony, Apostolic Constitution *Anglicanorum coetibus* and the Personal Ordinariate of our Lady of Walsingham, in: Cristianesimo nella storia 32 (2011) 425–442, hier: 442; Slipper, Anglicanorum coetibus (s. Anm. 28), 178–182; Bier, Georg, Die Apostolische Konstitution *Anglicanorum coetibus* und Ergänzenden Normen der Kongregation für die Glaubenslehre. Eine kanonistische Analyse, in: Cristianesimo nella storia 32 (2011) 443–478, hier: 475, Anm. 117; Klausnitzer, Uniert (s. Anm. 53), 82.

Auch in Bezug auf die Ökumene ist von der *Pastoral Provision* für *Episcopalians* in den USA aus dem Jahr 1980 hin zur Apostolischen Konstitution *Anglicanorum coetibus* 2009 eine Entwicklung festzustellen. Ist die Regelung von 1980 vor allem als pastoral motivierte Maßnahme zu sehen, so hat sie doch zu einem Erkenntnisprozess in der Katholischen Kirche geführt, der schließlich 2009 in die Apostolische Konstitution mündete. Zunächst hat sich gezeigt, dass die Aufnahme von einzelnen Anglikanern nicht der bleibenden Verpflichtung zum ökumenischen Dialog widerspricht.[62] Darüber hinaus war zu erkennen, dass erste zaghafte Versuche, anglikanische Traditionen in die Katholische Kirche zu integrieren, geglückt sind und nicht nur den ehemaligen Anglikanern, sondern der Gesamtkirche zu Gute kommen können. Einheit in der Katholischen Kirche verlangt keine starre Einheitlichkeit und völlige Absorption, sondern lässt Vielfalt in verschiedenen Bereichen zu. Schließlich haben die anhaltenden Anfragen von anglikanischer Seite an den Heiligen Stuhl diesen erkennen lassen, dass die im Rahmen der *Pastoral Provision* getroffenen Maßnahmen nach einer Erweiterung verlangen.[63]

Mit der Apostolischen Konstitution hat der Heilige Stuhl auf Basis der bisherigen Erfahrungen mit anglikanischen Konvertiten Maßnahmen gesetzt, die über eine pastorale Antwort hinausreichen. *Anglicanorum coetibus* geht über eine rein organisatorische Lösung hinaus und wird von Papst Benedikt XVI. nicht bloß als kirchenrechtliche Antwort auf ein pastorales Problem verstanden. Diese Entscheidung wird in der Einleitung des Schreibens eindeutig in den Kontext der Suche nach der Einheit gestellt. Von daher hat die Katholische Kirche mit der *Pastoral Provision* im Kleinen und mit *Anglicanorum coetibus* auf universalkirchlicher Ebene gezeigt, unter welchen Bedingungen Einheit realisiert werden kann und somit „*Anglicanorum coetibus* zum ökumenischen Modellfall"[64] gemacht. Vorbildlich für die Wiedergewinnung der Einheit auch mit anderen getrennten Christen kann dabei nicht nur die Art und Weise sein, wie mit nichtkatholischen Traditionen umgegangen wird. Auch kirchenrechtlich könnten die Personalordinariate „ein rechtlich solides Fundament" darstellen, das „eine gegenseitige Bereicherung römisch-katholischen und anglikanischen Traditionsgutes unter Beachtung der vollen kirchlichen Gemeinschaft"[65] ermöglicht. So kann Christoph Ohly zugestimmt werden, wenn dieser für die für ehemalige Anglikaner gewählte Maßnahme feststellt:

> „Was aus dieser Bereicherung auf eine stärkere Einheit hin erwächst, muss derzeit ebenso offengelassen werden, wie eine zukünftige Neuregelung auf dem Hintergrund eventuell sichtbarer ökumenischer Ergebnisse im anglikanisch-katholischen Dialog. Erkennbar wird jedoch ein rechtlich abgesichertes und zugleich veränderbares Modell gewonnener kirchlicher Einheit."[66]

---

62 Vgl. OHLY, Communio-Struktur (s. Anm. 56), 318.
63 Vgl. MOORE, James, The Anglican Use: Some Historical Reflections, in: The Catholic Social Science Review 5 (2000) 401–407, hier: 407; WELLS, Ordination (Exzerpt) (s. Anm. 45), 126.
64 BIER, Anglicanorum Coetibus (s. Anm. 61), 476.
65 OHLY, Personaladministration (s. Anm. 56), 116.
66 Ebd.

Durch die Weiterentwicklung der zunächst auf Personalpfarren beschränkten *Pastoral Provision* hin zur durch die Apostolische Konstitution *Anglicanorum coetibus* ermöglichten Errichtung von Personalordinariaten wird nicht nur die Einheit mit einer bestimmten Gruppe von Klerikern und Gläubigen hergestellt, sondern „die Einheit mit einer Tradition christlicher Glaubenspraxis, die der katholischen Kirche verlorengegangen war"[67].

Die nicht zu unterschätzende ökumenische Bedeutung der beiden Maßnahmen ist darin zu sehen, dass „vielfältige Elemente der Heiligung und der Wahrheit"[68], die außerhalb der Katholischen Kirche tradiert wurden, nun wieder ihren Platz in der katholischen Einheit gefunden haben, zu der sie „als der Kirche Christi eigene Gaben"[69] auch hindrängen. Da die Katholische Kirche an diese Elemente durch die Anfragen von Anglikanern erinnert wurde, so muss auch diesen eine Geltung zugesprochen werden.

5.4. Konsequenzen für die Ökumene

Welche Konsequenzen lassen sich nun aus der eingehenden Beschäftigung mit den beiden Maßnahmen, die der Heilige Stuhl als Antwort auf anglikanische Übertrittsbewegungen gesetzt hat, für die Ökumene ableiten? Die wichtigste Erkenntnis liegt wohl darin, dass sich die Katholische Kirche durch die Integration von liturgischen wie auch rechtlichen und spirituellen Elementen des Anglikanismus nicht nur in der Theorie, sondern auch in der Praxis zu einer kirchlichen Einheit bekennt, die eine weitreichende Vielfalt vorsieht. *Anglicanorum coetibus* kann nicht einfach als einmalige Ausnahme von der allgemein gültigen Regel, die eine starre Einheitlichkeit verlange, gesehen werden, sondern verwirklicht eine Erkenntnis, zu der sich die Kirche verpflichtet hat. Das Zweite Vatikanum hat diese Einsicht in Erinnerung gerufen, wenn es im Ökumenismusdekret *Unitatis redintegratio* Katholizität so charakterisiert, dass sie Einheit im Notwendigen verlange und Verschiedenheit beispielsweise in der Liturgie erlaube:

> „Alle in der Kirche sollen unter Wahrung der Einheit im Notwendigen je nach der Aufgabe eines jeden in den verschiedenen Formen des geistlichen Lebens und der äußeren Lebensgestaltung, in der Verschiedenheit der liturgischen Riten sowie der theologischen Ausarbeitung der Offenbarungswahrheit die gebührende Freiheit walten lassen, in allem aber die Liebe üben. Auf diese Weise werden sie die wahre Katholizität und Apostolizität der Kirche immer vollständiger zum Ausdruck bringen."[70]

Dies wird im Ökumenischen Direktorium von 1993 weiter ausgeführt. Einheit wird dort im dreifachen Band „des Glaubens, des sakramentalen Lebens und des

---

67 Wirz, Erbe (s. Anm. 27), 208.
68 LG (s. Anm. 3), Nr. 8.
69 Ebd.
70 UR (s. Anm. 35), Nr. 4.

hierarchischen Amtes"[71] beschrieben. Dem wird eine Vielfalt gegenübergestellt, die nicht einfach als Zugeständnis zu verstehen ist, sondern die notwendige Einheit bereichert und die Katholizität der Kirche zum Ausdruck bringt.[72] In Bezug auf das ökumenische Bemühen um die sichtbare Gemeinschaft der Christen bedeutet das, dass die angestrebte „Einheit in keiner Weise fordert, die reiche Vielfalt der Spiritualität, der Ordnung, der liturgischen Riten und der theologischen Darstellung der geoffenbarten Wahrheit, die unter den Christen gewachsen ist, aufzugeben, sofern diese Verschiedenheit der apostolischen Tradition treu bleibt"[73]. Einheit darf nicht mit Einheitlichkeit gleichgesetzt werden, sondern ist als vielgestaltige Einheit zu verstehen.[74]

Dieses Verständnis einer Einheit in Vielfalt ist auch der hermeneutische Schlüssel für das rechte Verständnis der Apostolischen Konstitution von Papst Benedikt XVI. und ihrer vorausgehenden Entscheidung zur Aufnahme von Anglikanern in die kirchliche Gemeinschaft.[75] So wie die Katholische Kirche bereits das Erbe der Ostkirchen „als echtes Erbgut der gesamten Kirche Christi"[76] betrachtet, so hat sie dies erstmals auch für Traditionen einer aus der Reformation entstandenen Gemeinschaft gemacht, auch wenn die Ostkirchen und die Anglikanische Gemeinschaft aus katholischer Perspektive einen ganz anderen Status innehaben. Die katholische Einheit zeigt sich in einer Vielfalt, zu der auch anglikanisches Erbe zählt.[77] Die in die Gemeinschaft aufgenommenen Anglikaner bezeugen nun durch ihre mitgebrachten Traditionen die Vitalität und Vielfalt der Katholischen Kirche.[78] Sie sind der Beweis dafür, dass, wer die Einheit in der Katholischen Kirche sucht, seine Eigenständigkeit nicht aufgeben und seine Vergangenheit nicht verleugnen muss.[79] Zum Abschluss der Gebetswoche für die Einheit der Christen im Jahr 2006 hat es Papst Benedikt XVI. mit folgenden Worten ausgedrückt, die Vielfalt und Einheit miteinander in Harmonie zusammenbringen:

---

71 PÄPSTLICHER RAT ZUR FÖRDERUNG DER EINHEIT DER CHRISTEN, Direktorium zur Ausführung der Prinzipien und Normen über den Ökumenismus, 25. März 1993 (VApS 110), Bonn 1993, Nr. 12.

72 Vgl. ebd., Nr. 16.

73 Ebd., Nr. 20.

74 Vgl. KOSLOWSKI, Jutta, Das Teilkirchen-Modell als katholischer Beitrag zur Einheitsdiskussion: Möglichkeiten und Grenzen, in: Catholica 61 (2007) 279–304, hier: 287; MAASSEN, Ökumeneverständnis (s. Anm. 42), 351.

75 Vgl. LOPES, Steven J., Divine Worship: Occasional Services. A Presentation, in: The Jurist 74 (2014) 79–89, hier: 89.

76 Dekret über die katholischen Ostkirchen *Orientalium Ecclesiarum*, in: Karl RAHNER – Herbert VORGRIMLER (Hgg.), Kleines Konzilskompendium. Sämtliche Texte des Zweiten Vatikanischen Konzils, Freiburg i. B. – Basel – Wien ³⁵2008, 205–216, hier: Nr. 5.

77 Vgl. LEVADA, Five Hundred Years (s. Anm. 32), 30.

78 Vgl. KONGREGATION FÜR DIE GLAUBENSLEHRE, Note zur Einrichtung von Personalordinariaten für Anglikaner, die in die katholische Kirche eintreten wollen (ital. in O.R. 21. Oktober 2009), in: L'Osservatore Romano Nr. 44 (30. Oktober 2009) 8.

79 Koch: Ökumene braucht Balance zwischen Einheit und Vielfalt, in: Katholische Presseagentur Österreich (16. Juli 2016). URL: http://www.kathpress.at/goto/meldung/1400047/koch-oeku-mene-braucht-balance-zwischen-einheit-und-vielfalt [Abruf: 18. Juli 2016].

„Die wahre Liebe löscht legitime Unterschiede nicht aus, sondern bringt sie miteinander in Einklang in einer höheren Einheit, die nicht von außen auferlegt wird, sondern die von innen heraus dem Ganzen sozusagen Form verleiht."[80]

5.5. Einheit in Vielfalt

Vielfalt wird nicht einfach als Zugeständnis an die geschichtlich gewachsene und auf konfessionellen Spaltungen beruhende Pluralität christlicher Kirchen und Gemeinschaften verstanden, sondern ist als Möglichkeit gegenseitiger Bereicherung zu sehen.

Die sichtbare Einheit ist nicht einfach durch den Austausch von Ideen, wie dies im theologischen Gespräch geschieht, realisierbar, sondern sie braucht den Austausch von Gaben, sodass jede Gemeinschaft ihr spezifisches Charisma in die Einheit miteinbringen kann.[81] Diese Überzeugung leitete auch Papst Johannes Paul II. in seiner Enzyklika *Ut unum sint*[82] und fußt letztlich auf der Einsicht, dass „mehrere – ja sogar viele und sehr wertvolle –"[83] Elemente der Kirche außerhalb der Katholischen Kirche bewahrt werden und dieser wieder zugeführt werden sollen. Papst Benedikt XVI. hat dabei auch ausdrücklich die kirchlichen Gemeinschaften der Reformation miteingeschlossen, die im Rahmen des ökumenischen Austausches der Gaben ihre eigenen Reichtümer in die Kirche einbringen sollten.[84]

Bereits Papst Paul VI. hat diese Einsicht in Bezug auf die Anglikanische Gemeinschaft konkretisiert, als er von bewahrenswertem anglikanischen Erbe sprach, das das Wirken des Heiligen Geistes anzeige und die Katholische Kirche bereichern könne.[85] Dazu erklärt Steven J. Lopes, der erste Bischof des Personalordinariats Kathedra Petri:

„Die Art und Weise, wie der Glaube in der Anglikanischen Gemeinschaft in den letzten 500 Jahren genährt, verkündigt und gefeiert wurde, trägt zur Lebendigkeit der Kirche bei und bereichert sie."[86]

---

80 BENEDIKT XVI., Predigt zum Abschluss der Gebetswoche für die Einheit der Christen, 25. Januar 2006. URL: http://w2.vatican.va/content/benedict-xvi/de/homilies/2006/documents/hf_ben-xvi_hom_20060125_conversion-st-paul.html [Abruf: 17. Januar 2017].

81 Vgl. KOCH, Kurt, Lob der Vielfalt – Gerät den christlichen Kirchen die Einheit aus dem Blick?, in: Stefan KOPP – Wolfgang THÖNISSEN (Hgg.), Mehr als friedvoll getrennt? Ökumene nach 2017, Freiburg i. B. – Basel – Wien 2017, 15–40, hier: 30 f.

82 Vgl. JOHANNES PAUL II., Enzyklika *Ut unum sint* über den Einsatz für die Ökumene, 25. Mai 1995 (VApS 121), Bonn 1995, Nr. 28, 57.

83 PÄPSTLICHER RAT ZUR FÖRDERUNG DER EINHEIT DER CHRISTEN, Ökumenisches Direktorium (s. Anm. 71), Nr. 61 b.

84 Vgl. BENEDIKT XVI., Ansprache beim Ökumenischen Treffen im Erzbischöflichen Haus am Freitag, den 19. August 2005, in: Predigten, Ansprachen und Grußworte im Rahmen der Apostolischen Reise von Papst Benedikt XVI. nach Köln anlässlich des XX. Weltjugendtages, hg. v. Sekretariat der Deutschen Bischofskonferenz (VApS 169), Bonn 2005, 67–73, hier: 71.

85 Vgl. PAUL VI., Homilie anlässlich der Heiligsprechung der 40 Märtyrer von England und Wales, in: AAS 62 (1970) 746–753.

86 LOPES, Einheit (s. Anm. 30), 194 f. Vgl. auch: DERS., The Ordinariate's Mission: Liturgy (Vortrag), Ordinariate of the Chair of St. Peter: Symposium „The Mission of the Ordinariate", 2. Februar 2013, Houston/TX, 3 f.

Dieses anglikanische Erbe hat nicht nur den Glauben der Anglikaner in der Anglikanischen Gemeinschaft gestützt, sondern sie auf ihrem Weg zur vollen kirchlichen Gemeinschaft begleitet und sie dabei unterstützt.[87]

In der Katholischen Kirche erfüllen die mitgebrachten Traditionen im Bereich der Liturgie, Spiritualität und Pastoral einen doppelten Zweck: Ihre Anerkennung durch die Katholische Kirche als legitimen Glaubensausdruck ermöglicht den übergetretenen Anglikanern die volle Integration in die Katholische Kirche und gleichzeitig die Beibehaltung eigener Traditionen. Ein zweites Ziel liegt eben in der angesprochenen Bereicherung, die die Katholische Kirche insgesamt durch die anglikanischen Traditionen erfahren kann.[88]

Die Katholische Kirche anerkannte durch die Aufnahme anglikanischen Erbes, dass der Heilige Geist in einer von ihr getrennten Gemeinschaft wirkt und dass die Art und Weise, wie dort der Glaube seinen Ausdruck findet, die Katholische Kirche bereichert. Die Katholische Kirche erfährt durch den Zugang zu den anglikanischen Traditionen eine Stärkung in ihrer Vielfalt.[89] So beschreibt die Apostolische Konstitution das anglikanische Erbe auch eindeutig als „Reichtum, den es zu teilen gilt"[90].[91]

6. Schlussbemerkungen

Wie schon deutlich gemacht wurde, berührt die Aufnahme von Anglikanern und ihren Traditionen in die Katholische Kirche nicht nur diese Gruppe, sondern wirkt sich auf die gesamte Kirche aus. Durch die *Pastoral Provision* und durch *Anglicanorum coetibus* hat die Katholische Kirche ihre Bereitschaft gezeigt, sich in Richtung Anglikanismus zu öffnen, sich selbst zu ändern und dazuzulernen.

Zum einen haben die Anglikaner, die die Gemeinschaft mit der Katholischen Kirche gesucht haben, dieser ihren eigenen Wert vor Augen geführt. Sie haben der Kirche durch ihren oft mühsamen und langwierigen Weg, den sie auf sich genommen hatten, gezeigt, welch besondere Bedeutung sie der Katholischen Kirche zuerkennen. Diese Anglikaner können der Katholischen Kirche und ihren Mitgliedern helfen, ihren eigenen Wert neu zu entdecken.[92]

Auf die Frage, ob denn die Katholische Kirche durch die Übertritte von Anglikanern nun anglikanischer werde, antwortete der Präsident des Päpstlichen Rates zur Förderung der Einheit der Christen, Kurt Kardinal Koch:

---

87 Vgl. GHIRLANDA, Significance (s. Anm. 17), 13; LEVADA, Five Hundred Years (s. Anm. 32), 29; DI NOIA, J. Augustine, *Divine Worship* and the Liturgical Vitality of the Church, in: Antiphon 19.2 (2015) 109–115, hier: 112.

88 Vgl. KONGREGATION FÜR DIE GLAUBENSLEHRE, Note about Personal Ordinariates for Anglicans Entering the Catholic Church, 20. Oktober 2009, Nr. III. URL: https://press.vatican.va/content/salastampa/it/bollettino/pubblico/2009/10/20/0650/01517-1.html [Abruf: 27. Juli 2016]; MÜLLER, Communion (s. Anm. 61), 4.

89 Vgl. KONGREGATION FÜR DIE GLAUBENSLEHRE, Adnotatio circa Ordinariatum Personalem pro Anglicanis Catholicam Ecclesiam ingredientibus, in: AAS 101 (2009) 939–942, hier: 940 f.; LOPES, Steven J., A Missal for the Ordinariates: The Work of the *Anglicanae Traditiones* Interdicasterial Commission, in: Antiphon 19.2 (2015) 116–131, hier: 130 f.

90 BENEDIKT XVI., *Anglicanorum coetibus* (dt.) (s. Anm. 3), Nr. III.

91 Vgl. WIRZ, Erbe (s. Anm. 27), 75 f.; DI NOIA, Divine Worship (s. Anm. 87), 115.

92 Vgl. LEVADA, Five Hundred Years (s. Anm. 32), 31.

„Wenn bei einem Dialog sich nur eine Seite ändert, war es kein Dialog. Man lernt in der Begegnung mit anderen die eigene Kirche neu kennen. Insofern ist die Ökumene eine Bereicherung. Das ist ja das Große des Vorschlags von Benedikt an die Anglikaner, dass sie ihre liturgischen Traditionen beibehalten können. Das ist ein positives Zeichen für die Zukunft, dass der Papst nicht auf Vereinheitlichung, sondern auf Vielfalt setzt."[93]

Eine Änderung, die die Katholische Kirche durch die Gespräche mit der Anglikanischen Gemeinschaft im Allgemeinen und mit den Gruppen übertrittswilliger Anglikaner im Besonderen erfuhr, könnte also darin liegen, dass sich die Katholische Kirche selbst neu kennenlernt. Sie wurde beispielsweise daran erinnert, dass ihre Einheit keine Einheitlichkeit verlangt, sondern sich in Vielfalt verwirklicht.

Der Vertreter der Evangelischen Kirche in Deutschland auf dem Zweiten Vatikanischen Konzil, Edmund Schlink, beschrieb unter dem Eindruck des Konzils den Weg zur christlichen Einheit, den die Katholische Kirche im Gespräch mit den Gemeinschaften der Reformation nun einschlug, als einen Weg der

„beiderseitigen Wandlung, einer wechselseitigen Bekehrung der Getrennten zueinander und nicht als Rückkehr, sondern als Versöhnung, nicht als Unterwerfung, sondern als wechselseitige Aufnahme der Gemeinschaft, nicht als einseitiges Geben, sondern als wechselseitiges Geben und Empfangen"[94].

Wendet man diese Einsicht, die eine beidseitige Änderung verlangt, auf das Gegenüber der Katholischen Kirche im Zusammenhang dieser Abhandlung an, so hat dies natürlich auch Auswirkungen auf den Anglikanismus. Die Anglikanische Gemeinschaft wird durch Entscheidungen wie die *Pastoral Provision* und die Apostolische Konstitution *Anglicanorum coetibus* herausgefordert, über die eigene Identität nachzudenken.

Im Austausch von Gaben zwischen der Anglikanischen Gemeinschaft und der Katholischen Kirche ist freilich die Liturgie nur ein Aspekt – wenn auch von zentraler Bedeutung. Die neu gewonnene Vielfalt zeigt sich auch im Bereich der Strukturen mit den synodalen Elementen, die von anglikanischer Seite eingebracht werden. Das *Book of Divine Worship* war ein erster wichtiger Schritt zur Integration anglikanischer Liturgie in die Katholische Kirche. In *Divine Worship*, der liturgischen Ordnung der Personalordinariate, wurde das *Book of Divine Worship* weiterentwickelt und zur Vollendung gebracht. Mithilfe der anglikanischen Form des Römischen Ritus kann so weiterhin ein zweifaches Ziel verfolgt werden: Die Liturgie der Kirche wird durch anglikanische Traditionen bereichert und verweist gleichzeitig auf ein Modell für die Ökumene der Zukunft, die eine versöhnte Vielfalt in der Einheit vorsieht.

---

93 Die Grundtugend des ökumenischen Gesprächs ist die Geduld. Interview mit Kardinal Kurt Koch, in: Kärntner Kirchenzeitung „Der Sonntag" Nr. 26 (1. Juli 2012) 4 f.
94 SCHLINK, Edmund, Nach dem Konzil, München – Hamburg 1966, 115.

III. Diskussion

Festakademie zum 90. Geburtstag von Papst em. Benedikt XVI.

Einleitung

Bernhard Kirchgessner

In der Tat ist es „würdig und recht", Gott, dem Herrn, für das wunderbare Geschenk zu danken, das den Namen Papst Benedikt XVI. trägt. Benedikt ist sein Werk, sein Geschenk an die Kirche im 20. und beginnenden 21. Jahrhundert.

Ich gestehe freimütig: Mein persönlicher Weg wäre ohne den Jubilar, dem zu Ehren die Diözese Passau am 27./28. Mai 2017 in Spectrum Kirche, dem Exerzitien- und Bildungshaus auf Mariahilf in Passau, eine Festakademie ausgerichtet hat, sicherlich anders verlaufen. Bald nach Antritt seines Pontifikates wurde ich von den lokalen Medien um die theologische Interpretation seiner Enzykliken, Apostolischen Schreiben und besonders der drei Jesusbücher gebeten, welche eine intensive Lektüre und kritische Auseinandersetzung mit dem großen Theologen Joseph Ratzinger erforderte. Doch die „Investition" hat sich gelohnt. Gerade in liturgicis wurden mir neue theologische Welten erschlossen.

Hat der Münchner Kirchenhistoriker Georg Schweiger dem großen bayerischen Theologen und Regensburger Bischof Johann Michael Sailer einst das Attribut „Der bayerische Kirchenvater" zugesprochen, so wird man, dessen bin ich gewiss, eines Tages von Papst Benedikt als dem „Kirchenvater aus Bayern" sprechen.

Wie sehr er sich über die Festakademie freute, bekundete er in einem Brief vom 31. Oktober 2016: „Natürlich habe ich mich auch sehr gefreut, dass Sie im Zusammenhang mit meinem 90. Geburtstag eine Festakademie vorgesehen haben. Gerne übersende ich Ihnen dazu mit meinem Dank auch meinen Apostolischen Segen. Herzliche Grüße und Segenswünsche, Ihr Benedikt XVI." Die ihm übermittelten Presseberichte kommentierte er am 5. Juli 2017 mit der Bemerkung: „Ich habe mich sehr gefreut über die Berichte zur Festakademie, durch die ich selbst ein wenig teilnehmen konnte." Die Freude war ganz unsererseits. Es war uns Pflicht und Ehre, den papa emeritus, der vor 90 Jahren in unserem Bistum, in Marktl, das Licht der Welt erblickt hat, zu würdigen. An dieser Würdigung haben die Referenten maßgeblichen Anteil.

Zwischen Katheder, Ambo und Kathedra Petri

Benedikt XVI. als Mitarbeiter der Wahrheit und Zeuge der Liebe Gottes[1]

Kurt Kardinal Koch

1. Kirche leiten durch Theo-Logie

Bei den wöchentlichen Generalaudienzen pflegte Papst Benedikt XVI. in seinen Katechesen während einer längeren Zeit markante Gestalten aus der Kirchengeschichte vorzustellen und deren bleibende Bedeutung für die Gegenwart aufzuzeigen. Indem er die Geschichte der Kirche als eine Geschichte von Personen darstellte, brachte er zugleich seine Überzeugung zum Ausdruck, dass Gott mit den Menschen eine Geschichte führt und deshalb seine Kirche nicht auf abstrakte Prinzipien, sondern auf konkrete Menschen gebaut hat und weiterhin baut. Bei der Vorstellung des großen mittelalterlichen Theologen Johannes Fidanza von Bagnoregio, der später den Namen Bonaventura getragen hat, hat Papst Benedikt XVI. hervorgehoben, „dass das Regieren für den heiligen Bonaventura nicht einfach ein Tun war, sondern vor allem Denken und Beten": „An der Basis seiner Führung finden wir immer das Gebet und das Denken; alle seine Entscheidungen ergeben sich aus der Reflexion, aus dem durch das Gebet erleuchteten Denken. Sein inniger Kontakt mit Jesus hat stets seine Arbeit als Generalminister begleitet, und daher hat er eine Reihe theologisch-mystischer Schriften verfasst, die die Beschaffenheit seiner Regierung zum Ausdruck bringen und die Absicht zeigen, den Orden innerlich zu führen, das heißt nicht allein durch Befehle und Strukturen zu regieren, sondern indem er die Seelen leitete und führte und sie auf Christus ausrichtete."[2]

Lässt man diese Darstellung des heiligen Bonaventura, über dessen Offenbarungsverständnis und Geschichtstheologie Joseph Ratzinger seine Habilitationsarbeit verfasst hat[3], auf sich wirken, legt sich einem von selbst der Schluss nahe, dass sich hier zwei seelenverwandte Christen und Theologen gegenüberstehen und dass Papst Benedikt XVI. mit der Beschreibung des Wirkens des heiligen Bonaventura zugleich ein Selbstporträt gezeichnet hat, in dem auch sein spezifischer Regierungsstil zu erkennen ist[4]: Wie Bonaventura vor allem durch „Denken und Beten" gewirkt hat, so hat auch Papst Benedikt XVI. viel weniger durch Befehle und Strukturen die Kirche geleitet als vielmehr mit seiner mystagogischen Vertiefung des Glaubens in zahllosen Homilien und Ansprachen, Reden und Botschaften. Wie sich das theologische Den-

---

1 Vortrag an der Festakademie zum 90. Geburtstag von Papa emeritus Benedikt XVI. in Passau am 27. Mai 2017.
2 Benedikt XVI., Katechese bei der Generalaudienz am 11. März 2010.

ken des Heiligen Bonaventura, der bereits seine Doktorarbeit dem „Wissen Christi" gewidmet hat, durch eine starke Christozentrik auszeichnet, so ist auch das Denken und Wirken von Papst Benedikt XVI. ganz auf Christus ausgerichtet, wie er diese Grundorientierung in seiner Eröffnungsansprache bei der Fünften Generalkonferenz der Bischofskonferenzen von Lateinamerika und der Karibik in Aparecida im Mai 2007 ausgesprochen hat: „Die Christen müssen erfahren, dass sie nicht einer Persönlichkeit der vergangenen Geschichte folgen, sondern dem lebendigen Christus, der im Hier und Jetzt ihres Lebens gegenwärtig ist."[5] Mit der Entfaltung einer „spirituellen Christologie"[6] hat er sich seinem Grundanliegen, die Menschen zu einer persönlichen Freundschaft mit Christus anzuleiten, so sehr gewidmet, dass der Benediktiner-Abt Benedikt Müntnich mit Recht geurteilt hat, die Freundschaft mit Jesus Christus sei „ein besonderer Akzent in der Verkündigung Benedikts XVI." und ein elementarer „Berührungspunkt" mit der Botschaft des heiligen Benedikt: „Das Programm Benedikts XVI. ist Christus."[7] Wie Bonaventura ein großer Theologe gewesen ist, aber seine wissenschaftlich-universitäre Tätigkeit aufgeben musste, weil er Generalminister des noch jungen franziskanischen Ordens wurde, so ist auch Joseph Ratzinger von seinem universitären Katheder wegberufen worden, um zunächst auf ortskirchlicher und dann auf universalkirchlicher Ebene kirchenleitende Aufgaben zu übernehmen. Mit der Beendigung der akademischen Arbeit an Universitäten haben aber beide in keiner Weise auch die Theologie aufgegeben, sondern sich weiterhin mit fundierten Beiträgen in das theologische Gespräch eingebracht. Dass seine Schriften „die Seele seiner Regierung" gewesen sind und dass er vor allem mit dem theologischen Denken die Kirche geleitet hat, kann man zweifellos von Papst Benedikt XVI. genauso wie vom heiligen Bonaventura sagen.

Von daher wird sichtbar, dass Katheder, Ambo und Kathedra Petri drei verschiedene Orte sind, die unterschiedliche Schwerpunkte im Leben Joseph Ratzingers signalisieren: Der Katheder ist der Ort des Theologen, der die Rede von Gott im Kontext der Wirklichkeitserfahrung des heutigen Menschen denkerisch zu verantworten hat. Der Ambo steht für den Verkündigungsdienst des Priesters, in dem er den Getauften hilft, sich im Glauben zu vertiefen. Und die Kathedra Petri bezeichnet das Lehramt, das zu den Hauptaufgaben des Bischofs vor allem in seiner Diözese und des Bischofs von Rom für die Universalkirche gehört. In seinem Leben hat Joseph Ratzinger seine Verantwortung an diesen drei Orten wahrgenommen, ohne dass dabei Brüche festzustellen wären. Denn Joseph Ratzinger ist auch als Bischof und

---

3   J. Ratzinger, Die Geschichtstheologie des heiligen Bonaventura (München 1955). Die integrale Habilitationsschrift liegt jetzt erstmals vor in Band 2 der Gesammelten Schriften Joseph Ratzinger (Freiburg i. Br. 2009).

4   Vgl. K. Koch, Benedikt XVI. und Bonaventura. Einführung in die theologischen Wurzeln des Papstes, in: Ders., Das Geheimnis des Senfkorns. Grundzüge des theologischen Denkens von Papst Benedikt XVI. (Regensburg 2010) 45–68.

5   Benedikt XVI., Ansprache bei der Eröffnung der V. Generalkonferenz der Bischofskonferenzen von Lateinamerika und der Karibik in Aparecida am 13. Mai 2007.

6   Vgl. J. Ratzinger, Schauen auf den Durchbohrten. Versuche zu einer spirituellen Christologie (Einsiedeln 1984) [in: JRGS 6, 637–784]. Vgl. dazu E. de Gaal, The Theology of Pope Benedict XVI. The Christocentric Shift (New York 2010).

7   Abt Benedikt Müntnich, Benediktinisches bei Benedikt XVI., in: M. H. Heim (Hrsg.), Tu es Pastor ovium. Eine Nachlese zum Besuch von Papst Benedikt XVI. am 9. September 2007 im Stift Heiligenkreuz (Heiligenkreuz 2009) 85–89, zit. 84–85.

Papst Theologe im wörtlichen Sinn geblieben, dass er von Gott zu reden hat und dass das Reden von allen anderen Wirklichkeiten im Licht Gottes zu geschehen hat. Er hat aber die Theologie nie als akademisches Glasperlenspiel verstanden, sondern als Beitrag zu einer glaubwürdigen Verkündigung des Glaubens, so dass sich Katheder, Ambo und Kathedra gegenseitig befruchten können. Und deshalb hat er die theologische Rede von Gott immer auch als Dienst am Nächsten verstanden, wie er sie in seiner oft wiederholten theologischen Grundüberzeugung zum Ausdruck gebracht hat: „Wer dem Menschen weniger gibt als Gott, gibt ihm zu wenig." Indem der Theologe aber dem Menschen Gott gibt, vollzieht er die elementarste Form der Nächstenliebe.

Damit sind die entscheidenden Stichworte genannt, die das Leben und Wirken des Theologen, des Bischofs, des Kardinals und des Papstes Joseph Ratzinger – Benedikt XVI. charakterisieren und die es im Folgenden zu entfalten gilt: Joseph Ratzinger – Papst Benedikt XVI. ist ein passionierter Mitarbeiter der Wahrheit und ein glaubwürdiger Zeuge der Liebe Gottes.

2. Passionierter Mitarbeiter der Wahrheit

Als im Jahre 1977 der damalige Regensburger Theologieprofessor Joseph Ratzinger zum Erzbischof von München und Freising geweiht worden ist, hat er zu seinem Wappenspruch das Wort aus dem Dritten Brief des Johannes gewählt: „Darum sind wir verpflichtet, solche Männer aufzunehmen, damit auch wir zu Mitarbeitern für die Wahrheit werden" (V 8). Johannes denkt dabei vor allem an die Wandermissionare, denen gegenüber er Gastfreundschaft in der Überzeugung einfordert, dass die gastfreundliche Liebe zu ihnen zugleich ein Dienst an der Wahrheit ist, den die Wandermissionare erfüllen. Indem die Glaubenden durch ihre gastfreundliche Liebe die Verkündigung der Missionare ermöglichen, werden sie selbst zu „Mitarbeitern der Wahrheit". Dieses Wort hat Joseph Ratzinger zum Leitwort seines bischöflichen Dienstes gewählt[8]; und in der Predigt bei seiner Bischofsweihe hat er mit eindringlichen Worten umschrieben, wie er dieses Leitwort versteht: „Der Bischof handelt nicht im eigenen Namen, sondern er ist Treuhänder eines andern, Jesu Christi und seiner Kirche. Er ist nicht ein Manager, ein Chef von eigenen Gnaden, sondern der Beauftragte des andern, für den er einsteht." Er ist vor allem „ein Gesandter, der eine Botschaft zu überbringen hat, die größer ist als er. An dieser Treue wird er gemessen, sie ist sein Auftrag."[9] Mitarbeiter der Wahrheit sein heißt, ganz im Dienst des „Anderen" zu stehen, der uns nicht nur Wahrheit offenbart, sondern Wahrheit selbst ist. Mit der Wahl dieses Leitwortes hat Joseph Ratzinger aber nur ins Wort gebracht, wie er bereits seine Berufung als Theologe gesehen hat, nämlich im intel-

---

8   Vgl. J. Kardinal Ratzinger, Vorwort, in: Ders., Mitarbeiter der Wahrheit. Gedanken für jeden Tag (München 1979) 5–6.

9   J. Ratzinger, Der Bischof ist ein Christus-Träger, in: K. Wagner und A. H. Ruf (Hrsg.), Kardinal Ratzinger. Der Erzbischof von München und Freising in Wort und Bild (München 1977) 36–40, zit. 37.

lektuellen Dienst an der Wahrheit Gottes zu stehen, die er in seiner Geschichte mit der Menschheit offenbart hat.

a) Dienst an der Wahrheit des Glaubens

Der Leitgedanke. Mitarbeiter der Wahrheit zu sein, bildet den Roten Faden im Leben und Wirken Joseph Ratzingers als Christ und Theologe, als Bischof und Papst, und er bezeugt eine tiefe und innere Kontinuität durch seine ganze Biographie hindurch, auf die Siegfried Wiedenhofer in seiner kenntnisreichen Darstellung der Theologie Joseph Ratzingers mit Recht hingewiesen hat: „Zwischen seinen späteren Enzykliken als Papst und seinen früheren theologischen Auslegungen von Kerninhalten des christlichen Glaubens besteht weder im Inhalt noch in der Form ein prinzipieller Unterschied."[10] Auf der einen Seite hat Joseph Ratzinger sein theologisches Denken immer und priorität als Mit-Denken mit der ganzen Kirche und in diesem elementaren Sinn als kirchlichen Dienst an der objektiv vorgegebenen Wahrheit des Glaubens der Kirche verstanden. Auf der anderen Seite hat sich Joseph Ratzinger mit seiner Berufung in das Amt des Bischofs, des Präfekten der Kongregation für die Glaubenslehre und des Papstes nie von der Theologie verabschiedet. In seiner Überzeugung, in erster Linie zum Theologen und damit zum Diener an der Wahrheit berufen zu sein, ist er auch als Papst dieser Verantwortung des Theologen verpflichtet geblieben und hat das innere Wesen seines Hirtendienstes darin gesehen und wahrgenommen, „die Sensibilität für die Wahrheit wachzuhalten, die Vernunft immer neu einzuladen, sich auf die Suche nach dem Wahren, nach dem Guten, nach Gott zu machen und auf diesem Weg die hilfreichen Lichter wahrzunehmen, die in der Geschichte des christlichen Glaubens aufgegangen sind und dabei dann Jesus Christus wahrzunehmen als Licht, das die Geschichte erhellt und den Weg in die Zukunft zu finden hilft"[11].

Der Suche nach dem Wahren sind der Theologe wie der Papst nur verpflichtet, wenn sie konsequent davon ausgehen, dass die Wahrheit, in deren Dienst sie stehen, ihnen vorgegeben ist. Darin unterscheiden sich Theologie und kirchliches Lehramt von den wissenschaftlichen Denkanstrengungen und letztlich sogar von jedem denkenden Menschen. Dieser zeichnet sich dadurch aus, dass bei ihm das Denken dem Sprechen und der Gedanke dem Wort voraus gehen. Denn Menschen, die zunächst sich selbst reden gehört haben müssen, damit sie überhaupt wissen, was sie denken sollen, pflegen wir mit Recht als nicht besonders intelligent oder weise zu bezeichnen. Beim christlichen Theologen und kirchlichen Verkünder hingegen verhält es sich ganz anders. Damit soll ihm keineswegs solides Denken abgesprochen werden – ganz im Gegenteil. Doch beim christlichen Theologen und Verkünder geht, wenn sie sich selbst und ihre Verantwortung recht verstehen, das Wort immer ihrem Denken voraus. Dabei handelt es sich freilich gerade nicht um das Wort des Theo-

---

10 S. Wiedenhofer, Die Theologie Joseph Ratzingers / Benedikts XVI. Ein Blick auf das Ganze = Ratzinger-Studien. Band 10 (Regensburg 2016) 27.

11 Benedikt XVI., Vorbereitete, aber nicht gehaltene Vorlesung an der Römischen Universität La Sapienza am 17. Januar 2008.

logen und Verkündigers, sondern um das Wort Gottes, das auf den Theologen und Verkündiger zukommt und das er zunächst empfangen und annehmen muss, bevor er es reflektiert und weitergibt. Denn der Theologe kann das Wort Gottes nicht er-finden; er kann es nur finden oder besser: sich von ihm finden lassen. Der Theologe kann das Wort Gottes nicht er-zeugen; er kann es vielmehr nur be-zeugen, und zwar mit dem notwendigen Interesse der systematischen Kohärenz. Der Theologe kann das Wort nicht her-stellen; er kann es vielmehr nur dar-stellen, und zwar in einer möglichst redlichen Art und Weise. Allein in dieser Weise dient der Theologe der Wahrheit, die der christliche Glaube für sich in Anspruch nimmt.

In der Theologie geht das Wort Gottes dem Denken immer voraus. Theologisches Denken ist deshalb im besten Sinne des Wortes nachdenkendes und nachdenkliches Denken. Christliche Theologie ist das disziplinierte Nach-Denken des uns von Gott Vor-Gedachten und Vor-Gesagten, und sie geht insofern von einer Antwort aus, die sie nicht selbst gefunden oder gar erfunden hat, sondern die viel größer ist als das eigene Denken und an der sie immer wieder Maß nehmen muss, wie dies Papst Benedikt XVI. in einer Ansprache über das geistige und intellektuelle Erbe des großen katholischen Theologen Romano Guardini sehr tief ausgesprochen hat: „Nicht unser Denken ist der Anfang, der die Maßstäbe setzt, sondern Gott, der unsere Maßstäbe übertrifft und in keine von uns zu formende Einheit eingezwängt werden kann. Gott offenbart sich selbst als die Wahrheit, aber die ist nicht abstrakt, sondern findet sich im Lebendig-Konkreten, letztlich in der Gestalt Jesu Christi."[12]

Aus dieser Vorgängigkeit des Wortes Gottes vor dem eigenen Denken ergeben sich zwei Konsequenzen, die für das theologische Denken von Joseph Ratzinger von grundlegender Bedeutung sind. Indem das Wort Gottes christlicher Theologie vorausgeht und sie zugleich ermöglicht, setzt sie erstens wesensgemäß auctoritas voraus, genauer jene Autorität der Wahrheit, die im christlichen Glauben den Namen „Offenbarung" trägt. Christliche Theologie ist in ihrem wesentlichen Kern Nachdenken der Offenbarung Gottes, das seine Inhalte nicht selbst findet, sondern sie aus der Offenbarung empfängt, „um sie dann in ihrem inneren Zusammenhang und in ihrer Sinnhaftigkeit zu begreifen"[13]. Christliche Theologie ist in ihrem elementaren Sinn Offenbarungstheologie[14]; und der Begriff der Offenbarung ist gleichsam der Lichtkegel, in dem alle anderen theologisch bedeutsamen Wirklichkeiten betrachtet und verstanden werden müssen. Im Denken Joseph Ratzingers bezeichnet der Begriff der Offenbarung Gottes dabei in erster Linie den Akt, in dem sich Gott dem Menschen zeigt und sich ihm als Liebe zusagt, und nicht das verobjektivierte Ergebnis dieses Aktes: „Offenbarung ist im biblischen Bereich nicht begriffen als ein System von Sätzen, sondern als das geschehene und

---

12 Benedikt XVI., Ansprache bei der Konferenz der „Romano-Guardini"-Stiftung Berlin zum Thema „Das geistige und intellektuelle Erbe Romano Guardinis" am 29. Oktober 2010.

13 J. Kardinal Ratzinger, Glaube, Philosophie und Theologie, in: Ders., Wesen und Auftrag der Theologie. Versuche zu ihrer Ortsbestimmung im Disput der Gegenwart (Einsiedeln 1993) 11–25, zit. 14 [in: JRGS 9, 109–124, 112].

14 Vgl. K. Kardinal Koch, Offenbarung der Liebe Gottes und Leben der Liebe in der Glaubensgemeinschaft der Kirche, in: Ders., Bund zwischen Liebe und Vernunft. Das theologische Erbe von Papst Benedikt XVI. (Freiburg i. Br. 2016) 18–53.

im Glauben immer noch geschehende Ereignis einer neuen Relation zwischen Gott und dem Menschen."[15]

Von daher erschließt sich auch die zweite Konsequenz aus der Vorgängigkeit des Wortes Gottes vor dem eigenen Denken. Diese besteht darin, dass die erste Antwort auf die Offenbarung Gottes nicht die Theologie, sondern der Glaube ist und dass sich in der Folge die Theologie nur recht versteht, wenn sie sich im Dienst des Glaubens vollzieht. Die Wahrheit, die christliche Theologie zu erkennen sucht, ist uns nur im Glauben zugänglich. Der Glaube ist „ein uns geschenkter neuer Anfang des Denkens, den wir nicht aus uns selbst setzen oder ersetzen können"[16]. Nicht die Theologie kann folglich Maß und Kriterium des Glaubens und seiner Wahrheit sein; vielmehr muss umgekehrt der gelebte und reflektierte Glaube Maß und Kriterium der Theologie sein.

b) Einweisung in den Glaubensgehorsam

Mit dem Stichwort der Wahrheit ist das zentrale Anliegen des Theologen, des Verkündigers und des kirchlichen Lehrers Joseph Ratzinger – Benedikt XVI. benannt. Sein Lebenswerk kreist um die Vorgegebenheit und Erkennbarkeit der Wahrheit. Denn es gehört zum Wesen des christlichen Glaubens, dass er seine eigene Vernunft und darin die Vernünftigkeit alles Wirklichen und die Vernunft selbst sucht und deshalb den Anspruch erhebt, wahr zu sein. Wer sich diesem elementaren Anspruch stellt – und darin besteht der ureigene Auftrag christlicher Theologie –, dem muss es selbst um die Glaubwürdigkeit der Wahrheit und die Vernünftigkeit des Glaubens und damit um die innerste Korrelation von Glaube und Vernunft gehen. Der Dialog zwischen Glaube und Vernunft lag dem Theologen Joseph Ratzinger und Papst Benedikt XVI. in ganz besonderer Weise am Herzen. Denn er ist zutiefst überzeugt, dass beide aufeinander angewiesen sind und nur im wechselseitigen Gespräch Krankheiten des Glaubens vermieden und Pathologien der Vernunft überwunden werden können. Denn ohne Vernunft droht der Glaube seine Wahrheit zu verdecken und fundamentalistisch zu werden, wie umgekehrt die Vernunft ohne Glauben einseitig und eindimensional zu werden droht. Mit diesem Anliegen hat Joseph Ratzinger immer wieder auch den Dialog mit kritischen Denkern gesucht wie mit dem deutschen Philosophen Jürgen Habermas[17], dem italienischen Politologen Paolo Flores d'Arcais[18] und dem Philosophen und damaligen italienischen Senatspräsidenten Marcello Pera[19].

Auch seinen Hirtendienst als Papst, den er als vollmächtigen Dienst der Lehre an der Wahrheit des Glaubens und im Sinne Bonaventuras durch „Denken und Beten"

---

15 J. Ratzinger, Das Problem der Dogmengeschichte in der Sicht der katholischen Theologie (Köln und Oppladen 1966) 19 [in: JRGS 9, 553–595, 567].
16 J. Kardinal Ratzinger, Vom geistlichen Grund und vom kirchlichen Ort der Theologie, in: Ders., Wesen und Auftrag der Theologie (Einsiedeln 1993) 39–62, zit. 48 [in: JRGS 9, 135–158, 144].
17 Vgl. J. Habermas / J. Ratzinger, Dialektik der Säkularisierung. Über Vernunft und Religion (Freiburg i. Br. 2005).
18 Vgl. P. Flores d'Arcais / J. Ratzinger, Gibt es Gott? Wahrheit, Glaube, Atheismus (Berlin 2006).
19 Vgl. M. Pera / J. Ratzinger, Ohne Wurzeln. Der Relativismus und die Krise der europäischen Kultur (Augsburg 2005).

verstanden hat, hat Benedikt XVI. in erster Linie mit seinen theologisch gehaltvollen Enzykliken über die christliche Liebe „Deus caritas est", über die christliche Hoffnung „Spe salvi" und über den Glauben „Lumen fidei", die freilich erst von Papst Franziskus veröffentlicht worden ist, und auch mit seiner Sozialenzyklika „Caritas in veritate" wahrgenommen. Indem die Enzykliken den drei göttlichen Tugenden gewidmet sind, wollte Benedikt XVI. sichtbar machen, dass Glaube, Hoffnung und Liebe das christliche Leben ausmachen. Demselben Anliegen, Kirche durch Beten und Denken zu leiten, sind auch die von Papst Benedikt XVI. ausgerufenen Geprägten Jahre wie das Paulusjahr (2008–2009), das Priesterjahr (2009–2010) und das Jahr des Glaubens (2012–2013) ebenso verpflichtet gewesen wie die von ihm gehaltenen großen Themenzyklen bei den Generalaudienzen über die Apostel, über die Kirchenväter und Glaubenslehrer, über den Apostel Paulus, über die großen Frauengestalten des Mittelalters, über die Kirchenväter der Neuzeit, über das Priestertum, über das Gebet und über den Glauben. Als wesentliche Weisen der Kirchenleitung in Erinnerung gerufen zu werden verdienen auch die von Papst Benedikt XVI. präsidierten Ordentlichen Vollversammlungen der Bischofssynode über die Eucharistie (2005), über das Wort Gottes (2008) und über die Neue Evangelisierung (2012). Nicht zu vergessen sind schließlich die großen Reden, die Papst Benedikt XVI. auf seinen Apostolischen Reisen vor allem dem Dialog zwischen Glaube und Vernunft gewidmet hat.[20]

Der so verstandene Hirtendienst des Papstes schließt für Benedikt XVI. als wichtige Dimension den Dienst am Glaubensgehorsam ein, den er bei der Inbesitznahme der Kathedra des Bischofs von Rom in der Lateranbasilika zum Ausdruck gebracht hat. Diese Kathedra ist für ihn das Symbol jener Lehrvollmacht, die nichts anderes sein kann als „Macht des Gehorsams und Dienstes", damit das Wort Gottes und damit die Wahrheit in der Welt aufstrahlen und den Menschen den Weg des Lebens weisen kann. Indem die Sendung des Papstes darin besteht, die ganze Kirche zum Gehorsam gegenüber dem Wort Gottes zu verpflichten und sich selbst als der exemplarisch Gehorsame zu bewähren, muss sein Dienst Gehorsam gegenüber Christus und seiner Wahrheit garantieren, was in den Worten von Papst Benedikt XVI. bedeutet: „Der Papst ist kein absoluter Herrscher, dessen Denken und Willen Gesetz sind. Im Gegenteil: sein Dienst garantiert Gehorsam gegenüber Christus und seinem Wort. Er darf nicht seine eigenen Ideen verkünden, sondern muss – entgegen allen Versuchen von Anpassung und Verwässerung sowie jeder Form von Opportunismus – sich und die Kirche immer zum Gehorsam gegenüber dem Wort Gottes verpflichten."[21]

Der Glaubensgehorsam bedeutet für Joseph Ratzinger, dass er sich als Bischof und als Papst und bereits als Theologe für den Schutz des Glaubens der Einfachen eingesetzt und die besondere Verantwortung des kirchlichen Lehramts darin gese-

---

20 Vgl. G. Cottini, L'Avvenimento della Conoscenza. Un itinerario tra i discorsi di Benedetto XVI al mondo della cultura, dell'Università, della scienza. Con un'antologia di testi del Papa (Milano 2011); Benedikt XVI., Die Ökologie des Menschen. Die großen Reden des Papstes (München 2012).

21 Benedikt XVI., Predigt in der Eucharistiefeier anlässlich der feierlichen Inbesitznahme der Kathedra des Bischofs von Rom in der Lateranbasilika am 7. Mai 2005.

hen hat, Anwalt des Glaubens des Volkes Gottes zu sein, genauer „die Stimme des einfachen Glaubens und seiner einfachen Ureinsichten zu verkörpern". In diesem Eintreten für den gemeinsamen Taufglauben erblickt Joseph Ratzinger geradezu eine „demokratische Funktion" des Lehramts[22]: „Nicht die Intellektuellen messen die Einfachen, sondern die Einfachen messen die Intellektuellen. Nicht die intellektuellen Auslegungen sind das Maß für das Taufbekenntnis, sondern das Taufbekenntnis in seiner naiven Wörtlichkeit ist das Maß der Theologie."[23]

Hinter dieser Parteinahme für den gemeinsamen Taufglauben verbirgt sich freilich keine Geringschätzung des einfachen Gläubigen, sondern im Gegenteil eine positive Sicht des Menschen überhaupt, insofern Papst Benedikt XVI. überzeugt ist, dass der Mensch fähig ist, die Wahrheit zu erkennen und anzuerkennen. Im Anschluss an den heiligen Augustinus, dessen theologisches Denken von der Grundfrage bewegt gewesen ist, was der Mensch denn stärker als die Wahrheit ersehnt – „Quid enim fortius desiderat anima quam veritatem?"[24] –, betrachtet Joseph Ratzinger den Menschen nicht nur als ein wahrheitsfähiges, sondern auch und vor allem als ein wahrheitsbedürftiges Lebewesen, dessen tiefste Sehnsucht sich auf die Erkenntnis der Wahrheit richtet, wie Papst Benedikt XVI. in seiner Botschaft zur Feier des Weltfriedenstags 2012 hervorgehoben hat: „Der Mensch ist ein Wesen, das einen Durst nach Unendlichkeit im Herzen trägt, einen Durst nach Wahrheit – nicht nach einer Teilwahrheit, sondern nach der Wahrheit, die den Sinn des Lebens zu erklären vermag."[25] Und da die Frage nach dem Menschen und die Frage nach der Wahrheit identisch sind, ist Joseph Ratzinger auch überzeugt, dass der Mensch nur in der Begegnung mit der Wahrheit, die Gott selbst ist, den tiefsten Sinn seines eigenen Lebens erkennen kann: „Nur in der Beziehung zu Gott, der Liebe ist und der sich in Jesus Christus offenbart hat, kann der Mensch den Sinn seiner Existenz finden und in der Hoffnung leben, trotz der Erfahrung von Übeln, die seine persönliche Existenz und die Gesellschaft, in der er lebt, verletzen."[26]

3. Glaubwürdiger Zeuge der Liebe Gottes

Der Dialog zwischen Glaube und Vernunft ist Papst Benedikt XVI. deshalb so wichtig, weil Gott selbst Logos ist, wie er in seiner berühmten und in der Zwischenzeit als wahrhaft prophetisch wahrgenommenen Vorlesung „Glaube, Vernunft und Universität" anlässlich seiner Apostolischen Reise nach Bayern an der Universität Regensburg im September 2006 mit dem Zitat des Byzantinischen Kaisers Manuel II.

---

22 J. Cardinal Ratzinger, Kirche und wissenschaftliche Theologie, in: Ders., Theologische Prinzipienlehre. Bausteine zur Fundamentaltheologie (München 1982) 339–348, zit. 348 [in: JRGS 9, 677–688, 687].
23 J. Kardinal Ratzinger, Was ist Freiheit des Glaubens? Silvesterpredigt 1979, in: Ders., Zeitfragen und christlicher Glaube (Würzburg 1982) 7–27, zit. 21 [in: JRGS 9, 324–339, 334].
24 Augustinus, Kommentar zum Johannesevangelium, 26, 5.
25 Benedikt XVI., Botschaft zur Feier des Weltfriedenstags 2012: Die jungen Menschen zur Gerechtigkeit und zum Frieden erziehen, Nr. 3.
26 Benedikt XVI., Ansprache beim Besuch der Päpstlichen Universität Gregoriana am 3. November 2006.

Palaeologos nochmals emphatisch in Erinnerung gerufen hat: „Nicht vernunftge-
mäß – nicht syn logo – zu handeln, ist dem Wesen Gottes zuwider."[27] Im Licht des
christlichen Glaubens ist Gott in erster Linie als Logos, als Wort und Sinn, als Vernunft und Wahrheit zu verstehen. In der Vernunft Gottes scheint deshalb auch der
tiefste Grund der Vernünftigkeit der Welt auf, so dass die christliche Option für Vernunft und Aufklärung ihrerseits im christlichen Gottesglauben fundiert ist.[28]

a) Christliche Botschaft von Gott als Logos und Liebe

Im christlichen Glaubensverständnis ist Gott als Logos freilich nicht einfach im
Sinne einer mathematischen Vernunft auf dem Grund aller Dinge zu verstehen,
sondern auch und vor allem als schöpferische Liebe, mit der Gott selbst sich dem
Menschen zu erkennen gibt und sich ihm zuwendet und schenkt. Im christlichen
Glauben wird uns Gott als schöpferischer Urgrund und Ursprung aller Wirklichkeit und zugleich als Liebender mit der ganzen Leidenschaft einer wirklichen Liebe
vor Augen gestellt: Gott ist Logos und Caritas, schöpferische Vernunft und Liebe.
Darin liegt die unverwechselbare Spezialität und Schönheit des christlichen Glaubens, die Papst Benedikt XVI. in einem Satz verdichtet: „Christentum ist groß, weil
die Liebe groß ist."[29]

Damit ist zweifellos das entscheidende Lebensthema des Theologen und Verkündigers Joseph Ratzinger angesprochen, das er bereits in seinem frühen Werk „Einführung in das Christentum" breit entfaltet hat. Für ihn ist christlicher Glaube in
erster Linie „Option für den Primat des Logos, Glaube an die vorausgehende und
die Welt tragende Realität des schöpferischen Sinnes"; als Glaube an die Personhaf-
tigkeit jenes Sinnes ist er aber zugleich „Glaube daran, dass der Urgedanke, dessen
Gedachtsein die Welt darstellt, nicht ein anonymes, neutrales Bewusstsein, sondern
Freiheit, schöpferische Liebe, Person ist"[30]. Derselbe Grundgedanke findet sich wieder in seiner ersten Enzyklika über die christliche Liebe „Deus caritas est", mit der
Papst Benedikt XVI. die Liebe als die eigentliche Mitte des Christentums, des christ-
lichen Gedankens Gottes als eines Gottes in Beziehung mit sich selbst und deshalb
auch mit den Menschen und des daraus folgenden Bildes des Menschen als des
Ebenbildes Gottes darstellt und daraus die Konsequenz zieht: „Am Anfang des
Christentums steht nicht ein ethischer Entschluss oder eine große Idee, sondern die
Begegnung mit einem Ereignis, mit einer Person, die unserem Leben einen neuen
Horizont und damit eine neue Richtung gibt."[31]

Gott ist Logos und Liebe, und zwar in einer untrennbaren Offenbarungseinheit,
weil die wahre Vernunft die Liebe und die Liebe die wahre Vernunft ist. Nur dort,
wo die Liebe mit der Wahrheit identisch und die Wahrheit mit der Liebe verbunden

---

27 Benedikt XVI., Glaube, Vernunft und Universität. Erinnerungen und Reflexionen. Vorlesung
    beim Treffen mit Vertretern der Wissenschaften im Auditorium Maximum der Universität Re-
    gensburg am 12. September 2006.
28 Vgl. J. Kardinal Ratzinger, Glaube – Wahrheit – Toleranz. Das Christentum und die Weltreligi-
    onen (Freiburg i. Br. 2003), bes. 112–169.
29 J. Kardinal Ratzinger, Gott und die Welt. Glauben und Leben in unserer Zeit. Ein Gespräch mit
    Peter Seewald (Stuttgart 2000) 190 [in: JRGS 13, 461–839, 641].
30 J. Ratzinger, Einführung in das Christentum. Vorlesungen über das Apostolische Glaubensbe-
    kenntnis (München 1968) 121 [in: JRGS 4, 31–322, 154].

ist, offenbart sie sich als wahre Liebe und Liebe zur Wahrheit. Diese Offenbarungs-einheit von Wahrheit und Liebe zeigt sich am deutlichsten im Geheimnis Jesu Christi, in dem die Wahrheit Gottes endgültig aufgeleuchtet ist und Gottes Liebe zu uns Menschen Fleisch angenommen hat. Denn im Menschen Jesus von Nazareth hat sich der göttliche Urgrund alles Seienden konkret gezeigt, er hat sich als Liebe geschenkt und sein wahres Gesicht offenbart. Jesus Christus ist das „Gesicht Gottes für uns"[32], in dem sich Gott in Liebe unserem menschlichen Gesicht zuwendet, so dass wahre Kommunikation zwischen Gott und Mensch, zwischen Himmel und Erde geschehen kann: „Der fleischgewordene Sohn ist die ‚Kommunion' zwischen Gott und den Menschen."[33]

Diese Kommunikation eröffnet und ermöglicht Christus nicht anders als in Stell-vertretung, indem er den Sünden-Tod des Menschen mit seinem stellvertretenden Liebes-Tod überwunden und in diesem wunderbaren Platztausch das Heil der Men-schen erwirkt hat. Am Kreuz hat Jesus die Schwerkraft der Sünde für uns Menschen und zu unserer Erlösung auf sich geladen. Gottes Liebe zeigt sich deshalb nirgendwo so konkret und hautnah wie am Kreuz Jesu, das die radikalste Konsequenz der Liebe Gottes zu uns Menschen ist. Am Kreuz ist Jesus Christus, der Gute Hirte der Menschen, selbst Lamm geworden und hat sich auf die Seite der geschundenen Lämmer gestellt und sie erlöst: „Gott kommt als Lamm; das ist die Erlösung der Welt."[34] Am Kreuz Jesu wird sichtbar, dass Liebe, soll sie wirklich erlösen, nicht ohne Opfer und damit nicht ohne Investition des eigenen Lebens zu Gunsten von anderen sein kann. Jesu Kreuz ist freilich kein Opfer in dem Sinne, dass mit ihm ein beleidigter und auf Vergeltung sinnender Gott auf Liebe umgestimmt werden sollte oder sogar müsste. Am Kreuz Jesu wird vielmehr, wie Papst Benedikt XVI. sehr tief sagt, offenkundig, dass die einzige „Rache", die Gott kennt, das „Nein zur Gewalt, die Liebe bis zum Ende" ist[35]. Am Kreuz hat Gott der Gewalt der Menschen sein Leiden entgegengestellt und der Macht des Bösen gegenüber als Grenze seine Barm-herzigkeit aufgerichtet. Das Kreuz ist das deutlichste und wirksame Zeichen dafür, dass Gott sich nicht mit verbalen Liebeserklärungen an uns Menschen begnügt, sondern selbst einen hohen Preis für seine Liebe bezahlt hat, indem er am Kreuz in Liebe sein Herzblut für uns Menschen investiert und uns endgültig angenommen hat: „Der gekreuzigte Christus ist für den Glaubenden die Gewissheit einer univer-salen Liebe, die zugleich ganz konkrete Liebe zu ihm, zu allen Menschen ist. Es ist die Gewissheit einer bis in die Tötung durchgehaltenen Liebe Gottes."[36]

Das Kreuz ist die Erscheinung der größten Liebe Gottes, die überhaupt der Wär-mestrom nicht nur der ganzen Schöpfung, sondern erst recht der Erlösung der Men-

---

31 Benedikt XVI., Deus caritas est, Nr. 1.
32 J. Kardinal Ratzinger, „Wer mich gesehen hat, hat den Vater gesehen" (Joh 19, 4). Das Antlitz Christi in der Heiligen Schrift, in: Ders., Unterwegs zu Jesus Christus (Augsburg 2003) 11–30, zit. 26 [in: JRGS 6, 761–776, 773].
33 J. Ratzinger, Kommunion – Kommunität – Sendung. Über den Zusammenhang von Eucharis-tie, Gemeinschaft (Gemeinde) und Sendung in der Kirche, in: Ders., Schauen auf den Durch-bohrten. Versuche zu einer spirituellen Christologie (Einsiedeln 1984) 60–84, zit. 74–75 [in: JRGS 8, 308–332, 322].
34 J. Ratzinger, Freude in Christus, in: JRGS 12, 642–649, 643.
35 Benedikt XVI., Predigt in der Eucharistiefeier in München-Riem am 10. September 2006.
36 J. Ratzinger, Vorfragen zu einer Theologie der Erlösung, in: L. Scheffczyk (Hrsg.), Erlösung und Emanzipation (Freiburg i. Br. 1973) 141–155, zit. 152 [in: JRGS 6, 927–942, 939].

schen ist. Wie in der menschlichen Erfahrung dem Lieben-Können immer das Geliebt-Werden vorausgeht, so können wir Menschen uns auch nicht selbst erlösen, sondern können nur erlöst werden. Erlöst werden können wir Menschen aber nur durch die Liebe, so dass das Erlöst-Werden im Geliebt-Werden besteht, wie Papst Benedikt XVI. in seiner Enzyklika über die christliche Hoffnung „Spe salvi" mit den präzisen Worten zum Ausdruck gebracht hat: „Wenn es diese unbedingte Liebe gibt mit ihrer unbedingten Gewissheit, dann – erst dann ist der Mensch ,erlöst', was immer ihm im Einzelnen auch zustoßen mag. Das ist gemeint, wenn wir sagen: Jesus Christus hat uns ,erlöst'."[37]

Was von der Erlösung des Menschen gilt, muss erst recht von seiner eschatologischen Vollendung gesagt werden. Denn Gottes grenzenlose und unendliche Liebe will Ewigkeit für jeden Menschen. Diese Zuversicht schenkt der christliche Glaube uns Menschen, wenn wir in jener großen Hoffnung leben, die nur Gott sein kann, der uns auch gibt und schenkt, was wir allein nicht vermögen, nämlich ewiges Leben. Diese große Hoffnung hat Papst Benedikt XVI. mit den eindringlichen Worten umschrieben: „Ich bin definitiv geliebt, und was immer mir geschieht – ich werde von dieser Liebe erwartet."[38] Damit zeigt sich, dass das ewige Leben des Menschen keineswegs vom Menschen selbst erleistet werden kann, sondern ein Geschenk des liebenden Gottes ist. Unsterblichkeit steckt nicht im Menschen selbst und ist auch nicht einfach naturale Gegebenheit, sondern beruht auf der Relation zu dem, der ewig ist und ewiges Leben schenkt. Die christliche Hoffnung auf das ewige Leben weist einen dialogischen Charakter auf, der in besonderer Weise das unverwechselbare Kennzeichen des eschatologischen Denkens von Joseph Ratzinger ausmacht[39]: „Unsterblichkeit ergibt sich nicht einfach aus der Selbstverständlichkeit des Nicht-Sterben-Könnens des Unteilbaren, sondern aus der rettenden Tat des Liebenden, der die Macht dazu hat: Der Mensch kann *deshalb* nicht mehr total untergehen, weil er von Gott gekannt und geliebt ist. Wenn alle Liebe Ewigkeit will – Gottes Liebe will sie nicht nur, sondern wirkt und ist sie."[40] Ewiges Leben ist vor allem deshalb Geschenk des lebendigen Gottes, weil Gott in sich Unsterblichkeit als Beziehungsgeschehen trinitarischer Liebe ist: „Gott selbst ist nicht ,Atom', sondern Beziehung, weil er Liebe ist, und darum ist er das Leben."[41]

b) Primat des Glaubens und der Liebe

Gott ist Liebe: dies ist die Kernwahrheit des christlichen Glaubens und die Herzmitte des theologischen Lebenswerks von Joseph Ratzinger – Benedikt XVI. Sie ist aber auch der Notenschlüssel seines ganzen Pontifikats gewesen, wie dies bereits in

---

37 Benedikt XVI., Spe salvi, Nr. 26.
38 Benedikt XVI., Spe salvi, Nr. 3.
39 Vgl. G. Nachtwei, Dialogische Unsterblichkeit. Eine Untersuchung zu Joseph Ratzingers Eschatologie und Theologie (Leipzig 1986); Ders. (Hrsg.), Hoffnung auf Vollendung. Zur Eschatologie von Joseph Ratzinger = Ratzinger-Studien. Band 8 (Regensburg 2015).
40 J. Ratzinger – Benedikt XVI., Schwierigkeiten mit dem Apostolicum. Höllenfahrt – Himmelfahrt – Auferstehung des Fleisches, in: Ders., Grundsatzreden aus fünf Jahrzehnten (Regensburg 2005) 43–60, zit. 55 [in: JRGS 4, 30–322, 314].
41 J. Ratzinger, Eschatologie – Tod und ewiges Leben (Regensburg 1977) 132 [in: JRGS 10, 31–276, 168].

der ersten Enzyklika sichtbar geworden ist, die er der christlichen Liebe gewidmet hat. Er ist damit einer in der zweiten Hälfte des vergangenen Jahrhunderts begonnenen Tradition gefolgt, dass der neu gewählte Papst mit seiner ersten Enzyklika eine programmatische Erklärung über die Grundanliegen seines bevorstehenden Pontifikats gibt. In diesem Sinn kann man auch in „Deus caritas est" das theologisch-pastorale Grundsatzprogramm Benedikts XVI. für seinen petrinischen Dienst erblicken. Denn die darin enthaltene Konzentration auf die Thematik der Liebe, und zwar in ihrer untrennbaren Einheit von Gottesliebe und Nächstenliebe, bildet nicht nur den Cantus firmus der ganzen Enzyklika, sondern zieht sich wie ein roter Faden durch das ganze Pontifikat von Papst Benedikt XVI. hindurch.[42] Der katholische Neutestamentler Thomas Söding hat das Hohelied der Liebe mit Recht als „das heimliche Gravitationszentrum der gesamten Enzyklika – und damit des Pontifikates" bezeichnet[43].

Mit diesem theologischen Notenschlüssel für sein Pontifikat konnte sich Papst Benedikt XVI. auf die Frage Jesu an Petrus in der großen Sendungsperikope im Johannesevangelium beziehen: „Simon, Sohn des Johannes, liebst du mich mehr als diese?" (Joh 21, 15).[44] Wie ernst Jesus es mit dieser Frage ist, zeigt sich auch daran, dass er sie dreimal wiederholt. Der Auferstandene fragt Petrus zudem nicht nach dem kirchenpolitischen Kurs, den er einzuschlagen gedenkt, und auch nicht nach seinem künftigen pastoralen Programm; er fragt ihn vielmehr nach seiner Liebe. Jesus macht damit unmissverständlich deutlich, dass die Liebe zu ihm das wichtigste Kriterium für eine spezifische Berufung in seine Nachfolge ist, vor allem für die Sendung, die Jesus dem Petrus anvertraut und darin besteht, die Schafe zu weiden. Denn wie Papst Benedikt XVI. in der Predigt bei seiner Amtseinführung und genauer bei der Deutung der Übergabe des Palliums als Zeichen der Hirtensorge betont hat: „weiden heißt lieben, und lieben heißt auch bereit sein zu leiden". Die Haupteigenschaft eines Hirten muss es deshalb sein, dass er die Menschen, die ihm anvertraut sind, liebt, „weil und wie er Christus liebt, in dessen Diensten er steht"[45]. Wenn Christus selbst der Gute Hirte ist, der Lamm geworden ist, um sich auf die Seite der geschundenen Lämmer zu stellen und sein Leben für sie hinzugeben, dann muss auch und gerade der Papst als Hirte seiner Kirche im Dienst des „Archipoimen" (1 Petr 5, 4) stehen und an der Liebe Christi Maß nehmen.

Dass die Liebe der Notenschlüssel des petrinischen Dienstes von Papst Benedikt XVI. gewesen ist und er seinen Pontifikat als einen Primat des Liebesdienstes verstanden hat, zeigt sich auch daran, dass er ihn an jenem Wort des heiligen Ig-

---

42 Vgl. K. Koch,„L'Enciclica „Deus caritas est" nel contesto del Pontificato di Papa Benedetto XVI, in: M. Graulich und R. Weimann (ed.), Deus caritas est – Porta di Misericordia. Atti del Simposio Internazionale in occasione del decimo anniversario della pubblicazione (Città del Vaticano 2016) 9–31.

43 Th. Söding, „Deus caritas est" – die Liebe als „Roter Faden" des Pontifikats, in: H. Constien, F.-X. Heibl, Ch. Schaller (Hrsg.), Benedikt XVI. Diener Gottes und der Menschen. Zum 10. Jahrestag seiner Papstwahl (Regensburg 2013) 129–133, zit. 131.

44 Vgl. K. Koch, Christusliebe als Herz der Petrusnachfolge, in: Ders., Das Geheimnis des Senfkorns. Grundzüge des theologischen Denkens von Papst Benedikt XVI. = Ratzinger-Studien. Band 3 (Regensburg 2010) 244–250.

45 Benedikt XVI., Predigt in der Heiligen Messe zur Amtseinführung mit Übergabe des Palliums und des Fischerrings am 24. April 2005.

natius von Antiochien orientiert hat, der in seinem Brief an die Römer um das Jahr 100 die Kirche des Bischofs von Rom als jene Kirche bezeichnet hat, die den „Vorsitz in der Liebe" hat. Er hat damit sehr schön zum Ausdruck gebracht, dass der Vorsitz des Nachfolgers des Petrus in der Lehre des Glaubens und sein Vorsitz in der Liebe unlösbar zusammengehören. Auf der einen Seite ist der Primat der Liebe auf dem Primat des Glaubens begründet, in dessen Mitte die Botschaft von der Liebe Gottes zu uns Menschen und der Liebe der Menschen untereinander steht. Auf der anderen Seite ist der Vorsitz im Glauben an den Vorsitz in der Liebe gebunden, da die Glaubenslehre der Kirche die Menschen nur zu erreichen vermag, wenn sie zur Liebe führt und weil ein Glaube ohne Liebe „kein echter christlicher Glaube mehr" wäre.[46] Der Vorsitz im Glauben muss deshalb Vorsitz in der Liebe sein.[47]

Mit der Ehrenbezeichnung „Vorsitz in der Liebe" kommt für Papst Benedikt XVI. freilich noch etwas Tieferes und Konkreteres zum Ausdruck. In der frühen Kirche bezeichnete das Wort „Liebe" – caritas – zugleich das Geheimnis der Eucharistie, in der die Liebe Christi zu seiner Kirche am intensivsten erfahren werden kann: In der Eucharistie ist Christus „Speise für uns" als „Liebe"[48]. Wie in der Sicht des Evangelisten Lukas Jesus die besondere Aufgabe, die Petrus zukommt, ihm beim Letzten Abendmahl überträgt, und wie „der erste ,Sitz' der Kirche" gleichsam der Abendmahlssaal gewesen ist, in dem für Petrus ein besonderer Platz vorgesehen gewesen ist[49], so nimmt in der Nachfolge des Petrus der Bischof von Rom die ihm übertragene Sendung vor allem dadurch wahr, dass er den Vorsitz in der Liebe lebt und in der Eucharistie der Einheit der Kirche dient. Für Papst Benedikt XVI. ist es entscheidend wichtig, dass der Primat des Bischofs von Rom letztlich nur von der Eucharistie her verstanden werden kann und folglich nicht allein eine juridische und schon gar nicht eine rein äußerliche Zutat zur eucharistischen Ekklesiologie, sondern in ihr selbst begründet ist, insofern der Primat letztlich nur von jenem weltweiten eucharistischen Netz her, das die Kirche ist, Evidenz erhält. Der petrinische Dienst ist folglich ein Primat in der Liebe im eucharistischen Sinn, der in der Kirche um eine Einheit besorgt ist, die eucharistische Gemeinschaft ermöglicht und schützt und glaubwürdig und wirksam verhindert, dass ein Altar gegen einen anderen Altar gestellt wird, wie dies beispielsweise in der Auseinandersetzung des Optatus von Mileve mit den Donatisten in eklatanter Weise der Fall gewesen ist[50]. Der Primat des Bischofs von Rom ist Dienst der eucharistischen Einheit und beinhaltet konkret die Sendung, „die Menschen in eine eucharistische Umarmung – in die Umarmung Christi – hineinziehen, die jede Schranke und jede Fremdheit überwindet und aus den mannigfaltigen Verschiedenheiten die Gemeinschaft bildet"[51]. Der Primat des

---

46 Benedikt XVI., Katechese bei der Generalaudienz am 22. Februar 2006.
47 Vgl. K. Kardinal Koch, Die Primatstheologie von Joseph Ratzinger / Benedikt XVI. in ökumenischer Perspektive, in: M. C. Hastetter / Ch. Ohly (Hrsg.), Dienst und Einheit. Reflexionen zum petrinischen Amt in ökumenischer Perspektive. Festschrift für Stephan Otto Horn zum 80. Geburtstag (Sankt Ottilien 2014) 15–37.
48 Benedikt XVI., Deus caritas est, Nr. 13.
49 Benedikt XVI., Katechese bei der Generalaudienz am 22. Februar 2006.
50 Vgl. J. Ratzinger, Volk und Haus Gottes in Augustins Lehre von der Kirche (St. Ottilien 1992), bes. 102–123: Optatus von Mileve [in: JRGS 1, 41–418, bes. 71–194].
51 Benedikt XVI., Predigt in der Eucharistiefeier mit den neuen Kardinälen am 19. Februar 2012.

Bischofs von Rom nimmt seine Verantwortung vor allem dadurch wahr, dass er den Vorsitz in der Liebe lebt und in der Eucharistie alle Ortskirchen auf der ganzen Welt zur einen universalen Kirche verbindet und dafür sorgt, dass die ganze Kirche an der Eucharistie Maß nimmt.

4. Martyrologische Dimension von Theologie und Primat Benedikts XVI.

Im Licht der Zusammengehörigkeit von Petrusdienst und Eucharistie kommt an den Tag, welchen grundlegenden Stellenwert die Feier der Eucharistie nicht nur im petrinischen Dienst, sondern überhaupt im theologischen Denken von Papst Benedikt XVI. einnimmt. Die Eucharistie ist für Benedikt XVI. der elementarste und größte Anbetungsakt der Kirche. Was von der Eucharistie gilt, muss für Benedikt XVI. von der Liturgie überhaupt gesagt werden. Sie ist nicht einfach ein vereinzelter Vollzug in der Kirche und auch nicht einfach eine Lebensäußerung der Kirche unter anderen, sondern ihr elementarer Grundvollzug in dem Sinne, dass die Liturgie die Kirche nicht nur aufbaut, sondern sie auch immer wieder neu entstehen lässt und sie am Leben hält: „Kirche lebt in Eucharistiegemeinschaft. Ihr Gottesdienst ist ihre Verfassung, denn sie selbst ist ihrem Wesen nach Gottesdienst und darum Menschendienst, Dienst der Weltverwandlung. Der Gottesdienst ist ihre Form und ihr Inhalt zugleich."[52] Die Liturgie ist gleichsam das Herz der Kirche, von dem das Blut des Glaubens in den kirchlichen Alltag hinausströmt, wo es sich verbraucht, um sich im Herzen wieder zu sammeln und gereinigt zu werden. Diese Bedeutung kommt der Liturgie aber nur zu, wenn in ihrem Mittelpunkt das Handeln Gottes selbst steht: „Entweder ist sie Opus Dei mit Gott als dem eigentlichen Subjekt oder sie ist nicht."[53] Sie ist Feier der Gegenwart und des Werks des lebendigen Gottes und zieht uns Menschen in das Geheimnis und die Wahrheit dieses Gottes hinein. Von daher versteht man, dass Joseph Ratzinger sich ein Leben lang als Theologe, Bischof und Papst darum bemüht hat, dass die Liturgie in ihrer Schönheit gefeiert wird[54]. Denn auch die Schönheit hat es mit Wahrheit zu tun, die Wahrheit drückt sich in der Schönheit aus und erweist sich in der Schönheit als Wahrheit. Die Liturgie ist Papst Benedikt ein wichtiges Herzensanliegen, wie er in seinen Lebenserinnerungen selbst bekennt: „So wie ich das Neue Testament als die Seele aller Theologie verstehen lernte, so begriff ich Liturgie als ihren Lebensgrund, ohne den sie verdorren muss."[55]

---

52 J. Ratzinger – Benedikt XVI., Zum Kirchenbild des II. Vatikanums, in: Ders., Gottes Projekt. Nachdenken über Schöpfung und Kirche (Regensburg 2009) 93–116, zit. 103 [vgl. in: JRGS 8, 258–282, 263].

53 Benedikt XVI., Ansprache beim Besuch im Kloster Heiligenkreuz bei Wien am 9. September 2007.

54 Vgl. J. Ratzinger, Das Fest des Glaubens. Versuche zur Theologie des Gottesdienstes (Einsiedeln 1981); Ders., Ein neues Lied für den Herrn. Christusglaube und Liturgie in der Gegenwart (Freiburg i. Br. 1995); Ders., Der Geist der Liturgie. Eine Einführung (Freiburg i. Br. 2000) [in: JRGS 11, 29–194].

55 J. Kardinal Ratzinger, Aus meinem Leben. Erinnerungen (Stuttgart 1998) 64.

a) Glaubenszeugnis in Liturgie und Verkündigung

Papst Benedikt XVI. hat damit zwei elementare Schwerpunkte in seinem theologischen Denken genannt, die unlösbar zusammengehören: Auf der einen Seite geht er in seinem theologischen Denken konsequent vom offenbarten Wort Gottes aus, so dass die Auslegung der Heiligen Schrift in ihrer untrennbaren Einheit von Altem und Neuem Testament das Herzstück seiner theologischen Arbeit darstellt und seine Theologie im Kern Exegese der Heiligen Schrift in jenem Geist ist, in dem sie geschrieben worden ist. Die Summe dieser lebenslangen theologischen Arbeit hat Papst Benedikt XVI. schließlich eingebracht in sein umfangreiches Werk über Jesus von Nazareth, für dessen Niederschrift er der aufreibenden Arbeit im Alltag des petrinischen Dienstes Zeit und Energie abgerungen und in dem er Zeugnis von seinem „persönlichen Suchen nach dem Angesicht des Herrn" gegeben hat[56]. Wie Petrus damals im Namen der Jünger Christus als „Messias, Sohn des lebendigen Gottes" bezeugt hat, so wollte auch Papst Benedikt XVI. als Nachfolger des Petrus sein persönliches Christusbekenntnis im heutigen Cäsarea Philippi ablegen, um die Menschen von der Wahrheit und Schönheit des christlichen Glaubens zu überzeugen und sie zu einer persönlichen Beziehung mit Jesus Christus hin zu führen. Mit Bischof Rudolf Voderholzer kann man deshalb das theologische Wirken von Papst Benedikt XVI. wohl am adäquatesten als „aggiornamento des Petrusbekenntnisses"[57] charakterisieren.

Auf der anderen Seite kann christliche Theologie nur dann glaubwürdig von Gott reden, wenn sie immer schon vom Reden zu ihm her kommt und immer wieder in das liturgische Lob des Dreieinen Gottes mündet und wenn die Liturgie der primäre und privilegierte Ort der Begegnung mit dem Wort Gottes, mit seiner Auslegung und Verkündigung ist. Wenn die Liturgie der Lebensgrund der Exegese des Wortes Gottes ist, dann versteht es sich von selbst, dass Auslegung und Verkündigung des Wortes Gottes dem elementaren Anliegen verpflichtet sein müssen, dass die Heilige Schrift nicht einfach als ein Wort der Vergangenheit wahrgenommen wird, sondern auch und vor allem als ein lebendiges und gegenwärtig aktuelles Wort: „In der Liturgie wird die heilige Schrift Gegenwart, sie wird Realität von heute: Es ist nicht mehr eine Schrift von vor 2000 Jahren, sondern sie muss gefeiert, verwirklicht werden."[58] Gewiss braucht die Kirche die wissenschaftliche Exegese der Heiligen Schrift und auch ihre historisch-kritische Methode, da die Heilige Schrift von geschichtlichen Ereignissen und Deutungen handelt und Geschichte und keinen Mythos erzählt. Auf der anderen Seite aber darf das Wort Gottes nicht in die Vergangenheit eingeschlossen werden, weil es Wort Gottes ist und sich an die Menschen in jeder Zeit adressiert. In den Augen von Papst Benedikt XVI. ist es für das Leben und die Sendung der Kirche von grundlegender Bedeutung, dass wissenschaftliche Exegese und theologisch-spirituelle Schrift-

---

56 J. Ratzinger – Benedikt XVI., Jesus von Nazareth. Erster Teil: Von der Taufe im Jordan bis zur Verklärung (Freiburg i. Br. 2007) 22 [in: JRGS 6, 127–413, 138].

57 R. Voderholzer, Die bleibende Bedeutung des Pontifikats von Benedikt XVI. für die kommenden Jahre und Jahrzehnte, in: Ders., Ch. Schaller, F.-X. Heibl (Hrsg.), Mitteilungen Institut-Papst-Benedikt XVI. (6/2014) 29–39, zit. 38.

58 Pressekonferenz mit Papst Benedikt XVI. auf dem Flug nach Spanien am 6. November 2010.

auslegung einander gegenseitig bedingen und befruchten[59]: „Wo die Exegese nicht Theologie ist, kann die Heilige Schrift nicht die Seele der Theologie sein und umgekehrt, wo die Theologie nicht wesentlich Auslegung der Schrift in der Kirche ist, hat die Theologie kein Fundament mehr."[60]

Bedenkt man diese beiden Schwerpunkte in der theologischen Arbeit von Joseph Ratzinger – Benedikt XVI., dann wird vollends sichtbar, dass Katheder und Kathedra wichtige Orte seines Wirkens gewesen sind, dass er aber immer wieder auch den Ambo aufgesucht hat, und zwar im Wissen darum, dass die Verkündigung und die Feier des Wortes Gottes nicht nur als der eigentliche Ernstfall der Theologie zu betrachten und zu vollziehen ist, sondern dass auch der vornehmste Dienst des Inhabers der Kathedra Petri darin besteht, dem in der Liturgie versammelten Volk Gottes zu helfen, dass es dem Wort Gottes als einem Wort begegnet, das Gott durch Menschen einer vergangenen Zeit den Menschen aller Zeiten als gegenwärtiges Wort schenkt. Theologie und Spiritualität, Lebenspraxis der Kirche und Verkündigung bilden für Joseph Ratzinger eine innere Einheit, und zwar seit Beginn seines Wirkens, wie dies bereits zum Ausdruck kommt in einem sehr frühen Werk, das nicht zufälligerweise den Titel „Dogma und Verkündigung" trägt und in dem der junge Theologe sein Selbstverständnis mit diesen Worten umschrieben hat: Theologie kann „sich nicht damit begnügen, im wissenschaftlichen Elysium den Glauben zu reflektieren und im Übrigen den Prediger sich selbst überlassen. Sie muss Wegmarkierungen in den Alltag schaffen und Übertragungsmuster aus Reflexion in Verkündigung finden; erst in der Sagbarkeit bewährt sich der Gedanke."[61]

b) Froher Zeuge der Botschaft der Freude

Wenn Katheder und Kathedra vom Ambo her ihre gläubige Authentizität erhalten, dann kann sich derjenige, der im Dienst des Wortes Gottes steht, keineswegs nur als Wegweiser, der anderen den Weg weist, verstehen; er ist vielmehr auch berufen, diesen Weg in seinem eigenen Leben selbst zu gehen, und er kann sich deshalb nur als Zeuge des Wortes Gottes verstehen. Der Verkündiger kann sich nicht verhalten wie ein „Telegrammbote, der fremde Worte getreulich weiterleitet, ohne dass sie ihn etwas angehen". Er muss vielmehr „das Wort des anderen in der ersten Person, ganz persönlich weitergeben" und sich ihm so zueignen, dass es sein eigenes Wort wird: „Denn diese Botschaft verlangt nicht einen Fernschreiber, sondern einen Zeugen."[62] Das Wort Gottes und die persönliche Zeugenschaft dieses Wortes sind unlösbar

---

59 Vgl. S. W. Hahn, Covenant and Communion. The Biblical Theology of Pope Benedict XVI (Michigan 2009); E. D. Schmidt, „das Wort Gottes immer mehr zu lieben". Joseph Ratzingers Bibelhermeneutik im Kontext der Exegesegeschichte der römisch-katholischen Kirche = Stuttgarter Bibelstudien 233 (Stuttgart 2015).

60 Benedikt XVI., Reflexionen zur Bibelexegese. Intervention an der Bischofssynode am 14. Oktober 2008, in: Verbum Domini, Nr. 35.

61 J. Ratzinger, Dogma und Verkündigung (München 1973) 7 [in: JRGS 9, 849 f., 849].

62 J. Cardinal Ratzinger, Perspektiven der Priesterausbildung heute, in: Ders. u. a., Unser Auftrag. Besinnung auf den priesterlichen Dienst (Würzburg 1990) 11–38, zit. 25 [in: JRGS 12, 432–450, 441].

miteinander verbunden, und zwar in dem präzisen Sinn, dass der persönliche Zeuge vom Wort Gottes her und für das Wort Gottes und das Wort Gottes durch den persönlich verantwortlichen Zeugen lebt: „Das Bekenntnis gibt es nur als persönlich verantwortetes, und darum ist das Bekenntnis an die Person gebunden", wie bereits das „Wir der Kirche" mit dem Namen desjenigen begonnen hat, der in Cäsarea Philippi „namentlich und als Person zuerst das Christusbekenntnis vortrug: ‚Du bist der Sohn des lebendigen Gottes' (Mt 16, 16)."[63]

Hier leuchtet der tiefste Grund auf, dass Benedikt XVI. die martyrologische Dimension des Glaubens als für die theologische Arbeit und den petrinischen Dienst als grundlegend betrachtet. Denn Zeugen sind Menschen, die sich im Auftrag eines Anderen verstehen, die Treuhänder dieses Anderen sind und dessen Wort in persönlicher Verantwortung weitergeben. In dieser Grundhaltung hat Joseph Ratzinger als Theologe, als Bischof und als Papst nie seine Person in den Vordergrund gerückt, sondern sie ganz in den Dienst der Aufgabe gestellt, die ihm anvertraut worden ist. In dieser Glaubenshaltung ist es auch begründet, dass er das ihm anvertraute Amt in andere Hände legen konnte, wenn die Person angesichts der schwindenden Kräfte nicht mehr in der Lage ist, „um in angemessener Weise den Petrusdienst auszuüben"[64]. Sein Amtsverzicht bedeutet deshalb gerade nicht, wie verschiedentlich behauptet worden ist, eine Säkularisierung des Papstamtes, sondern ist ein zugleich mutiger und demütiger Akt gewesen, mit dem Benedikt XVI. mit letzter Konsequenz die martyrologische Dimension dieses Amtes im glaubwürdigen Zeugnis für den Primat Gottes und seines Wortes ernst genommen hat.

Wer so seine Person zurücknimmt, kann in glaubwürdiger Weise die Botschaft, der er verpflichtet ist, in die Mitte der Aufmerksamkeit stellen. Die Botschaft, um die sich Joseph Ratzinger in seinem ganzen Leben bemüht hat, ist ganz einfach: „Das Christentum ist von seiner Mitte her Freude, Ermächtigung zum Frohsein – das chaire ‚freue dich', mit dem es beginnt, drückt sein ganzes Wesen aus."[65] Weil die Freude, die ihren tiefsten Grund in der Gutheißung des menschlichen Lebens und des ganzen Kosmos durch Gott findet, der innerste Kern des christlichen Glaubens ist, erblickt Joseph Ratzinger die wichtigste Aufgabe der Kirche heute darin, Freude an Gott zu ermöglichen: „Die Freude an Gott, die Freude an Gottes Offenbarung, an der Freundschaft mit Gott wieder zu erwecken, scheint mir eine vordringliche Aufgabe der Kirche in unserem Jahrhundert. Gerade auch für uns gilt das Wort, das der Priester Esra dem ein wenig mutlos gewordenen Volk nach der Verbannung zurief: ‚Die Freude am Herrn ist unsere Stärke' (Neh 8, 10)."[66]

---

63 J. Ratzinger, Der Primat des Papstes und die Einheit des Gottesvolkes, in: Ders., (Hrsg.), Dienst an der Einheit. Zum Wesen und Auftrag des Petrusamtes (Düsseldorf 1978) 170–171 [in: JRGS 8, 660–675, 664].

64 Benedikt XVI., Declaratio am 11. Februar 2013.

65 J. Kardinal Ratzinger, Glaube als Vertrauen und Freude – Evangelium, in: Ders., Theologische Prinzipienlehre. Bausteine zur Fundamentaltheologie (München 1982) 78–87, zit. 84–85 [in: JRGS 6, 954–965, 961].

66 J. Kardinal Ratzinger, Die Kirche an der Schwelle des 3. Jahrtausends, in: Ders., Weggemeinschaft des Glaubens. Kirche als Communio (Augsburg 2002) 248–260, zit. 259 [in: JRGS 8, 1243–1254, 1249].

Solche Freude am Glauben und an der Glaubensgemeinschaft der Kirche hat Joseph Ratzinger mit seinem theologischen Werk und seinem vielfältigen kirchlichen Dienst vermittelt. Von dieser Freude erfüllt wird jeder, der sich mit seinem Werk und seinem Glaubenszeugnis beschäftigt. Die heutige Festakademie ist eine willkommene Gelegenheit herzlich zu danken: Joseph Ratzinger – Papst Benedikt XVI., dem passionierten Mitarbeiter der Wahrheit am theologischen Katheder, dem glaubwürdigen Zeugen der Liebe Gottes auf der Kathedra Petri, dem authentischen Verkünder der Botschaft der Freude am Ambo und dem Glaubenszeugen mit dem in ihm gegenwärtigen symphonischen Zusammenklingen von Katheder, Ambo und Kathedra Petri.

Im vernünftigen Gespräch über Gott

Zur Spannbreite des Denkens von Joseph Ratzinger von Augustinus bis heute

Hanna-Barbara Gerl-Falkovitz

Es sei verziehen, dass zu einer Würdigung Papst Benedikts XVI. Goethe zitiert wird; nicht um einer oberflächlichen Gemeinsamkeit willen, die es nicht geben kann, aber doch um einer Tiefenschicht willen, die sich an diesen beiden Deutschen vergleichen lässt. Das Zitat stammt aus dem großen geologischen Aufsatz Goethes über die Granitfelsen, mit welchem Bild – wie ich meine – auch etwas Symbolisches über die Wesensart Joseph Ratzingers getroffen ist: „So einsam, sage ich, wird es dem Menschen zumute, der nur den ältesten, ersten, tiefsten Gefühlen der Wahrheit seine Seele eröffnen will."[1]

So soll der Gedanke der Wahrheit gelten, die über seinem Pontifikat stand. Wann zuletzt ist so unerbittlich und doch werbend der Anspruch der Vernunft von einem Papst verteidigt worden? Zugleich die Vernunfthaltigkeit des Glaubens und die seit der griechischen Antike schon bestehende Ökumene der Vernunft, die Philosophien und Theologien und Wissenschaften zusammenschließen kann? Das päpstliche Hohelied des Logos drang in den „Vorhof der Heiden" ein und hat ein Gespräch angeregt, das aus der Stagnation der postmodernen Sinnleere herausführt. Jerusalem *hat* mit Athen zu tun – gegenüber allen Verdikten sei es einer sektiererischen Orthodoxie auf der einen, sei es einer rationalistisch erblindeten Wissenschaft auf der anderen Seite. Vielmehr erwachte mit Joseph Ratzinger die Patristik zu neuem, unerwartetem Leben, die dem Logos die Unterscheidung der Geister verdankt, um in das junge Christentum die Weisheit der alten Welt einzupflanzen. So wird nicht nur die Antike und die Frühzeit der Kirche in die neue Zeit „gerettet", es wird auch die Gegenwart gerettet aus ihrem selbstwidersprüchlichen Schulterzucken über Wahrheit. Es gibt eine Frömmigkeit des Denkens, die zugleich Bekehrung zur Wirklichkeit ist.

Dieses Vermögen zur Klärung des Unübersichtlichen, Umstrittenen durch die Möglichkeit von Wahrheit ist schon früh angelegt und früh sichtbar geworden. Ida Friederike Görres, die Unbestechliche, schrieb in einem Brief vom Sommer 1968 an Paulus Gordan, den Beuroner Benediktiner, von dem „Kirchenkummer", der angesichts des raschen Zusammenbruchs eines gewissen Provinzkatholizismus infolge der 68er Propaganda landauf landab zu beobachten sei. Aber, fügt sie hinzu, sie habe den gesuchten Propheten in Israel gefunden, einen ihr unbekannten Theologen in Tübingen, einen jungen Professor Ratzinger als Gegengewicht.[2] *Ecce, unus propheta in Israel.* Mit den folgenden Skizzen soll dafür großer, aufrichtiger Dank ausgesprochen sein.

---

1 Goethe, Der Granit.
2 Brief im Privatarchiv Gerl-Falkovitz.

1. Doppelte Bekehrung:
Augustinus als „Doktorvater"

Das Gespräch Ratzingers mit großen Denkern der Spätantike bis zur zeitgenössischen Gegenwart begann mit Augustinus (354 Thagaste – 430 Hippo Regius). Er ist *das* Genie der frühen Kirche, sein Licht leuchtet bis in unsre Tage, und doch gibt es nicht wenige (auch Theologen), die weit mehr seinen Schatten zu erkennen glauben: Er sei sexistisch und verklemmt, habe die Erbsünde „erfunden" – außerdem lege er die Vorherbestimmung für Himmel und Hölle nahe, die Calvin dann später ausbaute … Lauter Stolpersteine, hinter denen der Mann mit dem brennenden Herzen, dem weit ausgreifenden Geist verschwindet.

Der junge Joseph Ratzinger stellt dieses große Licht jedoch auf den Scheffel in seiner Münchner Dissertation von 1951: „Volk und Haus Gottes in Augustins Lehre von der Kirche". Darin geht es um die Klärung einer damaligen, heute wieder nachhallenden Frage. Schon lange vor dem II. Vatikanischen Konzil, zwischen den beiden Weltkriegen, gab es die Aussage, Kirche sei im Wesen „Volk Gottes". Es ist deutlich, wogegen der Satz stehen *kann*: gegen die Kirche der Ämter, die Kirche der Hierarchie, die Kirche „von oben". Der Promovend prüfte den Satz von „Volk und Haus Gottes" an Augustins Lehre von der Kirche und öffnete dabei neue Fenster.

Einmal entdeckte er einen wichtigen Wechsel in Augustins Denken selbst. Denn ursprünglich hatte der im Jahr 387 Neugetaufte die Absicht, mit ebenfalls hochgebildeten Freunden einen Kreis des Betens und Nachdenkens über die unerschöpfliche christliche Lehre zu bilden. Die Gestalt Christi war ja noch keineswegs in die damalige Kultur „übersetzt". Auch zeigte sich bedrohlich, dass einige frühere Lehrer, so Tertullian, Christus von der heidnischen Kultur fernhalten wollten: um die Reinheit der Lehre zu wahren und deswegen die einfache Sprache der Fischer zu behalten. Augustinus gewann diesen „Kulturkampf" glänzend. Aber vier Jahre nach seiner Taufe, 391, wählte man den Denker zum Bischof von Hippo. Augustinus musste – widerstrebend – nun von seiner Laien-Frömmigkeit und der „Innerlichkeit" seines Christus-Bezuges in die Öffentlichkeit wechseln.

Dies verlangte zum Zweiten von ihm eine Weitung des Horizonts. Als erster antiker Mensch hatte er das „Geheimnis des Ichs" entdeckt, nun musste er zum Geheimnis der universalen Kirche finden. Der Vielbeschäftigte, aus seiner Beschaulichkeit geholt, trat in den Kampf gegen die mächtigen Irrlehren der Zeit, die allesamt das Wirken Christi unterbestimmten. Dazu musste er die größte und unverständlichste Herausforderung des Christentums auslegen: die demütige Fleischwerdung Gottes (gegen das Hochfahrende der Götter). Die fleischgewordene Liebe baut und treibt eine konkrete Kirche in die Welt hinein, ja verschwendet sich an sie. *Caritas* ist das Herz der wahren und einen Kirche: In ihr werden die Sünden vergeben, lebt doch in ihr die Eucharistie als all-einende Mitte. Christus, der sich in die Welt opfert, bildet die Glieder des Leibes aus. Leib Christi und Volk Gottes sind daher kein Widerspruch, so als wäre das „Volk" der entscheidende Akteur. Als müsste das Volk erst und immer wieder die Kirche schaffen, im Sinn einer soziologischen Größe oder gar einer politischen Option. Kirche entspringt vielmehr zuerst und zutiefst dem eucharistischen Opfer, ist selbst „Sakrament". „Kirche ist Volk Gottes nur im und durch den Leib Christi. [...] die Christologie gehört in den Kirchenbegriff unverzichtbar hinein."

So öffnet die genaue Lesung des Augustinus das Fenster auf die Gegenwart. Wenn Religionen ihre je eigenen Volks-Götter verehren, so dient dieser Kult letztlich der nationalen Selbstbestätigung (in Babel, Ägypten, Rom, in den Vergötzungen des 20. Jahrhunderts). Wenn die Götter im Dienst des Staates stehen, ist Religion der Politik unterworfen. Doch die christliche Kirche kennt nur einen einzigen Herrn und ein einziges universales Volk und steht in ihrem Kern über dem Staat. „Die Catholica ist die Weltkirche, die durch die Gemeinschaft des Herrenleibes sich als die eine erweist. Die Vielzahl der Völker ist geeint in Christus und auf diese Weise das eine Volk Gottes."

Papst Benedikts große Enzykliken über die Liebe und über die Hoffnung wurzeln nach eigener Aussage in Augustins doppelter Bekehrung: einmal zur demütigen Fleischwerdung Jesu und dann zur demütigen Verschwendung an seine Kirche. „Er lernte, den einfachen Menschen seinen Glauben mitzuteilen und [...] unermüdlich eine selbstlose und schwierige Tätigkeit auszuüben. Doch er hat diese Bürde auf sich genommen, da er verstand, dass er gerade auf diese Weise Christus näher sein konnte. Zu verstehen, dass man mit Bescheidenheit und Demut die anderen erreichen kann, das war seine wahre und zweite Bekehrung" (Ansprache vom 27. März 2008). Fällt hier nicht – absichtslos – vom Bischof von Hippo ein Licht auf den 2013 zurückgetretenen Bischof von Rom? Kirche ist die fortgesetzte Fleischwerdung Christi: in Sakrament, Amt, Dogma, Liturgie, Recht, Barmherzigkeit, in allen Bereichen der Welt. Die Wahrheit ist konkret, so Augustinus. Sie lässt sich essen und trinken; sie hat ein Haus. Sie ist ein Haus.

2. Wer reinigt die Geschichte?
Bonaventura, der „Vater" der Habilitation

Sapientia christiana, „christliche Weisheit" – diese sachliche Klammer um alle Wissenschaften war in Bonaventuras Einschätzung im 13. Jahrhundert unmittelbar bedroht. Bedroht von einer Spaltung: Philosophie und Theologie, die beiden großen Denkhilfen des Christentums, drifteten auseinander. Ursache war das Einsickern unbiblischer Weltbilder: von der Anfangs- und Endlosigkeit der Welt (wie bei dem Heiden Aristoteles) bis zur unpersönlichen, allen gemeinsamen Vernunft (wie bei dem Muslim Averroes). Unterlaufen war mit Aristoteles die Schöpfung: ihr Ursprung und ihre Vollendung in Fülle, wie sie der unvorstellbar große Wille des Schöpfers vorsieht. Unterlaufen war mit Averroes die persönliche Vernunft jedes Einzelnen, die seine Suche nach Gott und seinen Austausch mit der Welt unverwechselbar macht. Bonaventura (1221 Bagnoregio – 1274 Lyon), der große Jünger des heiligen Franziskus, sah in beiden Behauptungen nicht nur die Wahrheit über die Geschichte, sondern auch die Liebe des Schöpfers zur Welt preisgegeben. Denn gemäß der Offenbarung führt Geschichte von der jetzigen *poena*, der Existenz unter Strafe, zum befreiten Dasein in *gloria*, Herrlichkeit, die den gesamten Kosmos erfasst. Aus dem sinnlosen Kreisen des Lebens wird damit Richtung; aus dem stumm-unverständlichen Geschehen wird Geschick, das Gott zuschickt. Geschichte erzählt von Heil und Fügung, nicht von einem dumpf-ziellosen Dasein.

Was diese Sätze andeuten, hat Joseph Ratzinger in seiner Münchner Habilitation über die Geschichtstheologie Bonaventuras 1959 entfaltet. Wie der Musiker in der

Toccata die Orgel anspielt und die Register zieht, um den Charakter des Instruments kennenzulernen, so scheint Bonaventura für den jungen Theologen Ratzinger eine *Toccata* zu bilden. Vieles, was später entfaltet wird, steckt als Same darin – in deutlichem Gegensatz zu einer damaligen wie heutigen Unfähigkeit, Geschichte letztlich als sinnvolles, von Gott getragenes Geschehen zu lesen. Das 20. Jahrhundert hat durch seine grauenhaften Erfahrungen menschlicher Schuld eine solche Lesung tief verdunkelt. Ist Bonaventura damit unbrauchbar geworden für eine „Grammatik" des Weltlaufs?

Tatsächlich gibt es bei ihm, so Ratzinger, auch für das Grauenhafte einen Schlüssel: Christus am Kreuz, selbst auf entsetzliche Weise getötet, bildet die „verlorene Mitte im Kreis der Welt". Alles Kommende gewinnt dort Halt und Dynamik: Geschichte wird in der Kreuzmitte von allem Unreinen geläutert. Vom Sechstagewerk angefangen, vom Alten bis zum Neuen Testament zeigt Geschichte „eine einheitliche, fortschreitende, aufsteigende Bewegung". Alles Widergöttliche und Widerstrebende wird durch Christi Passion gelöscht, unwirklich und unwirksam gemacht, in seinem Lug und Trug aufgedeckt.

Bonaventura sieht diese aufrichtende Deutung jedoch gefährdet durch den Riss zwischen Philosophie und Theologie. Christliche Metaphysik – in der Spur Augustins – wird von einer Vernunft abgelöst, die ihren Denkanstoß nicht mehr in der Offenbarung sucht. Vernunft und Glaube, Vernunft und Autorität treten auseinander, Wasser ergießt sich in den Wein der Heiligen Schrift. Diese Verwässerung zeigt für Bonaventura das Ende der Zeiten an. Allerdings setze Gott bereits ein Gegengewicht: Denn der heilige Franziskus mit seinem christusförmigen Leben sei das prophetische Zeichen, dass die Zeit beginne, wieder in ein einfaches Denken und Lieben aufzusteigen.

Hier setzt aber auch eine wichtige Kritik Ratzingers an Bonaventura ein: Die Spekulation über die künftige Zeit bleibe *innerhalb* der Grenzen dieser Welt stecken. „Getragen von einer tiefen Liebe zur Erde" bereite sich so das künftige irdische Friedensreich vor. Ratzinger wittert darin eine Art früher „Theologie der Befreiung", die es nicht vermag, über dieses Dasein hinaus in das Endgültige, in das unvorstellbar Neue, in das verheißene Reich des Vaters zu denken und zu hoffen. So sei Bonaventuras Spekulation nicht mutig genug, setze zu stark auf das Vermögen des Menschen (und sei er ein Franziskus), sich selbst zu überwinden. Ratzinger ist hier revolutionärer und apokalyptischer: Es bedarf des Zusammenbruchs des Alten, des Abräumens von aufgehäuftem Schutt, es bedarf der sprengenden Gnade. Freilich gehört es immer „zur Größe der Gnade, dass sie unsere Mitwirkung wünscht" (so der damalige Kardinal Ratzinger wörtlich in einer Predigt). Doch ist diese Mitwirkung weit entfernt von der Überheblichkeit, die in den vergangenen Ideologien zur rot-braunen tödlichen „Verbesserung" der Menschheit führte. Zur selben Überheblichkeit neigt heute eine (technische) Vernunft, die nicht vom Glauben „gerichtet" wird auf Ursprung und Ziel des Daseins.

In solcherart Theologie der Geschichte tut sich also schon das große Thema Vernunft und Glaube auf, das die Reden des Papstes Benedikt überwölbt: Vernunft muss sich von Gott in eine „größere Vernunft" einschreiben lassen. Der junge Theologe weiß: Was sich die Welt nicht selbst geben kann, was sie nicht einmal denken kann, ist das *mysterium paschale*, die schmerzlich-glückhafte Erneuerung der Welt, die nicht an der Kreuzmitte vorbeikommt.

3. Was weiß das Gewissen mit Gewissheit?
John Henry Newman

„Im richtigen Sinn verstanden ist ein Mensch, der auf das Gewissen hört und für den dann das Erkannte, Gute über der Billigung und der Akzeptanz steht, für mich wirklich ein Ideal und eine Aufgabe. Und Gestalten wie Thomas Morus, Kardinal Newman und andere große Zeugen – wir haben die großen Verfolgten des Naziregimes, zum Beispiel Dietrich Bonhoeffer – sind für mich große Vorbilder" (*Salz der Erde*, 72). Es war eine persönliche Sternstunde für Papst Benedikt, als er im Herbst 2010 in England die Seligsprechung John Henry Newmans vollzog, aber es war auch eine Sternstunde der Kirche, nicht nur der englischen.

Denn selten gehen auf einen einzigen Namen anhaltende geschichtliche Umwälzungen zurück. Im Falle von John Henry Newman (1801–1890) ist es aber tatsächlich die einsame Stimme eines anglikanischen Geistlichen und leuchtenden Lehrers von Oxford, der den „zweiten Frühling" der katholischen Kirche in England nach Jahrhunderten des Verstummens, ja des blutigen Martyriums zum Erblühen brachte. Dieser nicht zu erwartende Frühling reifte aufgrund einer qualvollen inneren Bedrängnis: Newman zog sich ab 1843 für drei Jahre lang in ein verschollenes Dorf namens Littlemore zurück, um die nicht verstummende Mahnung seines Gewissens zu überprüfen: die wahre Kirche Christi zu suchen. Die Entscheidung fiel im Oktober 1845 in großer, bewegender Demut für den Übertritt in das Rom des Petrus – jenes Rom, das Newman in seinen jungen Jahren noch als Hure Babylon gebrandmarkt hatte. Welch ein Weg und welch ein Drama des Gewissens!

Joseph Ratzinger hatte sich schon im Studium für Newmans Gewissensbegriff begeistert. Der heutige Sprachgebrauch hat das „Gewissen" überdehnt und einseitig überzogen: „Für mich ist das so"... Selbst eine Abtreibung und jede sexuelle Freizügigkeit können „für mich" gerechtfertigt sein. Aber Newman band das Gewissen an die Wahrheit: an die im Inneren sprechende Stimme Gottes; und umgekehrt an die Wahrheitsfähigkeit des Menschen – gegen alle damalige Liberalisierung, die er lebenslang hasste. Sogar die Vernunft war für Newman das willige, meist unbewusste Werkzeug der Verstockung (obwohl er selbst ein begnadeter Intellektueller war!). Vielmehr muss das Gewissen geweckt, gereinigt, erzogen werden, um ernsthaft zu hören und wahrhaft in der Tiefe zu gehorchen. An dieser Stelle berührt sich Newmans Martyrium des Gehorsams – denn sein Übertritt zerriss ihm das Herz – mit dem Martyrium Joseph Ratzingers, dem Evangelium die Ehre zu erweisen, „ob gelegen oder ungelegen". Martyr heißt ja wörtlich „Zeuge".

Der lähmende postmoderne Verdacht gegen „die Wahrheit" ist bei Newman wie bei Benedikt nur vom Licht des Evangeliums zu erschüttern. Der Theologe Ratzinger bestätigt der Vernunft ihr Recht, erinnert sie aber an ihr „Eingeschriebensein in eine größere Vernünftigkeit". Erst vom Wahren aus kann dann der Schritt zum wirklich Guten und Rechten vollzogen werden. „Es scheint mir bezeichnend, dass Newman in der Reihenfolge der Tugenden den Vorrang der Wahrheit vor der Güte betonte oder, für uns verständlicher ausgedrückt: ihren Vorrang vor dem Konsens, vor der Gruppenverträglichkeit" (*Wahrheit, Werte, Macht*, 43 f.).

Wenn das Stichwort „Wahrheit" fällt, könnte man eine unbewegliche, spitzfindige „Rechtgläubigkeit" vermuten, die immer schon weiß, was recht ist. Newman hat, wie Benedikt betont, der Kirche eine zweite große Entdeckung vermacht: die „Lehre von der (Dogmen-)Entwicklung, die ich neben seiner Gewissenslehre als seinen entscheidenden Beitrag zur Erneuerung der Theologie ansehe. Mit ihr hat er uns den Schlüssel in die Hand gegeben, [… um] gerade so die Identität des Glaubens in allen Verwandlungen zu erkennen"(Rede vom 3.6.2005). Diese Einsicht befreit von der Vorstellung, die Kirche sei in ihren Lehrsätzen und ihrer Ethik eine erstarrte, lebensuntaugliche Größe, die der Moderne nicht Brot, sondern Steine reiche. Übertragen auf den Einzelnen: Benedikt betont, auch seine eigene Identität sei durch Wandlungen immer mehr sie selbst geworden. „Leben heißt sich wandeln, und vollkommen sein, heißt, sich oft gewandelt haben" (Newman). Dieses geschmeidige Wachsen mit der Wahrheit heißt, das Gewissen verfeinern. Auch das Gewissen der Gesamtkirche.

Newman skizzierte im 19. Jahrhundert die Bedrängnisse von heute; er lebt und leidet sie auch durch. „Das Kennzeichen des großen Lehrers in der Kirche scheint mir zu sein, dass er nicht nur durch sein Denken und Reden lehrt, sondern mit seinem Leben […]. Wenn es so ist, dann gehört Newman zu den großen Lehrern der Kirche, weil er zugleich unser Herz berührt und unser Denken erleuchtet" (Rede vom 3.6.2005). Noch in der letzten Ansprache des scheidenden Papstes an die Kardinäle zitierte er Newmans herrlichen Wahlspruch: „Das Herz spricht zum Herzen." Benedikt trat ins Schweigen zurück, aber auch darin klingen die Stimmen vieler Zeugen mit – in der einen großen Melodie der Wahrheit, die „das Wort" selbst angestimmt hat.

4. „Unterscheidung des Christlichen".
Blickwechsel mit Romano Guardini

Wer ist ein wahrer Professor? Ein wunderbares Blitzlicht darüber verdankt sich dem Protestanten Kierkegaard, dessen 200. Geburtstag am 5. Mai 2017 gefeiert wurde: „Den nennen wir einen Lehrer der Menschen, der nicht nur anderen eine Lehre zu überliefern hatte, sondern der dem Geschlecht sich selbst als Vorbild hinterließ, sein Leben als eine Orientierung für jeden Menschen, seinen Namen als eine Bürgschaft für die Vielen, seine Tat als eine Ermutigung für die Versuchten."

Der Satz enthält zwei Gedanken: vom wahren Lehrer und vom lebendigen, unaufdringlich großen Vorbild. Stellen wir Joseph Ratzinger in dieses doppelte Licht. Ist er doch einer der seltenen Lehrer, aus deren Schatztruhe noch Viele schöpfen werden, Christen aller Konfessionen. Ihr reicher Inhalt kann jetzt erst gesichtet werden, vor dem Hintergrund des großen und ergreifenden Schweigens, in das er sich seit 2013 zurückgezogen hat. Zum Inhalt der Schatztruhe gehört – wie bei jeder gewichtigen Lehre –, dass die Gedanken in die Tiefe der Überlieferung zurückwandern und dann, neu an Zeitfragen entzündet, als brennende Fackel weitergereicht werden. Solche frühen Denker, deren Fackel Joseph Ratzinger selbst aufgriff und weitergab, sind natürlich an erster Stelle die „großen Väter": Augustinus und Bonaventura vor allem. Aber die Theologie im letzten Jahrhundert hält auch eine Fülle französischer und deutschsprachiger Namen bereit, die das Denken Joseph Ratzingers befruchtet haben. So gibt es einen bisher wenig bedachten Blickwechsel mit einem anderen unvergessenen Lehrer, Romano Guardini (1885–1968). Ihre Berührung in der Universität war zwar nur kurz, in den Nachkriegsjahren um 1948 im zerbombten München. Aber in einem Brief vom 5. Juli 1965 an den 80-jährigen Guardini schreibt Ratzinger als junger 38-jähriger Münsteraner Dogmatikprofessor, auch er suche „den Studenten in einem kurzen Entwurf die Frage nach dem wesentlich Christlichen zu beantworten […], in Erinnerung daran, wie Sie uns seinerzeit in Vorlesungen und Predigten (deren ich freilich leider nur wenige zu hören das Glück hatte) den Weg zur Unterscheidung des Christlichen geöffnet haben in einer Weise, die aus der theologischen Arbeit unserer Zeit nicht mehr wegzudenken ist."

Was meint diese „Unterscheidung", die beide vollzogen haben? Erinnern wir uns: In der Jesus-Trilogie, die Papst Benedikt als letzte große Frucht seines Pontifikates hinterließ, stellte er gleich auf den ersten Seiten ein grundlegendes Konstrukt einer bestimmten Theologengeneration in Zweifel: die Spaltung zwischen den „historischen" Jesus und dem Christus des Glaubens. Mit einer solchen Spaltung der Gestalt Jesu Christi wird aber der Glaube bereits an der Wurzel verunsichert, als sei der Glaube eine nach der Auferstehung „entstandene" Deutung Jesu, zur späteren „Vergöttlichung" eines eindrucksvollen, aber doch schlicht menschlichen Wanderrabbis. Hier war und ist eine „Unterscheidung" von einer überzogen liberalen Geschichtsschreibung nötig.

Bereits Guardinis unbedingter Grundsatz lautete: „Schon die frühesten Texte enthalten auch das übermenschliche Element der Christusgestalt; ebenso wie noch die spätesten das menschliche Element nie aufgeben, ja es ganz bewusst betonen […]. Der schlichteste Bericht eines Markus offenbart, sobald man ihn richtig hört, die Göttlichkeit Jesu, während noch die metaphysischste Aussage eines Johannes die Dichte geschichtlicher Wirklichkeit festhält"(*Das Christusbild der paulinischen und johanneischen Schriften*, Würzburg ²1961, 5). Ohne sich besonderer Überschreibungen zu bedienen, bringen die vier Evangelien das Angesicht des Herrn zum Leuchten: sein Lebendig-Ganzes jenseits vielfältiger Zerlegungen.

Ähnlich betonte auch Joseph Ratzinger, es sei von Anfang an der Glaube, der das Eindringen in die eigentliche Gestalt Jesu ermöglicht. „In deinem Licht schauen wir das Licht." Gehorsam im Sinne von Hörenwollen dient nach ihm ausdrücklich dem methodischen Erschließen der Bibel. Wo die göttliche Fülle auf die menschliche Begrenzung trifft – in dieser Vereinigung steht die Gestalt Jesu unnachahmlich, unvergleichbar, einzig. Je mehr darüber gesagt wird, desto geheimnisvoller öffnet sich die Betrachtung in eine unerschöpfliche Tiefe. Hier ist keine Erklärung des Unerklärlichen gefragt; im Gegenteil, je stärker das Unerklärliche in seiner Wirklichkeit hervortritt, desto näher kommt man in die glühende Mitte des Gemeinten.

Guardini sagte über Anselm von Canterbury, er sei „ein confessor, der einen großen Kampf mit unüberwindlicher, aber ganz stiller Kraft führt". Das kann – absichtslos! – ebenso für ihn selbst gelten, aber auch für den Professor, der Papst wurde: Er war und ist ein Confessor, der ein großes Zeugnis ablegte.

5. Antworten mit Biss:
Erik Peterson

Der ursprünglich evangelische Theologe Erik Peterson (1890 Hamburg – 1960 ebd.) und Joseph Ratzinger gehören zwei verschiedenen Generationen und Herkünften an, sind sich auch persönlich nicht begegnet. Aber Papst Benedikt berichtete bei einem römischen Kongress 2010, wie stark ihn die Schriften Petersons – vom Umfang her ein schmales Werk – angesprochen hätten, vor allem die Schriften über die Kirche.

Man muss wissen, dass Peterson als Konvertit einen bemerkenswert kurzen, aber heftigen Schriftwechsel mit Adolf von Harnack führte. Er hatte dem verehrten Berliner „Flaggschiff" der liberal-protestantischen Theologie einen Briefwechsel aufgezwungen, der Harnack peinlich war, nämlich zur Frage nach dem Wesen der Kirche. Natürlich stehe sie, so Harnack, nicht in der unmittelbaren Nachfolge der Apostel, aber andererseits sei das wenig wichtig – im Protestantischen lege man letztlich Wert auf das einzelne Gewissen. Peterson zog die Konsequenz: Wenn es jeweils um die Entscheidung des Einzelnen gehe, brauche man gar keine Kirche mehr. An derselben Stelle hatte auch der Konzilstheologe Ratzinger sein Kirchenverständnis verankert: Kirche sei gerade eine Instanz, die über die rein persönliche Sphäre hinaus bis zum Auftrag Christi zurückreiche. Petersons nachfolgende Studien wurden mehr als ein geschichtlicher Ausflug in die Frühkirche – daran hatte schon der junge Bonner Fundamentaltheologe Ratzinger seine Freude.

Ein Zweites trat hinzu: Petersons Kritik der Gnosis. Gnostische Häresie ist der Schatten, der dem Christentum beständig folgt – musste nicht Augustinus zehn Jahre lang damit kämpfen? Die Gnosis scheint Bestechendes anzubieten: keine verschlungenen Welterklärungen, vielmehr ein suggestives Schwarz-Weiß-Bild von Gut und Böse. Immer lautet die Frage: Woher kommt das Hinfällige, das Zerbrechliche, das Verwesliche dieses Daseins? Wie kann der Schöpfer eine Welt schaffen, in der das Schöne und das Widerliche so ineinandergreifen? Also musste der Schöpfer, so die Gnosis, einen Handlanger gewählt haben, der aber der übergroßen Aufgabe nicht gewachsen war. Dieser Lehrling wurde weiblich gedacht: als göttliche Weisheit, *sophia*. Ihr Versagen wurde zum Ursprung des Bösen.

Was Peterson als theologischen Autor so packend macht: Für ihn greift das Christentum an der empfindlichsten Stelle zu, bei der Herkunft des Übels. Die Erfahrung würde eher sagen: Im Fleisch liegt die Versuchung – wir kommen alle aus dem Zeitalter Freuds und wissen genug von der Hinterlist des Triebs. Aber gerade hier meldet das Christentum einen bedeutenden Widerspruch an: Das Fleisch ist zwar anfällig für das Böse, aber keineswegs mit dem Bösen identisch. Das Evangelium gibt die Antwort mit Biss: die Inkarnation Jesu. Wenn Jesus Fleisch annimmt, kann das Fleisch nicht die Quelle des Bösen sein. Von daher ordnet sich das ganze christliche Selbstbewusstsein neu. Und das ist die Revolution, der auch Ratzinger – bis in seine großartige Jesus-Trilogie hinein – Stimme verleiht.

Was beide Theologen überzeugt: Eine Welt, die sich überwiegend aus dem Schlechten und Misslungenen versteht, kann einfach keine Zukunft haben. Peterson sieht in seiner Zeit einen alt gewordenen Zynismus, eine Art aufgeklärter Verachtung dieser Welt, mit der nichts mehr anzufangen sei. Dagegen stellt er die Jugendlichkeit des Christentums – und man erinnere sich nur an die Ansprachen Papst Benedikts bei den Weltjugendtagen: die große Skepsis, die nichts mehr zustande bringt, beiseite zu legen und mit Christus neu anzufangen. Weil beide nicht nur das Gefühl ansprechen, schwingt die sachliche Empfindung bei ihrer Lektüre mit, dass das Christentum alles überholen kann, was – vor allem im 20. Jahrhundert – intellektuell an Trauer, Verzweiflung, Öde zelebriert wird.

„Nur wenn es möglich wäre, das Menschsein des Menschen auszulöschen, erst dann und nur dann wäre es möglich, alles Fragen nach dem Ursprung und nach Gott auszulöschen", so Peterson. Positiv: Das Umgetriebenwerden des Menschen, sei er gläubig oder noch „im Vorhof", findet seine lösende Ankunft im Menschensohn. Der Weg Petersons dorthin geht über die Aufdeckung der gnostischen Entwertung des Menschen: Christentum ist im Gegenzug dessen groß entworfene Erhöhung. Der Weg Ratzingers geht über die Aufdeckung der skeptischen Entwertung des Menschen: Christentum öffnet im Gegenzug Vernunft und Wahrheitsfähigkeit. Beide versuchen, die spätmoderne Ratlosigkeit zu erreichen und den Glauben als „rettendes Ufer" anzubieten – ein anderes Menschsein freizulegen.

Das schließt die Schnittmenge menschlicher Grunderfahrungen ein: Das Unbestimmbare, ja das Rätsel der eigenen Existenz löst sich im offenbarten Sinn des Daseins; Schmerz und Angst werden doch überwölbt von Glück und Gelingen; letztlich: die unlösbare Not des Todes wird von der zugesagten Auferweckung beantwortet. Die Anfangskraft des Christentums erscheint ungebrochen. Inmitten einer vergreisenden Welt: Diese Botschaft macht jung.

6. Theologie: die Sprache der Leidenschaft.
Der Schüler Henri de Lubacs

„Dieses Buch ist mir zum Schlüsselerlebnis geworden. Ich bekam dadurch nicht nur ein neues und tieferes Verhältnis zum Denken der Väter, sondern auch einen neuen Blick auf die Theologie und den Glauben insgesamt. […] Man spürte in dem Buch die stille Auseinandersetzung sowohl mit dem Liberalismus wie mit dem Marxismus, den dramatischen Kampf des französischen Katholizismus um einen neuen Einbruch des Glaubens ins Geistesleben unserer Zeit. Aus einer individualistisch und moralistisch verengten Weise des Glaubens heraus führte Lubac seine Leser wieder ins Freie eines wesentlich sozial, im Wir gedachten gelebten Glaubens, der […] nicht nur dem Einzelnen private Seligkeit verhieß." Diese dankbare Würdigung aus den Lebenserinnerungen 1927–1977 von Papst Benedikt, rückblickend auf seine Freisinger Seminarzeit ab 1946, gilt dem französischen Jesuiten und späteren Kardinal Henri de Lubac (1896 Cambrai – 1991 Paris) und dessen Werk Catholicisme (1938, dt. 1943).

Noch in seiner zweiten Enzyklika Spe salvi (Nr. 13) zitiert der Papst daraus eine Schlüsselstelle gegen eine nur selbstbezogene Frömmigkeit: „Habe ich die Freude gefunden? Nein… Meine Freude habe ich gefunden. […] Sie kann einem Menschen allein gehören, und er ist gerettet. Er ist im Frieden…, für jetzt und für immer, aber er allein. Diese Einsamkeit in der Freude beunruhigt ihn nicht. Im Gegenteil: Er ist ja der Auserwählte! In seiner Seligkeit schreitet er durch Schlachten mit einer Rose in der Hand." Ist darin nicht unabsichtlich ein Spiegel auch mancher esoterischen „Religiosität" enthalten?

Welche Erkenntnisse verdankte der junge Priesterkandidat de Lubac? Dieser Name taucht an erster Stelle dort auf, wo auf die gedankliche Vorarbeit zum II. Vatikanischen Konzil verwiesen wird. De Lubac konnte die Erneuerung der Kirche nicht aus der zeitgenössischen Neoscholastik erhoffen, deren Enge ihn bedrängte. Vielmehr wollte er die Erneuerung aus der Schrift selbst und aus den Vätern vollziehen: in einem ressourcement, einem Gang zu den Quellen. Im Buch mit dem Titel *Katholizismus* wird die allumfassende, die geschichtliche, politische und soziale Hoffnungskraft des Glaubens freigelegt. De Lubac lehnt die Abtrennung des Göttlichen vom Natürlichen als falsche Auffassung ab: Natur und Gnade sind nicht wie zwei „Stockwerke" aufeinandergetürmt (*Das Übernatürliche*, 1946). Vielmehr ist die menschliche Natur immer schon auf Gott hin gespannt, der Schöpfer ist „konstitutiv" seinem Geschöpf eingeprägt, ist weit mehr als eine entfernt-blasse „Ursache". So gelesen gewinnen die Kirchenväter eine Sprache der Leidenschaft, unbeschadet ihrer Begrifflichkeit. Damit wird eine neue (gut vergessene alte) Deutung des menschlichen Menschen eingeführt, von der die Kirchenväter gerade im Kampf mit dem Heidentum durchdrungen waren. Die Tragödie des 19. Jahrhunderts war jener scheinbar humane Atheismus, der den Menschen rein naturhaft gezeichnet hatte – zurückgeworfen auf sich selbst und seines besten Antriebs beraubt (*Die Tragödie des Humanismus ohne Gott*, dt. 1950). So setzte der Entwurf des auf Gott zielenden Menschen, dem de Lubac wieder Farbe verlieh, die notwendig widerständige, genau treffende Botschaft an die moderne Welt frei.

De Lubac porträtierte als Peritus seinerseits den Konzils-Berater Ratzinger in seinen Tagebüchern als einen jungen Kollegen von eindrucksvollem Intellekt, ebenso friedfertig wie umgänglich. (Sehr anders lauten seine Notizen über Hans Küng.) Als die Bedeutung der neu geernteten konziliaren Früchte strittig wurde, hatten de Lubac und Ratzinger längst die unterschwellige und offene Bedrohung des Erbes erkannt und gründeten 1972 mit Hans Urs von Balthasar die Zeitschrift Communio. De Lubacs herber Satz über die unabsehbaren Strukturreformen könnte auch von Ratzinger stammen: „Es könnte zu einem Positivismus des kirchlichen Selbstbetriebes kommen, hinter dem sich im Grunde der Verlust des Glaubens verbirgt." Ursprünglich der theologischen Avantgarde zugerechnet, teilten sie nun auch gemeinsam das Los, sich angeblich von den Erfordernissen des Heute abzuwenden.

Der Einfluss de Lubacs auf den Papst mündet nochmals in ein Lob: „Ich habe nie wieder Menschen mit einer so umfassenden theologie- und geistesgeschichtlichen Bildung wie Balthasar und de Lubac gefunden und kann gar nicht sagen, wieviel ich der Begegnung mit ihnen verdanke." Was wäre schöner, als einen Papst zum „Schüler" zu haben, der das Beste aus einem gemeinsamen Denkraum unzählig Vielen übersetzt? Es in neue, eigene Farben taucht und die Welt mit der Deutungskraft und Frische des Christentums überrascht? Mittlerweile zählen de Lubac und Ratzinger selbst zu den Klassikern, sind Quellen einer Theologie, in der Natur und Gnade, Menschliches und Göttliches einander durchscheinend bestrahlen. Beiden wurde Theologie zur Sprache der Leidenschaft – und sie haben andere damit entzündet.

7. „Prophet in Israel".
Ida Friederike Görres' Hellsicht

Die zu ihrer Zeit viel gelesene, berühmte Laientheologin Ida Friederike Görres (1901 Ronsperg – 1971 Frankfurt) erhielt nach ihrem unverhofften Tod anlässlich einer Würzburger Synodensitzung einen Nachruf durch den damaligen Tübinger Dogmatiker Joseph Ratzinger: Ihre Stimme sei ertönt „mitten in einer Wüste von Konformismus oder verlegenem Schweigen". „Sie hat mit einer sehenden Sicherheit und mit einer Unerschrockenheit zu den drängenden Fragen und Aufgaben der Kirche von heute gesprochen, die nur dem wahrhaft Glaubenden geschenkt ist."

Ida Görres, damals in Freiburg wohnend, erfuhr 1968 zum ersten Mal von dem jungen Tübinger Theologen, und ihre „sehende Sicherheit" sprang an. In einem Brief von Ende 1968 an P. Paulus Gordan von Beuron (später Obmann der Salzburger Hochschulwochen) schreibt sie mit gewohntem Temperament, mitten aus tiefem „Kirchenkummer" über die nachkonziliaren Turbulenzen der Theologie heraus: „Übrigens habe ich jetzt meinen Propheten in Israel gefunden, dessen Abwesenheit ich im letzten Brief belamentierte: Joseph Ratzinger! – Sein „Einführung in das Christentum"-Kolleg über das Credo (das Apost.) hat mich hochbegeistert. DAS ist genau das Ersehnte: echte Fülle des Wissens, unbestechlich scharfe Denkkraft, lauterste Wahrhaftigkeit – und dabei selber einer der Jungen, der mit brüderlicher Sympathie die ganzen neuen Strömungen kennt, bis auf den Grund mitdurchdenkt – und unbestechlich, aber liebevoll durchschaut und – ablehnt, wo es schief geht. Mit Hildebrands etc. nicht in einem Atem zu nennen, aber eben – er könnte das ‚theologische Gewissen der deutschen Kirche' werden, wie P. Adalbert Hammer OFM Augustin das theol. Gewissen der abendländischen Kirche (– zu seiner Lebzeit –) genannt hat. Dass es sowas im Nachwuchs gibt, ist doch HÖCHST erfreulich. Und das neben Küng, ausgerechnet in Tübingen!! Dabei fehlt JEDE Polemik bei ihm, alles ist klare positive Aussage. Möge Gott uns diesen Vorkämpfer der alten und neuen Kirche erhalten." Die Prophetin hatte den Propheten in Israel erkannt.

Die kurzen, aber dichten Stationen der Begegnung führten zu einem Briefwechsel, aus dem bisher nur ein Bruchstück, gleichsam ein Blitzlicht, veröffentlicht wurde. So richtete Ida Görres an den 26 Jahre jüngeren Theologen in der Zeitschrift *Geist und Leben* 1969 „Fragen eines Laien zur theologischen Diskussion über das priesterliche Amt". Vorausgegangen war ein Essay Ratzingers zum Priestertum, in welchem er auf die Gefahr eines heidnisch-magischen Missverständnisses dieses Amtes aufmerksam machte. Ida Görres hielt dagegen, wie immer von eigenem Erleben durchpulst: Alle Überhöhungen des Priesters entstammten nicht heidnischen, sondern christlichen Verzeichnungen des Volkes, das aber doch, durch alle Schwächen hindurch, den von Christus Gesandten, mit Macht Begabten sehe. Und in Melchisedek, dem geheimnisvollen Priesterkönig aus dem Heidentum, sei das Urbild erhalten, das der Alte und der Neue Bund geehrt und in der Gestalt Christi wiedererkannt hätten. In einer „Nachbemerkung" gab ihr Ratzinger recht.

1971 waren beide Mitglieder der viele Weichen stellenden, schwierigen Würzburger Synode, auf der Ida Görres – kurz nach ihren Ausführungen zu „Gottesdienst und Sakrament" – überraschend zusammenbrach und starb, fast wie „auf dem Feld der Ehre". Natürlich kann keine Rede davon sein, dass es – wie bei den vorangegangenen Namen dieser Reihe – einen deutlichen Einfluss von Görres auf Ratzinger gegeben habe. Aber wer misst die Einflüsse, die aus dem gemeinsamen Denken und Sich-Bestärken kommen, die Ermutigungen, die aus dem tragenden Grundwasser hin und her strömen? Görres' Verteidigung des Zölibats und der Unauflöslichkeit der Ehe, ihre scharfe Klinge gegen das Frauenpriestertum, ihre hartnäckige, klarsichtige, schmerzliche Liebe zur Kirche, ihre glänzenden Freilegungen von Heiligenleben intonieren eine Melodie, die in anderer Weise von Joseph Ratzinger weitergespielt wurde. Seine Würdigung dieser bedeutenden Frau lässt tiefe Verbundenheit in der Sache erkennen.

Ida Görres entwarf umgekehrt wie in einem Brennglas ein Porträt des jungen Theologen und seiner Wirkung auf ihren Glauben. Ein bewegender Nachklang zu ihrem prophetischen Urteil im März 1969, wieder an P. Paulus Gordan, lautet: „Fastenzeit-Kater gedeiht natürlich auch. Wie sollte er nicht. Komisch, die Ratzinger-‚Einführung' hat mich in die peinliche Einsicht eingeführt, dass ich, buchstäblich 53!! Jahre nach meiner ‚Bekehrung', eigentlich doch noch nicht einmal recht ANGEFANGEN habe, Christ zu sein. Und dies ermutigt einen leider wenig, es auf die allerletzten Jahre noch zu probieren, nachdem man so lange auf dem Markte herumgestanden ist. Und doch nicht einmal sagen kann: ‚Herr, es hat mich keiner gedungen.' Natürlich hat Er. – So als sollte ich jetzt mit meinen Arthritis-Haxen und lahmen Händen einen Riesen-Rucksack zu Fuß auf den Schauinsland schleppen." Dieser blitzenden Hommage ist nichts hinzuzufügen.

8. Doppelgesicht der Liebe: Eros und Agape
Josef Pieper

„Das Gute ist das Wirklichkeitsgemäße", lautete die den jungen Pieper bis ins Tiefste treffende Formulierung Romano Guardinis auf Burg Rothenfels. Nach diesem „Blitzschlag" arbeitete Josef Pieper (1904 Elte – 1997 Münster) in den 1930er Jahren das Viergespann von Klugheit, Gerechtigkeit, Tapferkeit und Maß aus, sind es doch die „Kardinaltugenden", in deren Angeln sich das menschliche Dasein zum Guten dreht. Anschließend entfaltete er die Dreiheit von Glaube, Hoffnung und Liebe; sie heißen in der klassischen Überlieferung die göttlichen Tugenden, denn sie lehren den Menschen, „göttlich" zu leben.

Der Münsteraner Professor, der während der Nazi-Zeit zu schweigen hatte, stellte mit solchen Freilegungen in der deutschsprachigen Philosophie eine Ausnahme dar. Als Zeitgenosse fast des ganzen 20. Jahrhunderts kannte er viele Strömungen, ohne ihnen anzugehören. Vielmehr entwickelte er eine „Philosophische Anthropologie" – so der Titel seiner Professur –, in die er aufgrund tiefgehender Kenntnis der antiken und mittelalterlichen Philosophie Platon, Aristoteles, Augustinus und Thomas von Aquin für die Gegenwart fruchtbar machte. Weniger bekannt ist, dass Pieper auch die Aufklärung und den Deutschen Idealismus kritisch verarbeitete und seine Thesen von Zeitgenossen, darunter Heidegger und Sartre, konstruktiv absetzte. All diese Freilegungen entbehren jedes frömmelnden Untertons, wie überhaupt Piepers Sprache sowohl nüchtern wie zugleich immer wieder überraschend vom „Flügelschlag des Geistes" bewegt ist. Wer ihn, auch als Hochbetagten, erlebte, konnte Alter und Gebrechlichkeit vergessen vor der kraftvollen Stimme, dem Schwung, der spürbaren Geistigkeit dieses Mannes.

Natürlich kannte auch der zeitweilige Münsteraner Dogmatikprofessor Ratzinger zwischen 1963 und 1966 den Kollegen persönlich. Und er schätzte ihn; sie wurden trotz des Altersunterschieds Freunde. Unterschwellig sind nicht wenige Gedanken, auch die zwei (eigentlich drei) päpstlichen Enzykliken über die Liebe, die Hoffnung, den Glauben, von Piepers Vordenken geprägt. Schon vorher, 1989, widmete der Jüngere dem Älteren eine „Einübung in Glaube, Hoffnung und Liebe"; 20 Jahre später freute er sich über die Errichtung der Pieper-Forschungsstelle an der Theologischen Fakultät Paderborn und betonte – nun als Papst – die Verbundenheit mit dem großen Philosophen.

Bleiben wir beim erregendsten Stichwort, der Liebe. *Deus caritas est*, überschrieb Benedikt XVI. seine erste Enzyklika. Überraschend fügte er Eros und Agape zusammen, denn die Liebe, die von unten stammt und irregehen oder enden kann, Eros, wird durch die Liebe von oben, Agape, gehalten, geleitet, geheiligt: im Sakrament. Ist doch die göttliche Liebe abgestiegen in die nächtlichen Gassen des Menschlichen, um es einzuholen. Leib und Leben werden gerade nicht verkürzt: Der Leib ist nicht auf einen neutralisierten Körper zu „gendern", das Leben nicht auf blinde Ausbrüche von Sex beschränkt. Vielmehr entwirft der Papst eine umfassende Ökologie des Menschen, worin eine kraftvoll blühende, in Gott geheiligte und geheilte Liebe sich entfalten kann.

Auch Pieper öffnete einen Spielraum zwischen Eros und Agape, der keine der beiden Seiten ausschließt oder in die Übersteigerung treibt. Gegen die lange Zeit zu hörende Behauptung von der reinen Uneigennutzigkeit des Liebens (Agape) entfaltet er mit guten Gründen eine wunderbar ausholende Gegendarstellung, von der Antike über Thomas von Aquin bis zur klassischen Moderne (Goethe!): Das Glück des Liebenden besteht nicht nur im selbstlosen Freigeben, sondern vorrangig im Gewinnen und Genießen des Geliebten. Liebe ist Durst – selbst wenn sie den anderen beglücken will. Sie ist nicht einfach selbstvergessen, sondern bedürftig, brauchend; sie ist schenkend, wertschätzend und dürstet deswegen nach einer Antwort. So bleibt das Selbstverständliche und Natürliche, nämlich die Selbstliebe, im Spielraum der Liebe erhalten, sie wird sogar vorausgesetzt und durch die Beziehung kultiviert. Das meint keineswegs Eigennutz und schlecht versteckten Selbstgenuss. Vielmehr: Im Glück des anderen freut man sich zugleich rückgespiegelt an sich selbst. Es gibt kein isoliertes, einseitiges Glück, das wäre unmittelbar ein Widerspruch in sich selbst – das Schöne ist ja gerade das gegenseitige Echo in wunderbarer Steigerung. Dieser Spielraum zwischen Hingerissensein zum anderen und Selbstfindung entscheidet über Gelingen oder Misslingen des Eros an der Hand der Agape, er entscheidet über Glück. Wunderbar verdichtet: „Alles Glück ist Liebesglück."

„Ja", schreibt Papst Benedikt in der Enzyklika, „Liebe ist ‚Ekstase', aber Ekstase nicht im Sinn des rauschhaften Augenblicks, sondern Ekstase als ständiger Weg aus dem in sich verschlossenen Ich zur Freigabe des Ich, zur Hingabe und so gerade zur Selbstfindung, ja, zur Findung Gottes." Man kann der gegenwärtigen Kultur nur wünschen, von ferne den Saum dieser großen erotischen Erfahrung zu berühren.

9. Werkstatt des Geistes in angefochtenen Zeiten: Hans Urs von Balthasar

„Balthasars Werk ist ein wirkliches Geschenk an die Theologie unserer Zeit und durch die unerbittliche Radikalität, mit der hier ganz geglaubt und ganz gedacht wird, die Welt des Glaubens und die Welt von heute je rückhaltlos wahrhaftig angenommen werden, ein zuversichtlich stimmendes Zeichen dafür, dass der Glaube – der ganze Glaube, nicht bloß eine verwässerte Notlösung – auch in der Welt von heute gedacht gelebt, geliebt werden kann. [...] Und allenthalben erkennt man auch eine wahrhaft kirchliche Gesinnung, nicht im Sinn einer falschen Devotion vor herkömmlichen Meinungen, die sich zu Unrecht als besonders kirchlich etikettieren, wohl aber im Sinn eines wirklichen Lebens aus dem Geist und Glauben der Kirche, aus einer wahren Liebe zu ihr, das heißt einer Liebe, die wahrhaftig ist und dadurch erst vollends zur Liebe wird." So rezensiert Joseph Ratzinger im Hochland 1961/62 den 22 Jahre älteren Schweizer Theologen (1905 Luzern – 1988 Basel), kurz nachdem er ihn 1960 in Bonn persönlich getroffen hatte.

Dieses Urteil vertiefte sich nicht nur der Sache nach, es führte auch zu einem lebenslangen geistigen Austausch, wie Ratzinger als Präfekt der Glaubenskongregation bei Balthasars Beerdigung in Luzern hervorhob. Wenige Tage später hätte Balthasar die höchste Anerkennung in Form des Kardinalshutes aus der Hand von Papst Johannes Paul II. erhalten.

Der Stationen geistiger Begegnung und Stärkung zwischen Ratzinger und Balthasar sind viele. Zu Beginn stehen Übersetzungen de Lubacs und Augustins durch Balthasar, die schon den Studenten Ratzinger nach eigener Aussage tief erfasst haben. Später wird er sich zunehmend von der Theologie Karl Rahners entfernen, etwa von dessen Aussagen über den „anonymen Christen", die Balthasar in der berühmten Polemik „Cordula oder der Ernstfall" angriff. In der Internationalen Theologischen Kommission nach dem Konzil arbeiteten beide Papst Paul VI. zu und entwickelten 1972 gemeinsam den Gedanken der „Communio": einer bis heute erscheinenden internationalen Zeitschrift, um die Grundanliegen des Konzils zu verdeutlichen – gegen die anhebenden unsachgemäßen Auslegungen. Im Johannes-Verlag Einsiedeln brachte Balthasar programmatisch acht Werke Ratzingers heraus, zu einer Zeit, wo dessen Theologie deutlich angegriffen wurde. An erster Stelle stand „Die Tochter Zion" (1977), die in der Lehre über Maria zugleich die Kirche ausfaltet: als Einheit von Altem und Neuem Bund, tiefer noch als Band zwischen Schöpfung und Geschichte des Heils, zwischen Natur und Gnade. Hier trifft schon der später über die Rechtfertigungslehre gesprochene Satz: „Es gehört zur Größe der Gnade, dass sie unsere Mitwirkung wünscht."

Eine Unterscheidung ist gleichwohl zu vermerken: Ratzinger blieb zurückhaltend gegenüber der von Balthasar vertretenen Mystik des Karsamstags mit der Höllenfahrt Jesu – im Anschluss an die Schau Adrienne von Speyrs und östliche Ikonen. Ratzinger sah in der Kreuzigung des Karfreitags nicht einfach die „westliche" Lesung, sondern ein allumfassendes, den Abstieg Jesu einschließendes Geschehen.

Auch als Papst stützte er sich auf den Vor-Denker. In der Jesus-Trilogie traf er sich mit dem tiefen Anliegen Balthasars, dem Wort der Schrift seinen erstrangigen Platz zu lassen, eingebettet in das deutende und sichernde Credo, die Sym-Pathie der Kirche – sonst könne nur der Theologe von Zunft, nicht aber jeder Gläubige das heilige Wort zu eigen nehmen. Die Abschwächungen und je beliebigen Deutungen der Gestalt Jesu außerhalb der kirchlichen Überlieferung – wenn prominente Stimmen „wissen" wollen, was Jesus heute „ganz anders" machen würde – sind beide unkritisch selbstbezogen. Nur im Raum der Kirche erhält die Hl. Schrift ihre währende Fassung. In dieser Richtung wird auch der interreligiös oft beschworene Satz, Gott sei ohnehin unerkennbar, als wohlfeil beiseitegelassen. Vielmehr öffnet die Offenbarung ja ausdrücklich „die Tiefen der Gottheit". Klassisch ist der Satz des Papstes auf die Frage, was Jesus denn Neues gebracht habe: „Jesus hat uns Gott gebracht." Auf Balthasar und den gemeinsamen Kampf gegen eine verkürzte historisch-kritische Methode bezogen heißt es: „Allenthalben erkennt man diese feste Verwurzelung im Wort, die sich vor den harten philologischen und historischen Gegebenheiten nicht scheut, nicht in eine meditative Idylle flüchtet und doch auch nicht im Philologischen ertrinkt, sondern im Wort des Menschen den redenden Gott zu hören vermag" (*Schriftauslegung im Widerstreit*).

Balthasar und Ratzinger gehören in die große Werkstatt des Geistes, in die durch die ganze Theologie ertönende Symphonie: von den Vätern der frühen Kirche bis heute.

10. Im vernünftigen Gespräch mit Jürgen Habermas

Wenn Joseph Ratzinger über Aufklärung sprach, meinte er nicht das 18. Jahrhundert, sondern die Aufklärung durch die klassische griechische Vernunft. Ist sie doch die wunderbare gemeinsame Sprache, die allen Denkenden offensteht. Daher hatte das Christentum nicht die griechische Götterwelt übernommen, nicht Zeus und Athene „getauft", sondern es hatte die griechische Vernunft weitergedacht; Paulus und andere „übersetzten" sie ins Christentum. Nach Klemens von Alexandrien: „Alle Lampen Griechenlands brennen für die Sonne, die Christus heißt." Denn Logos, die Vernunft, macht die Welt lesbar, unterwirft sie nicht einem irrsinnigen und blinden Fatum. Deshalb plädierte Joseph Ratzinger in mehreren großen Gesprächen vor allem mit Nicht-Gläubigen für das Vertrauen in die Vernunft. Einen wichtigen Partner fand er dabei in Jürgen Habermas (*1929 Düsseldorf).

Schon in dessen früheren Wortmeldungen hatte die Suche nach einer Anthropologie „jenseits des Nihilismus" begonnen – insbesondere nach dem 11. September 2001. Damals sprach Habermas von der Notwendigkeit einer universalen Gerechtigkeit: für die verschwundenen Opfer. Gerechtigkeit bleibe nämlich leer, wenn sie nur auf die Zukünftigen, also auf einen schmalen, noch nicht existierenden Ausschnitt der Menschheit bezogen würde. Gerade weil sich Gerechtigkeit auf alle und nicht auf wenige erstrecken soll, geht sie über die kurzfristige Geschichte hinaus, die Menschen aktiv gestalten können. Die Sinnantwort auf irdisch nicht gutzumachende Leiden wäre aber die „Auferstehung": „Erst recht beunruhigt uns die Irreversibilität vergangenen Leidens – jenes Unrecht an den unschuldig Misshandelten, Entwürdigten und Ermordeten, das über jedes Maß menschlicher Wiedergutmachung hinausgeht. Die verlorene Hoffnung auf Resurrektion hinterlässt eine spürbare Leere", so heißt es in der erstaunlichen Rede von 2001. Oder: Im Sinnlosen bedarf es einer übersteigenden Antwort auf das menschlich nicht zu Lösende. „Auferstehung" ist damit mehr als ein „Anliegen" der Theologie. Sie hat vielmehr eine Systemstelle im menschlichen Verlangen nach Gerechtigkeit, denn der größere „Rest" (der Toten und jetzt Lebenden) bleibt ohne Auferstehung einem solchen gerechten Ausgleich für immer entzogen. Auch daher ist eine Geschichte „mit Finale" einem Kreislauf ohne Finale vorzuziehen.

Denselben Gedanken hatte Ratzinger 1986 vorweggenommen: „Nur wenn es die Auferstehung der Toten gibt, ist es sinnvoll, für die Gerechtigkeit auch zu sterben. Denn nur dann ist Gerechtigkeit mehr als Macht, nur dann ist sie Wirklichkeit, sonst bleibt sie bloße Idee. Darum ist auch die Gewissheit eines Weltgerichts von höchster praktischer Bedeutung. [...] Das Gericht enthebt uns [...] nicht der Bemühung, Gerechtigkeit in der Geschichte zu schaffen; es gibt dieser Bemühung erst einen Sinn und entzieht ihre Verpflichtung jeder Beliebigkeit."

2004 führten beide Denker in München ein spektakuläres Gespräch, worin Religion im Verhältnis zur Vernunft neu „vermessen" wurde. Zwar beharrte Habermas auf einer „nicht transzendenten" Vernunft, doch nur als einem methodisch eng zugeschärften Instrument von Wissenschaft. Keineswegs aber müsse der beschränkende Blick zur beschränkten Weltsicht gerinnen; Wissenschaft könne über eine religiöse Weltdeutung gar nicht entscheiden. In dieser Trennung von (natur)wissenschaftlicher Teilsicht und religiöser Deutung des Gesamten öffnete sich – gegen alte Borniertheiten – das Fenster zu einem neuen Austausch. Der Kardinal stimmte zu: „Wir hatten gesehen, dass es Pathologien in der Religion gibt, die höchst gefährlich sind und die es nötig machen, das göttliche Licht der Vernunft sozusagen als ein Kontrollorgan anzusehen, von dem her sich Religion immer wieder neu reinigen und ordnen lassen muss. [... Aber es gibt] auch Pathologien der Vernunft, eine Hybris der Vernunft, die nicht minder gefährlich [...] ist: Atombombe, Mensch als Produkt. Deswegen muss umgekehrt auch die Vernunft an ihre Grenzen gemahnt werden und Hörbereitschaft gegenüber den großen religiösen Überlieferungen der Menschheit lernen. Ich würde demgemäß von einer notwendigen Korrelationalität von Vernunft und Glaube, Vernunft und Religion sprechen, die zu gegenseitiger Reinigung und Heilung berufen sind und die sich gegenseitig brauchen und das gegenseitig anerkennen müssen." Als Papst fand er für einen solchen Austausch das schöne Wort vom „Vorhof der Heiden" im Jerusalemer Tempel: Der Zugang war offen für alle, doch gab es auch die Tür, die ins Innere des Heiligtums führte.

Entscheidend blieb für Joseph Ratzinger, „ob Vernunft ein zufälliges Nebenprodukt des Unvernünftigen und im Ozean des Unvernünftigen letztlich auch bedeutungslos ist, oder ob es wahr bleibt, was die Grundüberzeugung des christlichen Glaubens und seiner Philosophie bildet: *In principio erat Verbum* – am Anfang aller Dinge steht die schöpferische Kraft der Vernunft."

Joseph RATZINGER, *Aus meinem Leben. Erinnerungen (1927–1977)*, Stuttgart 1978.

–, *Salz der Erde: Christentum und katholische Kirche im 21. Jahrhundert. Ein Gespräch mit Peter Seewald*, Stuttgart 1996 [in: JRGS 13, 205–458].

–, *Wahrheit, Werte, Macht,* Frankfurt 1999.

–, /Jürgen HABERMAS, *Dialektik der Säkularisierung. Über Vernunft und Religion,* Frankfurt 2005.

Ida Friederike GÖRRES, *„Wirklich die neue Phönixgestalt?" Über Kirche und Konzil: Unbekannte Briefe 1962–1971 an Paulus Gordan,* hg. v. H.-B. Gerl-Falkovitz, Heiligenkreuz (Be&Be) 2015.

Hanna-Barbara GERL-FALKOVITZ, *Die Vernunft des Glaubens. Zum Pontifikat Benedikts XVI.,* in: MIPB 8 (2015) 90–99.

Joseph Ratzinger – ein Leben mit der Kirche

Stationen seiner theologischen Biografie

Manuel Schlögl

0. Mozart der Theologie? Eine Problemanzeige

Große und ungewöhnliche Persönlichkeiten werden oft mit einem Beinamen versehen, um sie besser einordnen und verstehen zu können. Auch Joseph Ratzinger ist dieses Schicksal widerfahren. Unter den Beinamen, die man ihm gegeben hat, sind wenig schmeichelhafte wie „Panzerkardinal" und „Großinquisitor", aber auch liebenswürdigere wie „Bücher-Ratz" oder „Professor Papst".

Besonders treffend ist ein Beiname, der wohl auf Kardinal Meisner zurückgeht: „Mozart der Theologie". Damit ist die Harmonie und Tiefe angesprochen, die sein Werk ausstrahlt, die Musikalität und der Bilderreichtum seiner Sprache, das Heitere seines Wesens. *Übersehen* wird dabei gerne, dass der Harmonie leidenschaftliche Kämpfe vorausgegangen sind und unter der hellen Oberfläche dunkle Fragen und Ahnungen liegen. Berufsmusiker sagen, Mozart sei aufs Erste leicht zugänglich und gut spielbar. Aber je länger man sich mit ihm beschäftige, umso komplexer und anspruchsvoller erscheine seine Musiksprache, umso schwerer werde es, sie angemessen zu interpretieren.

Auch *in dieser Hinsicht* scheint mir Joseph Ratzinger ein „Mozart" der Theologie zu sein. Seine Bücher und Texte sind aufs Erste leicht zugänglich und gut lesbar, aber je länger man sich mit ihnen beschäftigt, umso komplexer und anspruchsvoller, umso voraussetzungs- und anspielungsreicher erscheinen sie einem, und umso schwerer wird es, ihnen in der Interpretation wirklich gerecht zu werden.

Angesichts der Weite und Differenziertheit des Menschen und Theologen Joseph Ratzinger ist es erstaunlich, wie stereotyp viele Darstellungen über ihn ausfallen. Seit seiner Papstwahl ist die Literatur über ihn stark an Quantität, aber nicht unbedingt an Qualität gewachsen. Nur wenige Autoren haben sich die Mühe gemacht, die Kontexte seines Lebens auszuleuchten und neue Quellen zu erschließen, Archive zu besuchen und Zeitzeugen zu befragen und so ein eigenständiges und ausgewogenes Bild seines Lebensweges zu gewinnen.

In diesem Vortrag möchte ich das gängige Ratzinger-Bild etwas gegen den Strich bürsten und einige bisher wenig beachtete Aspekte hervorheben. Meine Grundannahme dabei ist, dass sich Theologie und Biografie im Leben eines Christenmenschen nie ganz voneinander trennen lassen. Die Zeit, in der einer lebt und glaubt, die Lebenssituationen, in denen er steht, die kirchlichen Aufgaben und Ämter, die er bekleidet, wirken sich ganz unweigerlich auf seine theologischen Einsichten aus – und umgekehrt nehmen theologische Erkenntnisse Einfluss auf Lebensgestaltung und Lebensentscheidungen.

Sieben Stationen der theologischen Biografie von Joseph Ratzinger stelle ich im Folgenden heraus und damit zugleich zur Diskussion.

1. Die Entdeckung der Wissenschaft – München und Freising (1945–1955)

Müßig zu fragen, wer hier zuerst wen entdeckt hat: die Theologie Joseph Ratzinger oder Joseph Ratzinger die Theologie. Die Entscheidung, Theologie zu studieren, war einerseits die logische Konsequenz einer vom katholischen Glauben geprägten Kindheit und Jugend; es war andererseits ein Akt des Widerstandes gegen die politische Ideologie des Nationalsozialismus, gegen seine Verunglimpfung des Christentums und dessen Ersetzung durch neuheidnische Rituale. Man muss beides zusammennehmen, um zu verstehen, wie tief und existenziell Ratzingers Motivation war, als er sein Theologiestudium begann.

In der Regel wird die Universität München als der Ort genannt, an dem er seine akademische Ausbildung erhalten hat. Die Phil.-Theol. Hochschule auf dem Freisinger Domberg wird dabei nur als Ausgangspunkt erwähnt.

Allerdings hat Ratzinger von den 14 Jahren, die er als Student und Dozent in seinem Heimatbistum verbracht hat, 10 Jahre in Freising und gerade einmal 4 in München gelebt. Selbst wenn er in München seine theologische Qualifikation erhalten hat, so ist der erste Zugang zum Fach doch in Freising gelegt worden.

Das eigentliche Studium gab in den ersten beiden Jahren einen breiten Überblick über die Geisteswissenschaften; auch Weltgeschichte, Philosophiegeschichte, Psychologie und naturwissenschaftliches Denken standen auf dem Stundenplan. Rückblickend sagte mir Papst Benedikt, das Studium in Freising sei in gewisser Hinsicht dem in München überlegen gewesen, weil es systematischer aufgebaut und auf eine möglichst umfassende Kenntnis der Theologie ausgerichtet war. Zum Beispiel hörte man in Freising in der Dogmatik im Laufe der Jahre alle Themenbereiche, während diese in München vom Schwerpunkt des jeweiligen Professors abhingen.

Mit zwei anderen Kurskollegen sandte man Ratzinger 1947 an die Münchener Universität. Zunächst fanden die Lehrveranstaltungen im ehemaligen Schloss Fürstenried statt, erst 1949 war das im Krieg zerstörte Gebäude an der Ludwigstraße wieder benutzbar. Man war damals mit wenig zufrieden, nutzte jeden Papierfetzen zum Schreiben, lieh sich gegenseitig Bücher aus.

Der Kontakt zwischen den Studierenden und den Professoren war durch den Platzmangel enger als für gewöhnlich, kein Nebeneinander, sondern ein Miteinander in dem gemeinsamen Willen, Deutschland geistig wieder aufzubauen. Wir haben „wie eine große Familie miteinander gelebt", schreibt Ratzinger in seinen Erinnerungen.

In Fürstenried kommt es zur schicksalshaften Begegnung mit Gottlieb Söhngen, dem Fundamentaltheologen aus Köln. In ihm findet Ratzinger früh seinen Meister, der ihn bedingungslos fördert, ihm mit unheimlichem Spürsinn die Themen für Promotion und Habilitation vorgibt, ihn aber wohl auch zu kühnen Thesen und zur Kritik des Bestehenden anstachelt, so dass sein Weg an der Universität *beinahe* scheitert. Aber der Reihe nach.

Bereits mit 23 Jahren, noch vor der Priesterweihe, schließt Ratzinger seine Doktorarbeit ab: Volk und Haus Gottes in Augustins Lehre von der Kirche. Es ist ein gründlich aus den Quellen gearbeitetes, souverän geschriebenes Buch, nicht nur über Augustinus, sondern auch über andere Kirchenväter aus Nordafrika, und zugleich eine ganz aktuelle Stellungnahme zum Selbstverständnis der Kirche. Nicht Volk oder Haus Gottes, sondern *Leib Christi* ist für Ratzinger das entscheidende Bild: eine Kirche, die untrennbar mit Christus als ihrem Haupt verbunden ist, deren Lebenskraft die Sakramente und deren Mitglieder miteinander verbunden und aufeinander angewiesen sind so wie Glieder an einem Leib. In der Nachkriegszeit, in der die Kirche eher als Institution und Hierarchie gesehen wurde, hatte das Kirchenbild der ersten Jahrhunderte, das Ratzinger wiederentdeckte, etwas ungeheuer lebendiges, befreiendes und ermutigendes an sich. Die Faszination für das Thema „Kirche" hat Ratzinger nicht mehr losgelassen, es ist der „Basso continuo" in seinem Werk.

Noch weitreichender, aber auch brisanter war die Wirkung seines Habilitationsthemas: Offenbarungsverständnis und Geschichtstheologie bei Bonaventura. Nicht Thomas von Aquin, dessen schulmäßiges Denken ihm schon als Student zu „geschlossen" und zu „unpersönlich" vorkam, sondern der Franziskaner-Mönch Bonaventura mit seiner an Schrift und mystischer Erfahrung ausgerichteten heilsgeschichtlichen Theologie wird zu Ratzingers Leitstern. Wenn sich Gott offenbart, dann richtet er sich nicht nur an den Verstand, sondern an den ganzen Menschen. Denn die Wahrheit, die uns Gott mitgeteilt hat, ist kein abstraktes Wissen, sondern eine Person: Jesus Christus. In der Begegnung mit ihm entscheidet sich die Geschichte des Menschen, individuell wie kollektiv. Offenbarung kann es für Ratzinger deshalb nur geben, wenn der Mensch als Empfänger, als Antwortender in das Offenbarungsgeschehen mit einbezogen ist.

Mit solchen Gedanken wagte sich der junge Habilitand Mitte der 50er Jahre in ein vermintes Gelände, mitten hinein in den Richtungskampf zwischen der traditionellen neuscholastischen Theologie und ihrer Überwindung durch ein neues, heilsgeschichtliches Denken. Der Münchener Dogmatiker Michael Schmaus sah in Ratzingers Arbeit einen gefährlichen Modernismus und Subjektivismus und lehnte ihre Annahme vehement ab.

So wurde die Habilitation, die Ratzinger glaubte schon in der Tasche zu haben, zu einem echten „Drama", zu einer großen Krise und Bewährungsprobe auf seinem bis dahin unangefochtenen Weg in die Wissenschaft. Das Ganze hatte nicht nur eine persönliche, sondern auch eine theologische Dramatik, der ich mich in einem zweiten Punkt näher zuwende.

2. Auf der Suche nach einer „neuen Theologie" (1955–1959)

In seinen Erinnerungen nennt Ratzinger als einen *Hauptgrund*, weshalb Schmaus seine Arbeit über Bonaventura missfallen hatte, dass er „neue Erkenntnisse aus dem französischen Sprachraum" aufgenommen habe. Diese „neuen Erkenntnisse" gehören zu einer „neuen Theologie", die man auch so nannte: nouvelle théologie. Unter diesem Sammelbegriff werden verschiedene Theologen aus dem Jesuiten- und

Dominikanerorden verstanden, die in den 30er und 40er Jahren im französischen Sprachraum durch ein vertieftes Studium der Kirchenväter neue Antworten des Glaubens auf die Fragen der Neuzeit suchten.

Meine These ist, dass die Theologie des frühen Joseph Ratzinger wesentliche Merkmale der nouvelle théologie trägt und *gerade dies* der Grund für seinen raschen Aufstieg und seinen Einfluss auf das Zweite Vatikanische Konzil war.

P. Werner Löser hat drei wesentliche Merkmale der nouvelle théologie herausgearbeitet, die alle auch auf Ratzinger zutreffen.

Erstens geht es um eine Neubestimmung des Verhältnisses von Natur und Gnade. Ratzinger hat im Jahr 1948 das Werk von Henri de Lubac zu diesem Thema, Surnaturel, studiert. De Lubac wollte Theologie und Anthropologie, Gottes- und Menschenbild wieder mehr aufeinander beziehen. Glaube wird als das gnadenhafte Zusammenwirken von Gott und Mensch verstanden. Eben dies erschien der neuscholastischen Theologie, wie sie in Rom gelehrt wurde, als eine unvorteilhafte Neuerung und Verdunkelung der bisherigen Lehre, und im Jahr 1950 wurde de Lubac mit Publikations- und Lehrverbot belegt. Man kann Ratzingers Arbeit über Bonaventura *auch* als Stellungnahme zum Problem der Vermittlung von Gnade und Natur lesen. Direkt Stellung genommen hat er zu diesem Thema erst im Jahr 1962 in der Festschrift für seinen Lehrer Söhngen. Dort interpretiert er die beiden Begriffe Natur und Gnade ganz vom Christusereignis her. In ihm hat Gott die Natur des Menschen angenommen, aber am Kreuz hat er die natürlichen Möglichkeiten des Menschen durch die Gnade überboten und so beides miteinander versöhnt – eine ebenso geniale wie einleuchtende Lösung für einen jahrhundertelangen Streit der Theologen.

Zweitens beschäftigt sich die nouvelle théologie mit der Rolle der Kirche in Gottes Heilsplan. Die Kirche steht nicht der Welt gegenüber, sondern lebt mitten in ihr, sie nimmt teil an ihren Umbrüchen und Veränderungen und versucht, all das aus der lebendigen Beziehung zu Gott mitzugestalten. Anregungen dazu lieferte ein anderes Werk de Lubacs, Catholicisme, das 1943 auf Deutsch erschien und 1949 in die Hände Ratzingers kam. Später nannte er das Buch einen „Meilenstein" in seiner intellektuellen Biografie. P. Joseph Lam hat kürzlich nachgewiesen, dass Ratzinger seine Promotion über Augustins Kirchenbegriff im Licht der von de Lubac aufgeworfenen Fragen entfaltet hat. Gegenüber einer „individualistisch und moralistisch verengten Weise des Glaubens", so schreibt Ratzinger selbst, habe er den sozialen Aspekt des Glaubens, seine Weltverantwortung, seine Solidarität auch mit den Nicht-Glaubenden durch tätige Liebe herausstellen wollen.

Drittens war es die Absicht der nouvelle théologie insgesamt, durch das intensive Studium der Theologen der ersten Jahrhunderte Theologie und Kirche zu erneuern und theologische Fehlentwicklungen oder Einseitigkeiten des 19. und frühen 20. Jahrhunderts zu korrigieren, gewissermaßen Tradition mithilfe von Tradition weiterzuentwickeln.

Die Kirchenväter im Licht der Fragen der Gegenwart zu lesen, wird ein Markenzeichen der Theologie Ratzingers bleiben. Etliche seine Schüler arbeiten über die Theologie der Väter, und in den Vorlesungen und Seminaren zählen die Vertreter der nouvelle théologie, de Lubac, Congar und Daniélou, stets zu den Referenzautoren.

Zusammenfassend kann man sagen: Ratzingers Theologie gewinnt bereits in den 50er Jahren ihr unverwechselbares Profil. Er legt Wert auf die Orientierung an den Quellen des Glaubens (Heilige Schrift und Kirchenväter), die Durchleuchtung der einzelnen theologischen Themen von der Gestalt Jesu Christi her, die Erklärung des Glaubens im Gespräch mit dem modernen naturwissenschaftlichen und philosophischen Denken und den Blick für geschichtliche Konstellationen und Entwicklungen.

Ich würde also der oft gehörten Meinung, für Ratzingers Theologie sei der Zusammenhang von *Glaube und Vernunft* das entscheidende Kennzeichen, nur bedingt zustimmen. Genauer betrachtet, geht es bei Ratzinger um das Verhältnis von Wahrheit und Geschichte oder, wie er es selbst umschreibt: um die Vermittlung von Metaphysik und Heilsgeschichte.[1] Denn die ewigen Wahrheiten über Gott und den Menschen sind uns mitgeteilt in geschichtlicher Gestalt, die immer wieder neu bedacht und gedeutet werden muss. Ratzingers Theologie ist ihrem Wesen nach Offenbarungstheologie und zugleich Geschichtstheologie, weil die *Geschichte der Menschen* der Weg ist, den Gott mit uns gehen will. Oder, wie Wolfram Schmidt, einer seiner Schüler, einmal treffend gesagt hat: „So wie uns Ratzinger die Theologie erklärt hat, war sie für uns eine Einladung, mitzugehen."

Von der Theorie nun wieder in die Praxis, in einem 3. Schritt.

3. Theologie in der Verantwortung für Konzil und Kirche (1959–65)

Der 9. Oktober 1962 ist ein Schicksalstag im Leben Joseph Ratzingers. Gemeinsam mit dem Kölner Kardinal Josef Frings und dessen Sekretär Hubert Luthe besteigt der mittlerweile nach Bonn berufene Theologe zum ersten Mal ein Flugzeug, um an der Eröffnung des Zweiten Vatikanischen Konzils in Rom teilzunehmen.

Das Konzil, sein Verlauf und seine Folgen haben Ratzingers Leben und theologische Ausrichtung zutiefst geprägt. Die vier Jahre als Konzilsberater zählen mittlerweile zu den besterforschten in seiner Biografie, darum fasse ich mich an dieser Stelle kurz, überspringe den Verlauf und ziehe gleich eine Bilanz aus heutiger Sicht.

Konkret lässt sich Ratzingers Einfluss nachweisen bei Aufbau und inhaltlicher Ausrichtung der Konstitution über die göttliche Offenbarung, Dei Verbum, im sakramentalen Verständnis der Kirche und der bischöflichen Kollegialität in der Konstitution über die Kirche, Lumen Gentium, und im trinitätstheologischen Eingangsteil des Missionsdekrets, Ad gentes.

Darüber hinaus hat Ratzinger auch viele andere Wortmeldungen des Kölner Kardinals durch Vorarbeiten und Gespräche in ihrer kleinen „WG" im Kolleg Santa Maria dell'Anima geprägt. Ich habe einen Tag lang im Historischen Archiv des Erzbistums Köln verbracht und die Konzilsakten von Kardinal Frings studiert, in die Ratzinger mit Bleistift sehr selbstbewusst und akribisch seine Änderungsvorschläge eingetragen hat.

---

1 Joseph Ratzinger, Grußwort, in: Karlfried Froehlich, Testimonia Oecumenica in honorem Oscar Cullmann, Tübingen 1982, 230 f., hier 230: „Besonders wichtig wurde mir die Grundanschauung von der Heilsgeschichte, die ich mit dem metaphysischen Anliegen der katholischen Theologie vermitteln wollte …".

Außerdem beginnt sich bereits während des Konzils die Presse für den eloquenten und stets gesprächsbereiten Theologen zu interessieren, so dass Ratzinger in Deutschland mehr und mehr als Stimme des Konzils und als Vermittler von dessen Botschaft wahrgenommen wird.

Von den Dutzenden Vorträgen Ratzingers ziehen die Rückblicke auf die jeweiligen Konzilsperioden, die er in Bonn und Münster hält, die weitesten Kreise.

Auch *nach Konzilsende* tritt er durch seine Mitarbeit an Herders Theologischem Kommentar zu den Konzilstexten sowie durch zahlreiche Wortmeldungen in Rundfunk, Fernsehen und Publikationen für die Verwirklichung der Beschlüsse und ihre theologische Vertiefung ein, so dass man das Konzil wirklich als „Lebensthema" Joseph Ratzingers bezeichnen muss.

Durch seine Arbeit als Konzilsberater sind ihm schon früh zwei wichtige Einsichten geschenkt worden, die man jedem Theologen wünschen möchte.

Erstens die Verantwortung der Theologie für die Kirche. Es ist erstaunlich, wie hart Ratzinger, ein Theologe aus Leidenschaft, mit seinen Kollegen ins Gericht geht, wo sie sich neben und gegen das Lehramt der Bischöfe stellen und ihre eigenen „Lieblingsgedanken" (JRGS 7/1, 397) als Lehre der Kirche ausgeben. Das wendet er auch auf sich selbst an und schreibt im Vorwort einer Dissertation, die seinem Einfluss auf Lumen Gentium gewidmet ist, kein Theologe dürfe die neue Erkenntnis, an der er mitgewirkt habe, „für sich reklamieren". Ein Theologe spricht natürlich mit seiner eigenen Stimme, sein Denken ist biografisch und geschichtlich geprägt – aber als Glaubender steht er zugleich unter einem „Maß, das ihm vorausgeht" (JRGS 7/1, 640). Die Frage nach dem rechten Verständnis der Freiheit theologischer Forschung und die Vertiefung dessen, was christliche Theologie eigentlich meint, wird Ratzingers weiteres Wirken begleiten.

Zweitens wird Ratzinger im Verlauf des Konzils deutlich, wie wichtig die Unterscheidung zwischen wahrer und falscher Erneuerung der Kirche ist. Schon in einem Vortrag in der Münsteraner Studentengemeinde im Mai 1965 und dann noch deutlicher in seiner Rede beim Katholikentag in Bamberg im Juli 1966 hat Ratzinger davor gewarnt, Veränderungen in der Verkündigung und der Liturgie *um der Veränderung willen* vorzunehmen und so das Empfinden des Augenblicks über das Gewachsene und Bewährte zu stellen.

Gerade weil er als junger Theologe das Konzil so intensiv miterlebt und mitgestaltet hat, hat er darunter gelitten, dass die eigentliche Erneuerung im Sinne einer Verlebendigung des Glaubens weitgehend ausgeblieben ist.

Damit kommen wir zu der wohl schwierigsten Zeit in Ratzingers Leben: den Jahren in Tübingen und ihrem abrupten Ende durch den Wechsel nach Regensburg. Beides fasse ich zusammen unter dem Titel:

4. Jenseits der bürgerlichen Religion (1965–77)

Ratzinger kam gerne nach Tübingen und hat sich dort in den ersten beiden Jahren sehr wohl gefühlt. Seinen Lehrstuhl hatte 120 Jahre zuvor Johann Sebastian Drey innegehabt, einer der führenden Köpfe der Katholischen Tübinger Schule, die nach den Umbrüchen der Aufklärungszeit eine erste Form heilsgeschichtlicher Theologie entwickelt hatte. Das evangelische Stift in Tübingen war die Schule der Dichter und Denker: Schiller und Hölderlin, Hegel und Schelling wurden dort ausgebildet. Kleine Wallfahrtsorte, die Nähe nach Basel zu seinem Freund und Förderer Hans Urs von Balthasar und der große Schülerkreis, der ihm von Münster her gefolgt war – all das machte es Ratzinger leicht, in Tübingen Fuß zu fassen. Mit seinem Kollegen Hans Küng teilte er sich die dogmatische Hauptvorlesung und traf sich häufig auch privat.

Im Laufe des Jahres 1968 aber veränderte sich sehr schnell die geistige Großwetterlage. Ratzinger war in dieser Zeit Dekan der Fakultät und bekam hautnah mit, wie sich die Studenten und Assistenten radikalisierten. Jugendlicher Protest gegen die „Wohlstandsgesellschaft" und ihre bürgerlichen Werte und marxistische Verheißungen einer neuen, besseren Welt verbanden sich zu einem Sturm gegen alles Bestehende, auch im Glauben.

Einige Professoren ignorierten die Parolen und kapselten sich ab, andere nahmen die Forderungen auf und entwarfen eine „Theologie der Hoffnung" oder „Politische Theologie", nur die wenigsten suchten die kritische Auseinandersetzung mit den Studenten. Zu ihnen gehörte Ratzinger.

Bei etlichen Podiumsgesprächen erhob er seine Stimme und versuchte, durch Argumente zu überzeugen.

Wenn ihn damals etwas verletzt hat, dann war es die Taubheit seiner Gegner. „Ich habe damals gelernt", sagte er später in einem Interview, „dass es unmöglich ist, mit dem Terror zu diskutieren, weil es dort an den Voraussetzungen für die Diskussion fehlt [...] Ich habe gelernt, wo man die Diskussion abbrechen und Widerstand leisten muss, um die Freiheit zu bewahren."

In der Theologischen Fakultät und im Bistum Rottenburg fehlte es Ratzinger an Unterstützung. Größere Sorgen als um sich selbst aber machte er sich um seine Studenten. Genau heute vor 48 Jahren, am 27. Mai 1969, sitzt er an seinem Schreibtisch in einem Tübinger Reihenhaus und schreibt von dort an den Philosophen Josef Pieper nach Münster:

„Was mich [...] beunruhigt, ist die Tatsache, dass in dem hier herrschenden Klima eine nicht geringe Zahl von gutwillig Beginnenden den Glauben verliert. Da für viele meine Anwesenheit in Tübingen ein Mitgrund ist hierher zu kommen, muss ich mich für solche Vorgänge mitverantwortlich fühlen."

In keiner mir bekannten Biografie ist dieser Grund für Ratzingers Weggang aus Tübingen auch nur angedeutet worden: die Sorge um den Glauben seiner Studierenden. Aber gerade das zeigt, worauf es ihm ankam. Und deswegen suchte er neben der Lehre an der Universität Regensburg in den 70er Jahren nach *alternativen Lernorten des Glaubens*.

Das markanteste Beispiel sind die Ferienkurse, die Ratzinger gemeinsam mit dem Exegeten Heinrich Schlier von 1970 bis 77 in der Gustav-Siewerth-Akademie in Bierbronnen im Schwarzwald gab. „Gemeinsam den Glauben lernen, leben und feiern", fasste eine der damaligen Teilnehmerinnen das Erlebnis zusammen.

Eine Woche lang vertieften sich Dozenten und Studenten in ein aktuelles Thema, beteten und verbrachten die Freizeit miteinander. Viele der damaligen Teilnehmer sind bis heute mit Papst Benedikt in Verbindung und haben aus diesen Tagen lebenslangen Halt im Glauben gefunden.

Ein anderer solcher Ort liegt in den Niederlanden: das Priesterseminar in Rolduc im Bistum Roermond. Nachdem die katholische Kirche dort nach dem Konzil einen dramatischen Einbruch an Berufungen erlebt hatte, wollte Bischof Gijsen das Theologiestudium neu aufbauen und bat dazu Ratzinger, den er aus Bonn kannte, eine Studienordnung zu entwerfen. Zweimal hielt Ratzinger eine Gastvorlesung in Rolduc und half dabei, die angehenden Priester durch diese kritische Zeit zu führen.

Schließlich fiel mir auf, dass Ratzinger seit Ende der 60er Jahre viele Exerzitienkurse hielt, oft mehrmals im Jahr. Die spirituelle Durchdringung des Glaubens wurde ihm nun ebenso wichtig wie die intellektuelle. Auch die Treffen mit seinen vielen Doktoranden trugen einen ausgeprägt kirchlichen Charakter und begannen immer mit einer Eucharistiefeier.

In Regensburg reift, wie Ratzinger in seinen Erinnerungen schreibt, seine theologische Vision heran. Nach einem Buchtitel von Johann Baptist Metz, der in seinen Intentionen oft gar nicht so weit entfernt ist von seinem Kontrahenten, nenne ich sie: „Jenseits der bürgerlichen Religion."

Ratzinger hat nämlich sehr früh das Problem der westlichen, namentlich der deutschen Kirche erkannt: dass wir den christlichen Glauben nur allzu leicht den Plausibilitäten des modernen bürgerlichen Lebens unterwerfen. Er sah in seinem Umfeld die Gefahr einer Verbürgerlichung der Theologie, die ihre eigene Tradition aufgibt und damit ihre Kraft verliert, als kritische Instanz des Glaubens in Gesellschaft und Kirche hineinzuwirken. Denn Glaube bedeutet immer ein Stück weit Non-konformität, Hinterfragen und Verändern dessen, was ist.

Glaube, sagt Ratzinger, ist Selbstüberschreitung, Hinausgehen aus dem, was man kennt und gewohnt ist, Eintreten in die Bewegung der Liebe, die von Christus ausgeht und die die eigentlich verwandelnde Kraft ist.

So eine Einsicht in die Dynamik des Glaubens kann nicht ohne Folgen für die eigene Lebenspraxis bleiben. Darum folgt in der theologischen Biografie ein 5. Punkt.

5. Theologie in der Verkündigung (1977–82)

Schon früh hat Rom seine Fühler nach Ratzinger ausgestreckt. 1969 wird er Mitglied der Internationalen Theologenkommission und ist fortan jedes Jahr für 14 Tage in der Ewigen Stadt. 1975 fragt ihn Papst Paul VI. für die Fastenexerzitien der Kurie an, was Ratzinger aufgrund seiner nach eigenem Empfinden mangelhaften Italienisch-Kenntnisse ablehnt. Der Papst schätzt seine „Einführung in das Christentum" und weiß, wie viele deutsche Bischöfe den Professor als Ratgeber aufsuchen. Insofern ist Ratzingers Bischofsernennung 1977 keine wirkliche Überraschung.

Aber für ihn bedeutet es das Ende seines Lebens in der akademischen Welt, das er sich über Jahrzehnte aufgebaut und in dem er seine Erfüllung gefunden hat. P. Bruno Hidber, dem Ratzinger im Mai 1977 das letzte Rigorosum vor seiner Bischofsweihe abgenommen hat, hat mir berichtet, wie wehmütig seine Stimmung damals war. Für ihn endete wirklich eine Welt.

Die Bilanz der 5 Jahre als Erzbischof von München und Freising fällt ambivalent aus. Einerseits ist Diözesanbischof ebenso wie Gemeindepfarrer sicher nicht die erste Berufung von Joseph Ratzinger. Seine Fähigkeiten kann er in anderen Bereichen besser entfalten. Viele Priester kannten ihn aus seiner Zeit als Student und Dozent und mussten sich dementsprechend erst daran gewöhnen, in ihm den Bischof zu sehen.

Sein Vorgänger, Kardinal Döpfner, war viel außerhalb des Bistums tätig, Ratzinger dagegen prüfte alles selbst, was manche als Kontrolle empfanden. Schließlich standen die Jahre noch im Zeichen der nachkonziliaren Erneuerung und boten viel Diskussionsstoff auf allen Ebenen.

Andererseits folgt Ratzinger unbeirrbar seiner Vision einer geistlichen Erneuerung der Kirche durch Vertiefung des Glaubens und der Christusbeziehung. Seine Theologie wird nun immer mehr Theologic in der Verkündigung. Der Aachener Priester Klaus Hurtz hat in seiner Magisterarbeit die Predigten Ratzingers aus der Münchner Zeit analysiert und ist dabei auf 341 Texte gekommen. Einige davon werden als Broschüren gedruckt und hundertfach in ganz Deutschland verschickt. Zwei Predigtreihen im Münchner Liebfrauendom, über die Eucharistie und über die Schöpfung, ziehen ein großes Publikum an und erscheinen später in Buchform.

Und gerade als er sich mit seinem neuen Amt angefreundet und an den vielen Begegnungen mit den Gläubigen Gefallen gefunden hat – erreicht ihn der Ruf nach Rom.

6. Glaubenspräfekt und Weltbürger (1982–2005)

Bevor Ratzinger die Berufung als Präfekt der Glaubenskongregation annimmt, macht er etwas, was man sonst kaum bei ihm findet – *er stellt eine Bedingung.* Nur wenn es ihm weiterhin erlaubt sei, als Theologe zu arbeiten und Bücher zu schreiben, werde er das Amt annehmen, sagte er zu Papst Johannes Paul II. – in der leisen Hoffnung, es sei nicht möglich und der Kelch werde an ihm vorübergehen.

Aber der Papst hat keine Bedenken, und so gibt Joseph Ratzinger in den folgenden Jahren dem Amt des Präfekten der Glaubenskongregation ein Gesicht und eine Bedeutung, die es nie vorher hatte und nur schwerlich jemals wieder haben wird.

Sein Amt bedeutet zwar auch viel Schreibtischarbeit, Sitzungen, Beratungen. Aber das Ganze lebt vom Studium und vom Austausch mit den führenden Theologen der Gegenwart. Ratzinger leitet neben der Kongregation auch die Theologen- und die Bibelkommission und ist Mitglied in vielen anderen Ministerien und Räten der Kurie. Was er zuvor in der deutschen Universitätslandschaft und in der Bischofskonferenz einbrachte an Wissen, Fleiß und Kreativität, das kommt nun der Weltkirche zugute.

In Deutschland wurde von den Medien meistens das Bild vermittelt, Kardinal Ratzinger sitze in Rom, studiere Akten und decke Häresien auf. Der Schutz und die Verteidigung des Glaubens war gewiss seine Aufgabe, und er hat sie sehr ernst genommen. Die andere Aufgabe der Kongregation aber ist die Förderung und Vertiefung des Glaubens, und diese war für ihn ebenso wichtig. Dutzende Schreiben zu aktuellen theologischen Fragen tragen seine Handschrift. Das Großprojekt eines neuen Katechismus wurde unter seiner Leitung durchgeführt. Und das ist nur die Arbeit, die er *in Rom* leistete.

In seiner Zeit als Glaubenspräfekt wird Joseph Ratzinger auch zum Weltbürger, zu einem der anerkanntesten Intellektuellen in der westlichen Welt.

Fünfmal reist er nach Südamerika, sechsmal in die USA. Er hält Vorträge vor den führenden Politikern und Juristen Europas, wird nach Cambridge und New York eingeladen, erhält 9 Ehrendoktorate (davon nur eines in Deutschland) und schließlich im Jahr 1992 einen Platz im Kreis der „Unsterblichen", der Académie française.

Sein Einsatz für die Aufhebung der Verurteilung von Galileo Galilei verschafft ihm bei Naturwissenschaftlern eine so große Sympathie, dass sie im Jahr 2000 einen Planeten nach ihm benennen.

Und auch Glaubensskeptiker oder bekannte Atheisten suchen das Gespräch mit Kardinal Ratzinger: Jürgen Habermas etwa oder in Italien Marcello Pera, Paolo Flores d'Arcais und noch in jüngster Zeit Piergiorgio Odifreddi.

Durch die Internationalität seiner Kontakte wird Ratzinger nun zunehmend auch zum Zeitdiagnostiker, der auf die Ambivalenz des Fortschritts in Technik und Wissenschaft hinweist und den Bestand der Humanität ohne Gottesbezug gefährdet sieht. Unermüdlich geht er in seinen Vorträgen auf die geistigen Grundlagen Europas ein, auf den Zusammenhang von Wahrheit, Freiheit und Gewissen, auf die Gefahren der modernen Bioethik.

Manche, selbst sein Schüler Wolfgang Beinert in Regensburg, sehen in dieser Zeitkritik die Wiederkehr eines augustinischen Geschichtspessimismus.

Aber ich denke, Ratzinger bewegt Ähnliches wie in Tübingen: die Sorge, was aus dem Menschen wird, wenn er den Glauben verliert, wenn er keine Instanz mehr kennt, die über ihm steht, wenn er sich selbst an die Stelle Gottes setzt und sich anmaßt zu entscheiden, was Liebe und Ehe ist, was lebenswert ist und was nicht.

Ratzingers Zeit-Diagnosen sind tiefschürfend, unbestechlich und in höchstem Maße unbequem – trotzdem *oder gerade deswegen* reißen sich die Medien um ihn. Als Präfekt ist er wohl der am häufigsten interviewte Bischof der ganzen katholischen Kirche. In der Werkausgabe füllen die Interviews drei dicke Bände.

Joseph Ratzingers Gespräch mit der Zeit ist nie abgerissen und hat in den acht Jahren seines Pontifikats einen letzten Höhepunkt erreicht, dessen Erbe uns noch lange beschäftigen wird.

An dieser Stelle breche ich ab und versuche in aller Kürze eine theologische Bilanz der Stationen, die wir abgeschritten haben.

7. Eine Theologie für das dritte Jahrtausend

Vieles spricht dafür, dass Joseph Ratzinger, der Gendarmensohn aus dem südlichsten Winkel des Bistums Passau, einmal als Kirchenlehrer in die Geschichte eingehen wird. Darüber muss nicht heute entschieden werden. Das wird vielmehr die Rezeption seines Werks zeigen, die eben erst begonnen hat. Ich möchte die Bilanz seines langen Lebens mit der Kirche einfach eine „Theologie für das dritte Jahrtausend" nennen und dafür einige Gründe anführen.

Der Lebensweg Joseph Ratzingers ist beispielhaft für den Weg des Christseins in der Moderne. Der christliche Glaube, den er unermüdlich erklärt und verkündet hat, ist ein „Glaube zwischen Vernunft und Gefühl", wie einer seiner Vorträge heißt: ein Glaube, der sich gegenüber dem säkularen Denken und seinen kritischen Anfragen verantworten kann, der aber zugleich auf spiritueller Erfahrung und kirchlicher Praxis beruht, der fraglose Beheimatung und kritische Reflexion, Gefühl und Verstand, Ästhetik und Logik gleichermaßen umfasst.

Die Geschichte des 20. Jh. ist geprägt durch die beiden großen Ideologien des Nationalsozialismus und des Kommunismus. Beide hat Ratzinger hautnah erlebt, die erste direkt, die zweite in ihrer westlichen und befreiungstheologischen Variante, und sich intensiv mit deren geistigen Wurzeln auseinandergesetzt. Auf die unveräußerliche Würde und Freiheit des Menschen, auf seine Berufung zur Liebe hat er immer wieder hingewiesen und seine Möglichkeiten und Gefährdungen aufgezeigt. Ratzingers Christentum ist wie das von Augustinus ganz existenziell, durchkämpft und durchbetet, und verteidigt den Menschen gegen jede Form von Totalitarismus, ob er nun politisch oder, wie in unserer Zeit, wirtschaftlich und kapitalistisch motiviert ist.

In der Mitte des Glaubens steht für Ratzinger von Anfang an der, dem er als Papst sein letztes wissenschaftliches Werk gewidmet hat: Jesus von Nazareth, den wir als den Christus des Glaubens bekennen. Die Wahrheit ist Person und erschließt sich auf personale Weise. Sein tiefes Verständnis der Gestalt Marias und der Heiligen, auf die jüngst Kardinal Koch in seinem Buch über den „Bund zwischen Vernunft und Liebe" hingewiesen hat, ist die logische Folge aus dieser christologischen Konzentration des Glaubens. Sie kommt dem modernen Menschen in seiner Suche nach Erfahrung, Begegnung, Angenommen- und Angesprochen-Sein entgegen und hilft umgekehrt, das kirchliche Leben und die Liturgie von dieser personalen Mitte aus zu verstehen und zu feiern.

Die Kirche ist nicht zufällig der Ausgangspunkt von Ratzingers theologischem Werk. Es ist auch der Ausgangspunkt seines und jeden Christseins.

„Ein Christ ist kein Christ" – dieses Wort des Kirchenvaters Tertullian, das Ratzinger bei Henri de Lubac gelesen hat, hat in unserer Zeit an Bedeutung gewonnen. In Gemeinden, in denen die Unverbindlichkeit in Glaubensfragen eingezogen ist, gibt es eigentlich keine Kirche mehr. Denn Kirche lebt von Verbindlichkeit und lebendiger Verbindung – mit Christus und untereinander.

Ratzingers Ausführungen über die Kirche als Leib Christi möchte ich allen zur Lektüre empfehlen, die sich heute mit der Kirche schwertun oder die sich in unserem Bistum um die Neuordnung der Pfarreien bemühen. Um mit der Kirche leben zu können, braucht es einen spirituellen Zugang, wie er sich in Ratzingers Theologie mustergültig findet.

Ich schließe mit einem „Mozart-Satz" Ratzingers, der aufs Erste ganz einfach klingt, aber wenn man ihn nachspielen möchte, ziemlich anspruchsvoll wird:

„(Die Kirche) hat von Christus her ihr Licht. Wenn sie dieses Licht nicht auffängt und weitergibt, dann ist sie nur ein glanzloser Klumpen Erde [...] Die Kirche ist [...] der Aussichtspunkt, der uns das Ganze sehen lässt und zugleich der Ort, an dem wir zueinander finden und so ein jeder sich selber finden kann, weil Gott es ist, der da unser Herz öffnet und unsere Trennungen überwindet."[2]

---

2   Joseph Ratzinger, Geleitwort, in: Christoph Schönborn, Leben für die Kirche. Die Fastenexerzitien des Papstes, Freiburg 1999, 9 f., hier: 9.

„Benedikt XVI. hat das Papsttum in eine neue Zeit geführt"

Statement des Journalisten Peter Seewald

Wer ist Joseph Ratzinger? Wer ist Benedikt XVI.?

Es wird ja häufig gesagt, es gäbe zwei Ratzingers. Einen vorher, und einen nachher. Einen vor dem Konzil, den modernen und revolutionären Theologen. Und einen nachher, den Konservativen, der sich zum Reaktionär entwickelt hätte, zum „Panzerkardinal" eben. Ich denke, es gibt tatsächlich zwei Ratzingers: einen, wie er in den Bildern vieler Medien erscheint, und einen, der er wirklich ist.

Mit Joseph Ratzinger verbindet sich eine atemberaubende Geschichte, eine Jahrhundertbiografie. Ein Junge aus bescheidenen Verhältnissen, ein Bub aus einem bayerischen Dorf am Rande der Alpen wird das Oberhaupt der größten und ältesten und geheimnisvollsten Institution der Welt, der katholischen Kirche mit ihren 1,3 Milliarden Mitgliedern! Mehr noch: Ein Deutscher wird Pontifex, und das nur 60 Jahre nach dem grausamen Weltschlachten, das dieses Volk über die Erde gebracht hat. „Vom Hitlerjungen zum Papa Ratzi", titelte eine englische Zeitung. Noch dazu war da jemand, der als Schreckgespenst galt, als Totengräber der Kirche. Ich habe heute noch den Aufschrei seiner Gegner im Ohr, die über diese Wahl verzweifelt waren. Und auch nach seinem Rücktritt bietet man eine Formel des Grauens an: Ratzinger sei die falsche Wahl gewesen, heißt es, und seine größte Tat war der Amtsverzicht. Nichts wird bleiben von ihm.

Nichts wird bleiben? Stimmt das? Haben die Kardinäle sich blenden lassen und auf einen bösen Geist gehört, als sie Joseph Ratzinger mit großer Mehrheit in einem der kürzesten Konklave der Geschichte zu ihrem Oberhirten machten? Ich möchte hier eine Gegenthese aufstellen: Ratzinger war das Beste, was der katholischen Kirche nach dem großen Johannes Paul II. passieren konnte. Kein anderer hatte die Erfahrung, die Qualität, die Kapazität, die Autorität, das Geschick, die Noblesse, den Kopf, das Herz und nicht zuletzt den starken Glauben und die notwendige Demut, um das Erbe eines Jahrhundertpapstes wie Karol Wojtyła fortsetzen zu können. Beide waren das Dream-Team, das über den Tod des Polen hinaus in einer Art Doppelpontifikat dafür Sorge trug, dass im Sturm der Zeit das Schiff Kirche auf Kurs blieb. Und ich denke, es wird der Tag kommen – und dieser Tag ist nicht mehr allzu fern – an den man vom deutschen Papst nicht nur als einem bedeutenden Gelehrten sprechen wird, einem Vor-Denker, als dem vermutlich größten Theologen, der jemals auf dem Stuhl Petri saß, sondern vom Kirchenlehrer der Moderne schlechthin, der nicht nur mit seiner Weisheit überzeugte, sondern durch die Authentizität eines Lebens, mit dem er versuchte, der Welt die Nachfolge Christi zu zeigen.

Was prägte Joseph Ratzinger / Benedikt XVI. als Mensch, als Theologe, als Papst? Im Rahmen dieses Statements einige Streiflichter hierzu:

- Da ist zunächst die Herkunft aus einem im Glauben besonders festen katholischen Elternhaus. Für seine Entscheidung zum Priesterberuf, so bekannte Ratzinger, sei dafür auch „die kraftvolle, entschieden religiös ausgerichtete Persönlichkeit unseres Vaters ausschlaggebend" gewesen. Eines Mannes, der anders dachte, „als man damals denken sollte, und das mit einer souveränen Überlegenheit."

- Da ist die Verwurzelung in der liberalen und sinnhaften Religiosität des bayerischen Katholizismus und die Faszination eines Kindes für die Geheimnisse des katholischen Kultes.

- Da ist die Erfahrung einer antichristlichen, atheistischen Diktatur, die das jüdische Volk ausrotten und anstelle der Kirche ein „deutsches Christentum" nach Nazi-Vorstellungen setzen will. Einer Zeit, in der nicht nur Bekennermut gefragt ist, sondern auch die Notwendigkeit, seine christliche Überzeugung erklären zu können. Es geht dabei auch um die Frage, ob die Wahrheit ein objektives Element der Schöpfung ist, oder ob sie verhandlungsfähig ist, je nach Zeitgeschmack und der Abstimmung durch die Mehrheit der oft so verführbaren Massen. Und was die Kirche betrifft, so schreibt sich dem Jungen damals eine Grunderfahrung ein, dass nämlich „die bloße institutionelle Garantie nichts nützt, wenn nicht die Menschen da sind, die sie aus innerer Überzeugung heraus tragen."

- Da ist nach dem Kriegsende von 1945 die Stunde Null mit all der Hoffnung und einer Stimmung des Aufbruchs. Man spricht vom katholischen Frühling, der der jungen Bundesrepublik ihre Gestalt und Verfassung gibt. Eine neue Gesellschaft, ein Europa mit Zukunft, so der breite gesellschaftliche Konsens nach der tödlichen Erfahrung des Atheismus, könne nur auf der Basis der abendländischen Wurzeln und der christlichen Weltanschauung gebaut werden.

- Da ist der junge Professor als neuer Stern am Himmel der Theologie. Er will Neues wagen, heraus aus alten Schemen. Als 35-jähriger Konzilsberater gibt Ratzinger dem II. Vatikanum wesentliche Impulse und lässt einen Johannes XXIII. sagen, dass jener junge Deutsche mit seinem Konzept genau das zum Ausdruck gebracht habe, was er beabsichtigt habe, es so aber nicht formulieren konnte.

- Da ist dann aber auch der frühe Kritiker einer kirchlichen Entwicklung, die in Teilen in eine Richtung geht, die von den Vätern des Vatikanums so nicht gewollt war. Und nicht nur er, auch andere maßgeblich progressive Theologen des Konzils, ob ein Yves Congar oder ein Henri de Lubac, kommen zu dieser Überzeugung. Denn Progressivität wurde anders verstanden. Als Erneuerung aus den Wurzeln, und nicht als ein billiger, selbstgebastelter Neubau, den man anstelle des alten setzt und in dem am Ende nichts mehr zueinanderpasst.

Man hat Ratzinger vorgehalten, er habe sich nach dem Umbruch der 60er Jahre und der Studentenrebellion völlig gewandelt. Er habe in Tübingen ein Trauma erlebt und dann die Richtung geändert. Sein Haupt- und Dauergegner Hans Küng wurde nicht müde, bei jedem Interview noch hinzuzufügen, Ratzinger habe Karriere machen wollen. Er habe ein Amt angestrebt und die damit verbundene Macht.

Bis heute lässt sich allerdings kein triftiger Beleg für diese Thesen finden. Weder gibt es das Trauma Ratzingers aus 1968 – wohl die bittere Erfahrung eines Massendrucks, die ihn an die Tabula rasa aus der Nazi-Zeit erinnerte –, noch gab es eine Flucht. Und auch keine Änderung der Linie oder gar den Versuch, möglichst schnell auf der Karriereleiter der Kirche nach oben zu klettern. Wer sich nur ein klein wenig mit der Biografie und vor allem mit der Theologie Ratzingers beschäftigt, sieht, dass es bei ihm eine fast schon unfassbare Kontinuität gibt. Seine Haltung und seine einmal gefundene Theologie können, oft fast wortgleich, zurückverfolgt werden bis hin zu den ersten Probe-Predigten, die er noch als Student hielt. Und dass Ratzinger aus dem Lebensweg als Professor, den er sich erträumt hatte und den er als seine ureigenste Aufgabe ansah, herausgerissen wurde und zum Bischof von München und dann zum Präfekten der Glaubenskongregation bestimmt wurde, gehört ganz gewiss nicht zu den persönlichen Sternstunden, sondern zum persönlichen Drama des Joseph Ratzinger. Denn von nun an beginnt die Geschichte eines Dieners, von dem der große Theologe Eugen Biser sagte, dieser habe mehr von seinem Lebensglück geopfert, als die meisten Menschen es sich überhaupt vorstellen könnten.

Es kam der 19. April 2005. Ratzinger sagt, an diesem Tag habe er ein „Fallbeil" auf sich niedersausen sehen. Dass er als neugewählter Pontifex nur ein sehr kurzes Pontifikat leiten würde, war für ihn so sicher wie das Amen in der Kirche. Er hatte seine Kräfte nicht sehr hoch eingeschätzt. In zwei, drei Jahren, so sein Gedanke, werde ihn der Herr zu sich holen. So gesehen hat er all das zuerst angepackt, das ihm angesichts der gewaltigen Glaubenskrise, dem Niedergang des Christentums, der sich über den gesamten Westen ausbreitete, als das Dringlichste erschien, nämlich die Erneuerung und Festigung dieses Glaubens. Organisatorische Dinge stellte er hinten an. Für leere Gesten oder reine Effekthascherei war er ohnehin nie zu haben. Als der „kleine Papst", der einem großen folge, stellte er sich in die Tradition der Vorgänger. Und wurde damit zum Scharnier zwischen der Welt von Gestern und der Welt von Morgen, ein echter Brückenbauer also in Zeiten des Umbruchs, wo es vor allem auch darauf ankommt, nicht die Orientierung und den Boden unter den Füßen zu verlieren.

Joseph Ratzinger zeigte sich als der Anti-Populist schlechthin. Nicht um das, was die Mode der Zeit und was die Medien wollen, ging es ihm, sondern um das, was Gott will. Und ist es nicht von einem besonderen Wert, wenn es in einer Epoche, in der vor allem Emotionen, Shows und genormtes Verhalten die Richtung bestimmen, in der nicht Fakten und Nüchternheit zählen, sondern Fake-News den Ton angeben, wenn es also in so einer Periode einen Mann gibt, der sich ohne Einschränkung der Wahrheit verpflichtet sieht? Einen verantwortungsbewussten, integren und soliden Leader, der auf den Verstand und die Vernunft setzt, und zwar ohne dabei ein kalter Pragmatiker zu werden, sondern in der Verbindung mit metaphysischem Denken und biblischem Glauben die Erfahrungen aus der Geschichte der Menschheit bewahrt und an die nächste Generation weitergeben kann?

Vor allem eines wollte Benedikt XVI.: die Menschen in einer Zeit der Gottesferne, ja, der „Gottesfinsternis", wie manche schon formulieren, wieder mit Jesus Christus bekannt machen, sie zu Ihm führen, zu seiner Gnade, seiner Barmherzigkeit, aber sie auch an seine Mahnungen erinnern, die Vorgaben der Gebote Gottes, wie sie im Dekalog überliefert sind. Kennzeichnend dafür ist allein schon seine erste Enzyklika, die wie ein Programm auch den Akzent seines Pontifikates zum Ausdruck bringen wollte: *Deus caritas est*, Gott ist Liebe.

Viele der Reformen, die Papst Franziskus nun weiterführen kann, wurden von Benedikt ins Werk gesetzt. Gleich zu Beginn nahm er die Mitra aus dem päpstlichen Wappen, Zeichen auch für die weltliche Macht des Amtes. Er schaffte stillschweigend den Handkuss ab und führte erstmals Bischofssynoden ein, die kollegial auf Dialog angelegt wurden. Er reinigte das vatikanische Finanzwesen, ermunterte die Ortskirchen zu mehr Selbstständigkeit, begründete Themenjahre wie das „Priesterjahr" und das „Jahr des Glaubens", und berief, auch dies ein Novum, einen Protestanten zum Vorsitzenden des päpstlichen Rates der Wissenschaften und einen Muslim als Professor an die päpstliche Universität. Benedikt arbeitete im Stillen, auch an Dingen, die bei seinem Vorgänger liegengeblieben waren. Aufsehen erregten seine Anklagen gegen einen Turbokapitalismus, der auf gnadenlose Profitmaximierung setzt. Er wusch den Gefangenen die Füße und las den Mächtigen die Leviten. Die Würde des Menschen ist unantastbar, erklärte er, das Leben heilig, und zwar an seinem Beginn genauso wie an seinem Ende. Er war der „erste grüne Papst", wie man ihn nannte. Es genügt nicht, fordere er dabei, es bei den üblichen Umweltthemen zu belassen, es gebe auch eine Ökologie des Menschen, die im Einklang mit den Evidenzen des Weltalls, im Einklang mit der Schöpfung stehen muss.

Ein historischer Akt ohnegleichen, dass mit Papst Benedikt erstmals ein katholisches Kirchenoberhaupt die Wirkstätte Luthers besuchte. Im interreligiösen Dialog ließ er sich nicht überbieten und verteidigte den Islam gegen jene Fundamentalisten und Politiker, die die Religion für eigene Zwecke instrumentalisieren. Für die jüdische Welt verkündeten hochrangige Repräsentanten, nie sei die Beziehung zwischen dem Judentum und der katholischen Kirche besser gewesen als unter Benedikt XVI. Joseph Ratzinger habe bereits als Glaubenspräfekt die theologischen Grundlagen gelegt für die Aussöhnung zwischen Altem und Neuem Testament. Und noch eines – Stichwort „Regensburger Rede": Dieser Papst hat gezeigt, dass Religion und Wissenschaft, Glaube und Vernunft, keine Gegensätze sein dürfen. Dass gerade auch die Vernunft der Garant dafür ist, die Religion vor dem Abgleiten in irre Phantasien und in gewalttätigen Fanatismus zu schützen.

Gewiss, Benedikt XVI. hat nicht alles richtig gemacht. Seine Umsetzung etwa der liturgischen Reform der Reform war zögerlich und ohne den nötigen Schwung. Was besonders unverständlich war bei jemandem, der erklärt hatte, die Frage der Liturgie sei für die Kirche gewissermaßen eine Frage von Leben und Tod. Im Kampf gegen den Relativismus blieben die Waffen eher stumpf. Der Aufruf zur „Entweltlichung" von Kirche und Glauben, ein Thema, das Ratzinger bereits in den 50er Jahren genau so formuliert hatte wie er es als Papst tat, wurde von den eigenen Leuten überhört oder bewusst missverstanden. Beim Nachfolger Franziskus versteht man den Begriff anscheinend plötzlich – oder man getraut sich nicht mehr, wegzuhören.

Als die ersten Nachrichten über die furchtbaren Missbrauchsskandale anzeigten, dass sich hier eine Lawine entwickelt, mochte man die Reaktionen Benedikts zunächst als zu wenig deutlich und zögerlich beurteilen. Im Nachhinein anerkannten selbst seine Kritiker, dass es dem zupackenden und kompromisslosen Management dieses Papstes zu verdanken war, dass sich eine der größten Krisen in der Geschichte der katholischen Kirche nicht auch zu einem Fanal des Untergangs entwickeln konnte.

Seine Fehler gesteht Benedikt unumwunden ein. Keiner hat sich je so demütig und selbstkritisch über sein Pontifikat geäußert wie dieser Papst. Bei genauerem Hinsehen zeigen sich dann aber sogenannte „Skandale" wie Vatileaks eher als laues Lüftchen, denn als schwerwiegendes Versagen. Man sieht dies gerade auch bei seinem Nachfolger, wo Dinge wie Vatileaks 2 in der medialen Beobachtung so gut wie keine Rolle spielen.

Benedikt XVI. hat das Amt in einer einzigartigen Noblesse ausgeübt und damit über viele Jahre hinweg, bis zur Williamson-Affäre, einen „Benedetto-Effekt" ausgelöst, den niemand für möglich hielt; mit den Millionen von Menschen, die seine Plätze füllten; mit den Enzykliken und Büchern, die Auflagen in astronomischer Höhe erreichten. Bei ihm wusste jeder, dass das, was er verkündete, vielleicht unbequem oder manchmal nicht mehr zeitgemäß sein mag, aber verlässlich der Lehre des Evangeliums entspricht. Dass alles, was er sagt und tut, der Lehrmeinung der Kirche, der Kontinuität mit den Vätern und den Reformen des II. Vatikanischen Konzils entspricht. Weil dieser Papst obendrein ein sehr musischer Mensch ist, ein Poet, ein Künstler, waren die Begegnung mit ihm meist auch wie eine musikalische Meditation, schön und erfüllend. Benedikt hat sich ganz gegeben, bis zur letzten Minute seiner Amtszeit. Nur eines bleibt ein Rätsel, jedenfalls für mich: Wie er es schaffte, in seinem hohen Alter zusätzlich zu seinem Mega-Amt und angesichts vieler gesundheitlicher Handicaps auch noch eine dreiteilige Christologie schreiben zu können, um damit gewissermaßen den Kreis seines Lebenswerkes abzuschließen, weiß nur der Heilige Geist.

Ist Ratzinger „lediglich" der große Theologe?

Jemand, den die Welt als einen bedeutenden Intellektuellen würdigt, dessen kluge Analysen unverzichtbare Orientierungshilfen gaben? Nein. Das wäre viel zu kurz gegriffen. Die schönste Zeit seines beruflichen Lebens, sagt Ratzinger, war seine Zeit als Kaplan in München-Bogenhausen, der Pfarrgemeinde des Widerstandskämpfers Alfred Delp. Denn dieser Mensch ist eben auch und zuvorderst ein Priester. Und ein Priester war er auch als Bischof von Rom. Er habe sich, so bekennt er in unserem Interview-Buch „Letzte Gespräche", in erster Linie als Hirte gesehen. Gemäß dem Auftrag Jesu: „Weide meine Schafe". Und tatsächlich kommt diese Präferenz bereits in seiner Namenswahl zum Ausdruck: Benedictus, das heißt: der Gesegnete und zugleich der, der auch selber segnet.

Benedikt XVI., der sich bei seinem Amtsantritt als „einfacher Arbeiter im Weinberg" des Herrn vorstellte, erwies sich als der „stille Papst". Zwischen seinem lauten Vorgänger und seinem lauten Nachfolger war er ein Mann der leisen Töne. Er bestach durch seine noble Art, seinen hohen Geist, die Redlichkeit der Analyse und die Tiefe und Schönheit seiner Worte, die den Verstand kühlen und das Herz wärmen konnten. Nicht eine kühle Professoren-Religion wollte er anbieten. Als Bub aus der Provinz hat er nie vergessen, woher er kam, und wie bei seinem großen Meister Augustinus, mit dem ihn vor allem die Suche nach der Wahrheit verband, ging es ihm als Theologen des Volkes um die Einfachheit im Glauben, den er nicht in erster Linie den Experten, sondern den einfachen Menschen vermitteln wollte. Für ihn ging es dabei um die Frage, ganz zu werden in der Hinwendung zu Schöpfung und Schöpfer, eine Menschwerdung anzustreben, wie sie im Evangelium Christi verheißen wird zur Vollendung des Lebens.

Ratzinger hat dabei nie eine eigene Lehre, eine eigene Schule entwickelt. Seine Theologie ist ganz von der Heiligen Schrift und von den Vätern geprägt, im Gegensatz etwa zur eher spekulativen, philosophischen Theologie eines Karl Rahner. Den Begriff der Offenbarung Gottes wollte er dabei nicht nur auf die Bibel begrenzt sehen. Für ihn ist sie gleichwohl auch in der Tradition, der Überlieferung, den Inspirationen der Väter und Heiligen, im lebendigen Glauben gegeben. Er habe stets versucht, so erklärte er, mitzudenken mit den großen Meistern des Glaubens und dennoch „nicht Halt zu machen in der alten Kirche, sondern die großen Höhepunkte des Denkens festzuhalten". „Mein Grundimpuls war," sagt er, „unter den Verkrustungen den eigentlichen Glaubenskern freizulegen und diesem Kern Kraft und Dynamik zu geben. Dieser Impuls ist die Konstante meines Lebens."

Auf diese Weise war Joseph Ratzinger ein streitbarer Impulsgeber der gesellschaftlichen Debatte, in der er insbesondere für die kulturelle und geistliche Rettung Europas kämpfte. Sein Urteil hatte Bestand, weil es auf einer soliden Analyse und auf Wissen und Erfahrung basiert. Allen Reformern, die nur an Äußerlichkeiten herumbasteln, riet er, sich den tiefergehenden Blick auf das Wesen der Dinge zu gönnen, auf das Eigentliche von Glauben und Leben.

Noch einmal: Was bleibt von Papst Benedikt, von diesem „leisen" Papst?

Nun könnte man fragen: Was ist am Ende besser und eindringlicher zu vernehmen. Ist es das laute Brüllen, oder sind es dann doch nicht eher die leisen Töne, die uns berühren und wirklich bewegen können, eben auch zu einer Umkehr? Nicht im Sturmgebraus, sondern eher im Säuseln des Windes ist die Stimme der Vernunft und die Stimme des Glaubens zu vernehmen. So gesehen erweist sich Benedikt XVI. auch als ein großer spiritueller Meister, ein echter Weisheitslehrer, der den Menschen hilft, Gott und damit auch sich selbst zu erkennen. (Und dass dieser bayerische Patriot und große Europäer, ausgestattet mit Realismus, Mut und Kämpferherz, dann auch immer wieder kräftig Prügel bezog und in der veröffentlichten Meinung vielfach verleumdet wurde, macht sein Zeugnis nicht unbedingt weniger glaubhaft, sondern umso wahrhaftiger.)

Es gibt neben allem Gesagten eine Besonderheit, die diesen Pontifex unvergleichlich macht und heraushebt. Es ist die Tatsache, dass der deutsche Papst im Gegensatz zu so gut wie allen seinen Vorgängern seine Bedeutung nicht nur aus seiner Amtszeit bezieht. Denn bei Benedikt XVI. gibt es ein Werk, das ganz unabhängig von seinem Pontifikat bereits wegweisend und groß ist.

Benedikt XVI. hat das Papsttum in eine neue Zeit geführt. Er ist sowohl das Ende des Alten, als auch der Beginn eines Neuen. Mit ihm ging eine Ära zu Ende, vielleicht sogar ein Äon. Als Papst der Zeitenwende ist er das Scharnier zwischen den Welten. Die Geschichte wird darüber urteilen, welche Bedeutung ihm über den Tag hinaus wirklich zukommt. Eines jedoch kann schon heute als gesichert gelten: Keiner außer Joseph Ratzinger stand mit über drei Jahrzehnten so lange an der Spitze der größten und ältesten Institution der Welt. Mit seinen Beiträgen zum Konzil, der Wiederentdeckung der Väter, der Verlebendigung der Lehre und der Reinigung und Konsolidierung der Kirche war er ein Erneuerer des Glaubens, dessen Werk die Grundlagen für die Glaubenslehre und Neuevangelisierung des 21. Jahrhunderts bilden kann. Der historische Akt seiner Demission hat zudem das Petrusamt so verändert, wie es in der Neuzeit noch nicht verändert wurde. Er gab ihm jene geistliche Dimension zurück, die Christus in dieses höchste aller Ämter hineingelegt hat.

Noch eines: Einer der Schlüssel zu Ratzingers Charakter wie auch zu seiner Theologie, sagt einer seiner Schüler, Vincent Twomey, liegt in der Akzeptanz dessen, dass alles, was wir tun, unvollkommen ist. Dass alles Wissen begrenzt ist, so brillant und belesen einer auch sein mag. Ratzinger weiß, dass nur Gott vollkommen ist, und dass jeder menschliche Versuch, sich zur Vollkommenheit zu erheben, im Desaster endet. Es entspricht dabei der Dialektik und Dynamik des Unvollendeten, dass es offen bleibt auf die Zukunft hin. Nicht abgeschlossen – auf das Werk Ratzingers bezogen heißt das, es wirkt in die Zukunft hinein.

Was bleibt also vom deutschen Papst? Lassen Sie es mich mit den Worten seines Nachfolgers sagen: Benedikt XVI. sei „ein großer Papst" gewesen, urteilt Papst Franziskus: „Groß ob der Kraft und des Durchdringungsvermögens seiner Intelligenz; groß ob seines bedeutenden Beitrags zur Theologie; groß ob seiner Liebe gegenüber der Kirche und den Menschen; groß ob seiner Tugenden und seines Glaubens." „Sein Geist", ist Franziskus überzeugt, „wird von Generation zu Generation immer größer und mächtiger in Erscheinung treten.

Den Namen Gottes verehren und verkünden

Zur theologischen Spiritualität von Joseph Ratzinger – Benedikt XVI.[1]

Kurt Kardinal Koch

1. Lesung: Apg 1, 12–14
2. Lesung: 1 Petr 4, 13–16
Evangelium: Joh 17, 1–11a

„Vater, ich habe deinen Namen den Menschen offenbart, die du mir aus der Welt gegeben hast" (Joh 17, 6a). Mit diesem Gebet im heutigen Evangelium benennt Jesus die Mitte seiner göttlichen Sendung in unserer Welt. Durch die Taufe ist uns die Gewissheit geschenkt, dass wir zu Christus gehören und dass er auch uns den Namen seines Vaters offenbart hat. Da Gott einen Namen hat, können wir zu ihm rufen. Wir rufen ihn heute an und danken ihm für unseren emeritierten Papst Benedikt XVI., der am Ostersonntag seinen 90. Geburtstag feiern durfte. Es ist dies ein sehr schönes Zusammentreffen. Denn Ostern ist der Sieg des Lebens über den Tod und deshalb das Fest des Lebens schlechthin; und der 90. Geburtstag von Benedikt XVI. ist ein willkommener Anlass, Gott zu danken für das Leben dieses großartigen Glaubenszeugen und hervorragenden Glaubenslehrers auf der Cathedra Petri.

Das Geheimnis des Karsamstags leben

Im Jahre 1927, in dem Joseph Ratzinger am 16. April geboren worden ist, ist dieser Tag freilich Karsamstag gewesen. Dieser Tag hat im Leben und im theologischen Denken von Joseph Ratzinger eine besondere Bedeutung, und zwar zunächst im Sinne einer kritischen Diagnose der heutigen Zeitsituation im Licht des Glaubens. Denn der Karsamstag ist der Tag der Verborgenheit und des Schweigens Gottes in der Geschichte der Menschen. Diese bittere Erfahrung hat gerade die Generation machen müssen, die in derselben Zeit wie Joseph Ratzinger groß geworden ist, wie er selbst diagnostiziert hat: „Nach den beiden Weltkriegen, nach den Konzentrationslagern und dem Gulag, nach Hiroshima und Nagasaki, ist unsere Epoche immer mehr zu einem Karsamstag geworden. Die Dunkelheit dieses Tages fordert die heraus, die nach dem Leben fragen, und besonders fordert sie uns Gläubige heraus. Auch wir müssen uns dieser Dunkelheit stellen."[2]

---

1   Predigt in der Eucharistiefeier bei der Festakademie zum 90. Geburtstag von Papa emeritus Benedikt XVI. im Hohen Dom St. Stephan in Passau am 27. Mai 2017.
2   Benedikt XVI., Meditation bei der Verehrung des Grabtuches in Turin am 2. Mai 2010.

Dies ist die dunkelste Seite des Karsamstags. Dieser Tag hat aber auch eine helle Seite, die wir im Apostolischen Credo zum Ausdruck bringen, wenn wir unseren Glauben bekennen, dass Jesus gestorben ist und begraben wurde und in das Reich des Todes hinabgestiegen ist. Um dieses Glaubensgeheimnis verstehen zu können, müssen wir uns der Frage stellen, was sich in diesem Totenreich ereignet hat. Unsere menschliche Erfahrung zeigt uns, dass das Reich des Todes der Ort der völligen Verlassenheit und der totalen Einsamkeit ist, weil in ihm jede menschliche Beziehung gestorben und deshalb selbst die Liebe tot ist. In dieses Reich hinein aber ist Jesus in seinem Tod gegangen, um die Gegenwart Gottes und seine Liebe zu bringen und auch dort den Namen seines Vaters zu offenbaren. Dieses Geschehen hat auch das Reich des Todes in einen Ort neuen Lebens verwandelt: „Im Reich des Todes ist die Stimme Gottes erklungen. Das Undenkbare ist geschehen: Die Liebe ist vorgedrungen in das ‚Reich des Todes‘."[3] Mit diesen Worten hat Papst Benedikt XVI., und zwar in seiner Meditation vor dem Grabtuch in Turin, die hellste Hoffnung des Karsamstags ausgedrückt, die zugleich das dunkelste Geheimnis des christlichen Glaubens ist.

Mit seinem Namen anrufbarer Gott

Das Geheimnis des Karsamstags lädt uns ein, tiefer danach zu fragen, was dies denn bedeutet, dass Jesus uns Menschen und sogar den Toten den Namen seines Vaters offenbart hat. Gemäß dem bekannten Sprichwort „Nomen est omen" sagt im zwischenmenschlichen Bereich der Name etwas aus über das Wesen einer Person. Im Leben von uns Menschen spielen deshalb Namen eine große Rolle: Bereits vor der Geburt eines Menschen machen sich die Eltern Gedanken über den Namen, den sie dem Neugeborenen geben wollen und welche Lebensperspektiven sie mit diesem Namen verbinden. Der einmal erhaltene Name begleitet den Menschen sein Leben lang. Mit seinem Namen ist er identifizierbar, und mit seinem Namen muss er seine Unterschrift geben. In der großen Bedeutung, die der Name im Leben der Menschen hat, zeigt sich an, dass sich im Namen das Wesen einer Person ausdrückt. In erster Linie aber werden wir Menschen bei unserem Namen gerufen und sind anrufbar und ansprechbar. Genau so verhält es sich auch bei Gott. Sein Name macht ihn anrufbar. Indem der Name Gottes uns seine Anrufbarkeit schenkt, begründet und ermöglicht er zugleich eine persönliche Beziehung zu ihm, wie Papst Benedikt XVI. bereits in seiner berühmt gewordenen Antrittsvorlesung an der Bonner Universität im Jahre 1959 betont hat: „Wenn Gott sich unter den Menschen einen Namen gibt, so drückt er damit nicht eigentlich sein Wesen aus als vielmehr: er stellt die Anrufbarkeit her, er wird dem Menschen zugänglich, tritt in die Relation der Mitexistenz mit ihm ein bzw. lässt den Menschen zur Mitexistenz mit sich zu."[4]

Diesen Namen Gottes hat Jesus uns offenbart. Jesus tritt damit vor unsere Augen gleichsam als der neue Mose, der die Sendung des ersten Mose, nämlich die Kund-

---

3   Ebda.
4   J. Ratzinger, Der Gott des Glaubens und der Gott der Philosophen. Ein Beitrag zum Problem der theologia naturalis (München – Zürich 1960, Neuauflage Leutesdorf 2004) 18.

gabe des Namens Gottes: Jahwe, in einem noch tieferen Sinn vollzieht, indem er uns Gemeinschaft mit seinem Vater schenkt. Wie Jesus sich in seinem irdischen Leben ganz Gott anvertraut hat, den er in einer intim-zärtlichen Weise „abba" genannt hat, so sind auch wir, die wir auf seinen Namen getauft sind, zu einer ganz persönlichen Beziehung mit Gott berufen. Und diese Beziehung heißt Glaube. Er ist ein personaler Akt des Vertrauens und bewirkt eine gegenseitige Bindung zwischen Gott und Mensch. Seine elementare Bekenntnisformel heißt in erster Linie nicht „Ich glaube etwas", sondern „Ich glaube dir". Christlicher Glaube ist das Suchen und Finden eines personalen „Du", das mich trägt und mir die Verheißung einer unzerstörbaren Liebe schenkt, in der ich ewiges Leben nicht nur begehren kann, sondern in der es mir wirklich gewährt wird, wie Jesus im heutigen Evangelium verheißt: „Das ist das ewige Leben: dich, den einzigen und wahren Gott, zu erkennen und Jesus Christus, den du gesandt hast" (Joh 17, 3).

Theologischer Dienst an der Veröffentlichung des Namens Gottes

Ewiges Leben und Gotteserkenntnis sind für Jesus geradezu identisch, und sie müssen auch für jeden identisch sein, der sich in dieses Geheimnis vertieft. Dies ist die zweifellos schönste Charakterisierung eines Menschen, der sein ganzes Leben der Sendung widmet, ewiges Leben zu verkünden und den Menschen Gott zum Erkennen zu geben, und dem deshalb die Ehrenbezeichnung „Theologe" geziemt. Wenn wir sie beim Wort nehmen, dann ist ein Theologe ein Mensch, dessen einziges Thema, das ihn wirklich interessiert, die Wirklichkeit Gottes ist, und der jede andere Wirklichkeit gleichsam mit den Augen Gottes betrachtet, wie dies Papst Benedikt XVI. mit den Worten zum Ausdruck gebracht hat: „Die Kirche muss über vieles sprechen – über all die Fragen des Menschseins, über ihre eigene Gestalt und Ordnung usw. Aber ihr eigentliches und in gewisser Hinsicht einziges Thema ist ‚Gott'."[5]

Dieser Aufgabe, Gott zu verkünden und seinen Namen kundzutun, hat Joseph Ratzinger sein ganzes Leben als Theologe, Bischof, Kardinal und Papst gewidmet. Er hat dabei auch jene Erfahrung gemacht, die in der zweiten Lesung aus dem Ersten Petrusbrief beschrieben wird, dass er Anteil erhält auch an der Negation des Namens Gottes und damit an den Leiden Christi. Weil Benedikt XVI. den Namen Gottes mit seinem ganzen Ernst und Anspruch ohne Kompromisse, gelegen oder ungelegen und nicht nur gelegentlich zum Tragen gebracht hat, ist, vor allem in deutschsprachigen Ländern, auch sein eigener Name oft beschädigt worden. Ihm gilt dann freilich auch die Verheißung, die Petrus in der heutigen Lesung ausspricht: Wenn einer leidet, „weil er Christ ist, dann soll er sich nicht schämen, sondern Gott verherrlichen, indem er sich zu diesem Namen bekennt" (1 Petr 4, 16).

Dieses Schicksal konnte Papst Benedikt XVI. ertragen, weil er von der Tragfähigkeit des Namens Gottes überzeugt ist und immer wieder die Erfahrung der Anruf-

---

5   Benedikt XVI., Ansprache an das Kardinalskollegium und die Mitglieder der Römischen Kurie beim Weihnachtsempfang am 22. Dezember 2006.

barkeit Gottes macht. Wie die Jünger Jesu, von denen die Lesung aus der Apostelgeschichte berichtet, nach der Erfahrung der Aufnahme Jesu Christi in den Himmel vom Ölberg nach Jerusalem zurückgekehrt und in das Obergemach hinaufgegangen sind, wo sie einmütig im Gebet versammelt waren, so hat auch Joseph Ratzinger seine geistliche Nahrung immer wieder im Gebet gefunden. Denn der Name Gottes lädt in erster Linie dazu ein, dass wir ihn anrufen und ihn verehren, wie Jesus selbst sein Lebensziel mit der Bitte ausgesprochen hat: „Vater, verherrliche Deinen Namen" (Joh 12, 28), und wie wir Christen im Herrengebet die elementare Bitte aussprechen: „Geheiligt werde Dein Name" (Mt 6, 9).

Den Namen Gottes verherrlichen

Hier wird der tiefste Grund sichtbar, dass Joseph Ratzinger den Namen Gottes nicht nur verkündet, sondern auch immer wieder dazu eingeladen und aufgerufen hat, den Namen Gottes zu verehren. Der privilegierte Ort dafür ist der Gottesdienst der christlichen Gemeinde. Denn in der Liturgie der Kirche feiern wir nicht uns selbst und unsere Namen; wir feiern vielmehr, dass Gott uns in seinem Sohn seinen Namen offenbart hat und es auch heute tut, und wir verehren seinen Namen, und zwar um seiner selbst willen. Diese Grundhaltung des Glaubens bringen wir vor allem zum Ausdruck im Gloria in der Heiligen Messe: „Gratias agimus tibi propter magnam gloriam tuam". Mit dem Gloria rufen wir uns singend in Erinnerung, dass wir Gott in erster Linie nicht dafür danken, was er für uns getan hat und auch heute für uns tut. Wir danken Gott und loben ihn einfach dafür, dass er ist und dass sein Name schön ist.

Wir verehren seinen Namen um seiner selbst willen. Darin spricht sich das Wesen der Liebe aus. Bereits zwischen uns Menschen erreicht Liebe erst dort ihr Ziel, wo sich Menschen nicht wegen irgendetwas, sondern um ihrer selbst willen lieben und wo man einfach darüber froh ist, dass es den anderen Menschen gibt. „Wie gut, dass es Dich gibt und dass es Dich so gibt, wie Du bist": so spricht die sensible Sprache der Liebe. Um wie viel mehr gilt dies von der Liebe zu Gott, dem wir schlechthin alles verdanken. Im Gotteslob durchbrechen wir den ungnädigen Zwang des funktionalen Leistungsdenkens und beugen uns nicht dem Diktat der bloßen Nützlichkeiten und Zwecke. Wir loben Gott vielmehr um seinetwillen und erhalten so freien Raum zum Atmen. Christliche Liturgie hat deshalb, wie Joseph Ratzinger uns stets ans Herz legt, immer „ihrem Wesen nach den Charakter des Festes"[6].

Wer in der Liturgie den Namen Gottes so absichtslos lobt, der kommt freilich auch auf die Welt. Bereits die frühchristlichen Gemeinden haben den Namen Gottes nicht einfach im vertrauten Insiderkreis verehrt. Sie haben vielmehr den Namen Gottes verehrt, dem es um die ganze Welt geht. Christliche Verehrung des Namens Gottes ist deshalb immer ein öffentliches Geschehen. Es ist im besten Sinne des Wortes stellvertretendes Handeln. Wie klein auch eine christliche Gemeinde sein

---

6   J. Kardinal Ratzinger, Das Fest des Glaubens. Versuche zur Theologie des Gottesdienstes (Einsiedeln 1981) 56 [in: JRGS 11, 383–395, 384].

mag, sie kann mit ihrem Gottesdienst nie nur den eigenen – auch nicht den religiösen – Schrebergarten pflegen. Sie dankt und lobt Gott vielmehr stellvertretend für die ganze Menschheit, ja selbst für die stumme Schöpfung. Ihr verleiht sie ihre Stimme zum Gotteslob und zur öffentlichen Anrufung des Namens Gottes. Christliche Liturgie ist für Papst Benedikt XVI. deshalb immer ein „kosmisches Ereignis: die Schöpfung betet mit, wir beten mit der Schöpfung, und dabei öffnet sich zugleich der Weg auf die neue Schöpfung hin, auf die alle Kreatur wartet."[7]

Christliche Liturgie schenkt bereits eine Vorerfahrung von Ostern, auf das hin wir alle unterwegs sind. Sie macht uns bewusst, dass der Karsamstag nicht das Ende, sondern Pascha, Übergang zu Ostern ist. Dieses tiefe Geheimnis des Karsamstags hat uns Papst Benedikt XVI. mit seinem Leben und Wirken nahegebracht. Dafür danken wir ihm von Herzen. In seinem Sinn können wir dies nicht besser tun als mit der Verherrlichung des Namens Gottes, wie Jesus im heutigen Evangelium betet: „Heiliger Vater, bewahre sie in deinem Namen, den du mir gegeben hast, damit sie eins sind wie wir" (Joh 17, 11). Amen.

---

7   J. Ratzinger, Geleitwort zur koreanischen Ausgabe von „Der Geist der Liturgie", in: R. Vorderholzer – Ch. Schaller – F. X. Heibl (Hrsg.), Mitteilungen Institut Papst Benedikt XVI. (2/2009) 53–55, zit. 54.

Rezensionen

Angela Ambrogetti / Andrea Gagliarducci / Marco Mancini, *Cronache dal Monte. Due anni con Benedetto. Notizie e approfondimenti su ACI Stampa*, Todi (PG) 2017, 307 Seiten, ISBN 978-88-6244-588-7, 16,00 €.

Die drei Autoren des Buches sind gemeinsam als Redakteure der ACI Stampa[1] tätig und berichten hier aus erster Hand. Angela Ambrogetti ist Verlagsleiterin der ACI Stampa. Sie arbeitet außerdem für Radio Vatikan, als Autorin für Zeitungen und als Leiterin des Onlinejournals korazym.org. Zu ihren Publikationen zählt der Band: „Sull'aereo di Papa Benedetto. Conversazioni con i giornalisti"[2]. Andrea Gagliarducci berichtet als Vatikanspezialist sowohl für die Catholic News Agency als auch für die ACI Stampa. Er schreibt für Zeitungen wie „La Sicilia", „Il Tempo" und das „National Catholic Register", unterhält die Homepage www.mondayvatican.com und hat mehrere Titel zu kirchlichen Themen publiziert, z. B. gemeinsam mit Marco Mancini „La Quaresima della Chiesa". Marco Mancini schließlich hat seine journalistische Tätigkeit hingegen als Sportreporter begonnen. Er arbeitet zu den Themen Politik, Wirtschaft und – seit 2008 im Pressebüro des Heiligen Stuhl akkreditiert – insbesondere über den Vatikan. Gemeinsam mit Andrea Gagliarducci hat er das Buch „Benedetto XVI, un Papa totale" publiziert.

Schon der Titel des Bandes stellt die zwei Besonderheiten dieser anlässlich des 90. Geburtstages von Joseph Ratzinger erschienenen Textsammlung vor:

„Cronache dal monte", zu dt. „Nachrichten vom Berg", nimmt Bezug auf ein bekanntes Zitat aus dem letzten Angelus des Pontifikates Benedikts XVI., wo er mit Blick auf seinen bevorstehenden Amtsverzicht sagte: „Il Signore mi chiama a ‚salire sul monte', a dedicarmi ancora di più alla preghiera e alla meditazione."[3] Darin liegt ein Verweis auf den Berg als symbolischen Ort der Abgeschiedenheit und Meditation ebenso wie wohl auf die Wohnung des emeritierten Papstes auf dem Vatikanischen Hügel. Es handelt sich also im Gegensatz zu den meisten der anlässlich des Geburtstages erschienenen Publikationen gerade nicht um eine Würdigung seines Pontifikates, sondern um eine explizit auf die Zeit nach dem Pontifikat bezogene Darstellung des Wirkens und des Lebenswerkes Benedikts XVI., des „magistero aggiunto" (8), aus seiner Position als Papa emeritus heraus.

Im Wort „cronache" drücken sich der Charakter und die Intention der Texte aus. Es ist eine Sammlung von ca. 50 Einzeltexten, Nachrichten und Berichten, eine Art chronologisch geordneter Pressespiegel der öffentlichen Wahrnehmung seines Wirkens, dargestellt in den Artikeln der ACI Stampa, der italienischen Agentur der Ca-

---

1   Zur Gründungsgeschichte der ACI Stampa informiert das Nachwort des Bandes von Michael P. Warsaw, 297 ff.
2   Rezension der deutschen Ausgabe unter dem Titel „Über den Wolken mit Papst Benedikt" von Tanja Constien, in: MIPB 10 (2017) 145–147.
3   Benedikt XVI., Angelus, Piazza San Pietro, Domenica, 24 febbraio 2013, https://w2.vatican.va/content/benedict-xvi/it/angelus/2013/documents/hf_ben-xvi_ang_20130224.html.

tholic News Agency CNA mit Sitz in Rom, aus dem Zeitraum 2015 bis 2017, dem Zeitraum seit Gründung der Agentur bis zum 90. Geburtstag des Papstes 2017.

Das entspricht auch einer Zeit, in der Benedikt XVI. als Emeritus – nach einer Phase äußerster Zurückgezogenheit – wieder ein wenig mehr in das Licht der Öffentlichkeit trat; etwa mit einem größeren öffentlichen Vortrag anlässlich der Verleihung der Ehrendoktorwürde in Krakau im Juli 2015 (62–65). Es vergehe kein Monat, in dem es nicht „belle notizie" – schöne Neuigkeiten zu berichten gäbe, meint Ambrogetti in ihrem Vorwort (8).

Diese Vielzahl und Vielfalt kleinerer und größerer öffentlicher Auftritte und Reden und deren Echo in der gerade auch für das Laienpublikum bestimmten Presse bilden hier die Grundlage der Darstellung Benedikts XVI. in seinem Wirken. Die stilistisch sehr unterschiedlichen Texte – Interviews, Kommentare oder auch nur kurze Berichte und Notizen zu Ereignissen und Publikationen – folgen, lebendig und viele situationsbezogene Details beschreibend, seinen öffentlichen Auftritten, Forschungsanregungen und Äußerungen. Thematische Schwerpunkte bilden dabei größere öffentliche Anlässe wie etwa die Gründung der Ratzinger-Bibliothek im Collegio Teutonico, Aktivitäten seines Schülerkreises oder die Ereignisse rund um die Verleihung des Ratzingerpreises sowie insbesondere sein Verhältnis zu Papst Franziskus. Eine zweite thematische Gruppe vermittelt kleine Einblicke in den Alltag und einen recht persönlichen Zugang in den Berichten über Messen, über Homilien und auch in der Beschreibung eines persönlichen Besuchs der Autoren bei Joseph Ratzinger (141). „C'è tutto", es ist von allem etwas dabei (9).

Das Vorwort und die Texte des Anhangs (über das Pontifikat Benedikts XVI. und zu einer Publikation Mancincis)[4] stammen von Georg Gänswein und ergänzen das gezeichnete Bild der Journalisten.

Den Autoren gelingt es, die eigene Begeisterung für das Werk Benedikts XVI. zu vermitteln und lebendig und nachfühlbar das Wirken Benedikts als Papa emeritus mit den Mitteln des Journalismus zu schildern.

Katharina Del Bianco

---

4   „Benedetto XVI, un Papa totale" (273) und „Benedetto XVI, la fine del vecchio, l'inizio del nuovo: L'analisi di Georg Gänswein" (285).

James DAY, *Father Benedict. The spiritual and intellectual legacy of Pope Benedict XVI*, Manchester, New Hampshire 2016, 148 Seiten, ISBN 978-1-622823-376, ca. 12,50 €.

Den Wunsch, künftig schlicht „Vater Benedikt" genannt zu werden – „the Holy Father who did the unthinkable, and now wishes simply to be called Father Benedict" (10) –, hat Benedikt XVI. erst einige Zeit nach dem Amtsverzicht geäußert, so auch am 7. Dezember 2014, in einem Gespräch mit der „Frankfurter Allgemeinen Sonntagszeitung". Der US-amerikanische Publizist James Day gehört zu den wenigen Zeitgenossen, der nicht nur aufmerksam und sensibel die theologischen Arbeiten würdigen und Benedikts Denkwege vorstellen möchte. Er berücksichtigt auch die Demut des verborgen vor der Welt lebenden ehemaligen Papstes. Day verbindet in seiner konzisen Studie, die einführenden Charakter besitzt, häufig Gestalt und Werk. Er widmet sich insbesondere ausgewählten biografischen Ereignissen, die er vor dem Horizont der Kirchengeschichte deutet. Benedikts Rückzug vom Petrusdienst versteht Day als „his last gift" (3). Dieser Schritt sei ein „unorthodox move" eines Kirchenmannes gewesen, der als „orthodox pope" (15) gegolten habe. So pointiert die Formulierung anmutet, kirchenrechtlich war die Möglichkeit gegeben, die Benedikt gewählt hat, als erster Papst nach Coelestin V. Day erinnert an dessen Visite an Coelestins Grab in der Kirche Santa Maria di Collemaggio. Er schreibt aber irrigerweise, dass auch Pius XII. und Paul VI. dort gewesen seien. Pius XII. hat nach seiner Wahl Rom nicht mehr verlassen, Paul VI. besuchte am 1. September 1966 nicht die Grabstätte, sondern das Verlies, in dem der zurückgetretene Coelestin auf Geheiß seines Nachfolgers Bonifaz die letzten Tage seines Lebens zubrachte.

Näheres, damit könnte auch ein Forschungsdesiderat bezeichnet sein, wüsste der Leser gern über die Resonanz und Rezeption, die das Werk Romano Guardinis in Ratzingers Theologie gefunden hat. Day bezeichnet Guardini mit einer knappen Andeutung als dessen „spiritual mentor" (5). Ebenso stellt der Autor die sprungbereite Feindseligkeit gegenüber Benedikt XVI. fest, die medial wie binnenkirchlich während des Pontifikats sichtbar wurde, „a negative, often vindictive attitude toward Benedict" (14). Der Papst entsprach weder den Erwartungen säkularer Medien noch modellierte er die Lehre der Kirche aller Zeiten und Orte entsprechend den Vorstellungen mancher Theologen. Die Vorbehalte und Invektiven unterscheiden sich aber nach Form und Inhalt nicht wesentlich von den Angriffen, denen Johannes Paul II. ausgesetzt war. Deutlich anders, sehr positiv, wahrgenommen wurde der Pontifikat von Christen in Südamerika, Asien und Afrika.

Die dezidierte Kritik, die Benedikt an der Herrschaft des Relativismus übte, ist auch eine Wiederaufnahme seiner Überlegungen aus der Nachkonzilszeit. James Day deutet diese Spuren zumindest an. In der Predigt vor Beginn des Konklaves benannte Ratzinger den Relativismus als „the dominant ideology of this time" (21). Auch hier greift der Kardinaldekan Phänomene auf, die von Johannes Paul II. kenntlich gemacht wurden. So folgt Benedikt XVI. auch im Pontifikat dessen Spur, setzt aber auch neue Akzente und regt Vertiefungen an, etwa hinsichtlich des Primats des Glaubens in der Welt von heute. James Day gelingt es im Verlauf des Buchs öfter, mit knapp formulierten Beobachtungen Joseph Ratzinger – Benedikt XVI., den er auch „The Prophet from Bavaria" nennt, treffend wie pointiert zu porträtieren: „Liturgy, sacraments, family: these were where faith was best expressed for Joseph Ratzinger" (27). Diese Orte der Verkündigung und Weitergabe des Glaubens scheinen gefährdet zu sein. Ratzinger beobachtete bereits in den 1970er Jahren mit großer Sorge die Zunahme von Indifferenz und Subjektivismus: „To the growing dictatorship of personal opinion, Christianity had become one of the many thousands of opinion" (39). Day bestimmt diese Entwicklung auch als „false enlightenment" (49). Eine moderne oder postmoderne Glaubensweise, die als „feelgood Christianity" bezeichnet wird, genüge nicht, ja führe eher noch zur Selbstauflösung des christlichen Glaubens. Wer heute an Gott glaubt und treu zur Kirche des Herrn steht, muss im Alltag zunehmend Ironie, Zynismus und Hohn ertragen: „In our culture today, there is a spiritual aching and a longing for authenticity to

shatter pervading cynicism. This longing cannot be satisfied by the many institu-
tions or relationships that have faild to meet our spiritual needs. During his papacy,
Benedict was intent on leading people to the real Jesus. The One he met was someone very different from the one championed by the pervading winds of that day"
(63). Etwas ausführlicher stellt Day Aspekte aus der Jesus-Trilogie vor und zeigt
Verbindungen dieser zu den Enzykliken auf. Das von Benedikt vorgestellte „con-
cept of hope" unterscheide sich signifikant von dem „dream of a utopian future"
(78): „Benedict XVI shows us that although living out faith, hope, and love is not
without its challenges, its reward is Someone who has been waiting for us all along.
We are home" (82). Stets aufs Neue kehrt der Verfasser aber zu den Gefahren zurück, die vom „dictatorship of relativismus" ausgingen und sich verfestigen. Besonders bedroht sei der Bereich Bildung und Erziehung. Der „skewed ideology of tole-
ration" müsse sich der Christ heute widersetzen und „Joseph Ratzinger's path toward truth" (112) folgen. James Day sieht in Benedikt XVI. ein Vorbild und Beispiel
für die Welt von heute, auch aufgrund seines Lebens im Gebet, das der emeritierte
Papst als „his primary responsibility in his retirement phase" versteht. Zu bedenken
sei auch „the primacy of prayer in the life of the Christian" (139) heute. Vielleicht
handelt es sich hier um Benedikts wichtigstes Vermächtnis? Das vorliegende Buch
ermuntert zur Lektüre der Schriften von Joseph Ratzinger – Benedikt XVI. Wer mit
dem Lesen der Schriften von „Father Benedict" beginnt, wird möglicherweise er-
freut, von sich aus, von Buch zu Buch fortschreitend, sich ermutigt wissen, dem Weg
des Glaubens zu folgen, in der Pilgergemeinschaft der Kirche geborgen, mit Benedikt XVI. im Gebet verbunden.

Thorsten Paprotny

Elio Guerriero, *Benedikt XVI. Die Biografie. Mit einem Vorwort von Papst Franziskus und einem Interview mit Benedikt XVI.*, Freiburg im Breisgau 2018, 653 Seiten, ISBN 978-3-451-37832-4, 38,00 €.

Die erste Gesamtdarstellung von Leben und Werk des deutschen Papstes hat ein
Italiener geschrieben: 2016 wurde sie vom Mailänder Verlagshaus Mondadori he-
rausgebracht. Ihr Verfasser, Elio Guerriero, war Schriftleiter der italienischen Ausgabe der von Hans Urs von Balthasar und Joseph Ratzinger gegründeten Internationalen katholischen Zeitschrift Communio. Guerriero ist bereits mit einer Biografie des Schweizer Theologen von Balthasar hervorgetreten, die auch ins Deutsche
übersetzt worden ist. Im Vergleich zur deutschen Kirchenpublizistik fällt erfreulich
das grundsätzliche Wohlwollen des Verfassers gegenüber Person und Lebensleistung Joseph Ratzingers auf.

Daneben ist es die italienische Perspektive, die dem deutschen Leser hilft, manch
verzerrte Darstellungen in den nationalen Medien korrigieren zu können. Wieweit
der Anspruch des Verfassers, „die Biografie" geschrieben zu haben, trägt, soll vorliegende Rezension erweisen. Mit den bisher erschienenen Bänden der deutschen,
aber auch der italienischen Ausgabe der Gesammelten Schriften (JRGS) wurde das
verstreut veröffentliche Werk Ratzingers mit Angaben zur Publikationsgeschichte
nahezu vollständig zugänglich gemacht und eine unverzichtbare Voraussetzung für

eine Werkgeschichte geschaffen. Für das vorliegende Werk hat der Verlag in den Anmerkungen darum jeweils das betreffende Zitat in den deutschen JRGS-Bänden nachgewiesen.

Hinsichtlich der Biografie Ratzingers gibt es allerdings in der Forschung noch beträchtliche Lücken, was sich auch in diesem Buch bemerkbar macht. Leider hat Guerriero keine Literaturliste erstellt, so dass man nur über die Anmerkungen seinen Kenntnisstand ersehen kann. Fragt man nach der Gewichtung der einzelnen Lebensabschnitte auf den knapp 590 reinen Textseiten, dann nimmt die Präfektenzeit (147 S.) den meisten Raum ein, gefolgt vom Pontifikat (139 S.), gerechnet ohne den Amtsverzicht (29 S.). Dem Emeritus wird ein Kapitel gewidmet (18 S.), das allerdings auf seine Wortmeldungen nicht eingeht, die sich nach dem Ende des Berichtszeitraumes (2016) noch gesteigert haben.

Inzwischen, man denke nur an das von Kardinal Koch unlängst veröffentlichte Gutachten des emeritierten Papstes über das Dokument der Päpstlichen Kommission für den Dialog mit dem Judentum, würde eine Darstellung aller bekanntgewordenen Initiativen des Ruheständlers bereits ein eigenes Buch ergeben. Eingerahmt wird der Band von einem Vorwort von Papst Franziskus und einem Interview des Verfassers mit dem emeritierten Pontifex. Darin wiederholt Benedikt nur die bereits gegenüber Peter Seewald („Letzte Gespräche") vorgetragene Begründung des Rücktritts mit der allgemeinen körperlichen Schwäche, die eine Teilnahme am Weltjugendtag in Rio de Janeiro nicht ermöglicht hätte.

Man erfährt aus dem Interview, wie auch aus der Einführung des Verfassers, dass Benedikt die Biografie vor der Publikation gelesen und dass Erzbischof Gänswein, Präfekt des Päpstlichen Hauses und Sekretär des Emeritus, beratend mitgewirkt hat. Mit dieser Nähe gibt sich die Biografie einen „offiziösen" Anstrich. Dadurch hat sich aber der Verfasser in zweifacher Hinsicht festgelegt, einmal auf die Betonung der Kontinuität zwischen den beiden Pontifikaten und zum anderen auf die Rücktrittsbegründung.

Eindeutig am besten gelungen sind dem Verfasser die Darstellungen der Amtszeit Ratzingers als Präfekt der Glaubenskongregation und der knapp acht Jahre im Petrusamt. Alle Bemühungen des Papstes aus Polen, den Erzbischof von München und Freising als Mitarbeiter nach Rom zu holen, sind inzwischen in den Erinnerungen seines damaligen Sekretärs nachzulesen.

Auch wenn der Verfasser weitgehend einer Chronologie der wichtigsten Ereignisse in der Präfektenzeit verhaftet bleibt, so wird doch das einmalige Ineinandergreifen von Aufsätzen, Interviews, Reden und amtlichen Verlautbarungen erfahrbar, das diese Jahre der Zusammenarbeit mit Papst Johannes Paul II. zur insgesamt wirksamsten Zeit seiner kirchenamtlichen Laufbahn gemacht hat. Hinsichtlich der „Gemeinsamen Erklärung zur Rechtfertigungslehre" behauptet der Verfasser, Ratzinger habe persönlich dem Unternehmen voll zugestimmt, aber lediglich „die Einwände seiner Mitarbeiter nicht verschweigen wollen". Dies trifft nachweislich nicht zu. Nur mit Mühe gelang es damals dem Präfekten, auf das von Kardinal Kasper an ihm vorbei erstellte Dokument noch mit einer Note und persönlichen Verhandlungen korrigierend Einfluss zu nehmen. Alle geduldigen und noblen Bemühungen Ratzingers, die Traditionalisten um den französischen Erzbischof Marcel Lefebvre vor der völligen Abspaltung zu bewahren und in die Gemeinschaft der Kirche zurückzuführen, werden ausführlich nachgezeichnet. Für Ratzinger war die Verhinderung der zum Greifen nahen Einigung und damit die Heilung einer seit dem Konzil offenen Wunde eine seiner schwersten Enttäuschungen. Warum der Verfasser die Forderungen der „Kölner Erklärung" von 1988, in der sich deutsche Theologen gegen den Kurs von Ratzinger und Papst Johannes Paul II. ausgesprochen haben, als „gerechtfertigte Wünsche" bezeichnet, ist unverständlich. Besonders wichtig und gelungen ist die ausführliche Schilderung des Einsatzes von Kardinal Ratzinger für die neuen geistlichen Bewegungen. Auch deren theologische Ortsbestimmung in der Kirche durch den Präfekten wird nicht außer Acht gelassen.

Ratzingers Abwehrkampf gegen eine politische Instrumentalisierung der Kirche durch den Marxismus im Namen der „Theologie der Befreiung" wird sachlich wiedergegeben. Hier hätte der Verfasser den Bogen schlagen können zu Ratzingers Habilitationsschrift und zur Monografie über die Eschatologie. Denn man kann es nur als providentiell verstehen, dass an der Spitze der Glaubenskongregation jemand stand, der wie kein anderer um die Gefahren wusste, die sich aus dem Verwechseln von Eschatologie und Utopie ergeben. Obwohl sich die Arbeit auch als Werkgeschichte versteht, bleibt die „Theologische Prinzipienlehre", die gerade für das Verständnis Ratzingers von Lehramt, Theologie, Glaube und Dogma von zentraler Bedeutung ist, unerwähnt. Wie der gerade von deutschen Theologen bekämpfte Katechismus, den Johannes Paul II. 1992 vorgestellt hat, zur Erfolgsgeschichte wurde und welchen Anteil Ratzinger daran hatte, kommt gut zur Geltung. Liest man hier noch einmal die Argumentation der Bischöfe Kasper, Lehmann und Saier, die 1993 für die Respektierung der Gewissensentscheidung der wiederverheiratet Geschiedenen hinsichtlich der Zulassung zur Kommunion plädierten, sieht man, von woher die heute von Papst Franziskus propagierten Wege inspiriert sind. Mit der Übertragung weitreichender Kompetenzen an die Glaubenskongregation unter Ratzinger wurde einerseits das Ausmaß des sexuellen Missbrauchs in der Kirche, aber auch die entschiedene Haltung des Präfekten deutlich, der dann als Papst den Kopf dafür hinhält, was durch das eklatante Versagen der Ortsbischöfe hervorgerufen wurde.

Wichtig ist die Betonung der Wahl Ratzingers zum Dekan des Kardinalskollegiums, sie fiel auf ihn als den Dienstältesten unter den Kardinalbischöfen, wodurch er eine Schlüsselstellung während der Sedisvakanz, bei den Exequien sowie bei der Durchführung des Konklaves innehatte. Dem Verfasser ist sicherlich zuzustimmen, dass die souveräne Art Ratzingers in den Generalkongregationen, seine Ansprachen beim Requiem für den verstorbenen Papst und in der „Messe für den zu wählenden Papst" evident für seine Wahl gesprochen haben. Zudem ist der Hinweis wichtig, dass anlässlich der Ad-limina-Besuche Kardinäle aus aller Welt Ratzinger persönlich kennengelernt hatten. Insgesamt ergibt die ausführliche Darstellung der Präfektenjahre eine anschauliche Übersicht über die Initiativen des Präfekten wie auch über die gewaltigen Herausforderungen, die von außen an ihn herangetragen wurden. Auch der Rückhalt durch Papst Johannes Paul II., ohne den die beispiellose Wirksamkeit des Präfekten undenkbar gewesen wäre, wird gut herausgearbeitet. Dass Indiskretionen zufolge im Konklave der Argentinier mit italienischen Eltern, der Jesuitenpater Kardinal Bergoglio, nach Ratzinger die meisten Stimmen erhalten haben soll, wird auch vom Verfasser angenommen. Über die Amtsführung von Benedikt XVI. schreibt der Verfasser mit feiner Zurückhaltung: „Statt konkrete Maßnahmen zu ergreifen, zog er es vor, Mahnungen auszusprechen und den Betroffenen die Freiheit zu lassen, sich den geforderten Verhaltensweisen anzupassen." Dies habe zur Folge gehabt, „dass die Amtsführung des neuen Papstes weniger auf unmittelbare Wirkung als vielmehr auf Überzeugungskraft und Zeugnis angelegt war. Nur die Zeit würde zeigen, ob dieser neue Stil die gewünschte Veränderung herbeiführen würde."

Bezüglich der schweren Pannen und Fehleinschätzungen während des Pontifikats meint der Verfasser, dass „eine Person fehlte, die jene Aufgaben hätte übernehmen können, die Ratzinger unter Johannes Paul II. anvertraut gewesen waren". Zunehmende „Anzeichen der Einsamkeit" hätten schließlich in eine „Isolation" geführt, die die letzten Amtsjahre bestimmt hätte, „die teilweise aus natürlicher Zurückhaltung geschah, durch die Entscheidung – trotz der Aufgaben des Petrusamtes – für ein Leben des Studiums und des Gebetes, die teilweise jedoch auch von jenen Mitgliedern der Hierarchie auferlegt war, die nicht gewillt waren, unpopuläre Maßnahmen zu ergreifen und ihm auf dem Weg der Reform nachzufolgen, sondern die Aufgabe, die Kirche zu läutern und zu reformieren, lieber dem Papst allein überließen". Zu Recht betont der Verfasser die Nähe Ratzingers zu Augustinus und Bonaventura, ohne allerdings auf deren existenzielle Vorbildfunktion für Ratzinger hinzuweisen: Über ihre Neigung und Begabung als überragende Denker zu Lehre und schriftstellerischer Wirksamkeit und ihre Sehnsucht nach Kontemplation hinaus, haben sich Augustinus und Bonaventura in den Dienst nehmen lassen und innerkirchlich Verantwortung in Leitungsämtern übernommen. Von diesen Ämtern her ließen sie sich dann je nach äußerem Anlass die Themen vorgeben, die sie geistig durchdrungen haben. Hier fand Ratzinger ein Lebensmodell, dem er seit seiner Bischofsweihe gefolgt ist.

Erfreulich ist, dass der Verfasser auf die Katechesen eingeht, die Benedikt von 2006 bis 2010 in den Generalaudienzen über die Heiligen gehalten hat. Sie wurden dann im Paulusjahr (2008/09) durch Katechesen über den Völkerapostel unterbrochen. Gut zusammengefasst werden die Beziehungen des Pontifex zu Italien. Zuzustimmen ist dem Autor in seiner Hochschätzung der Ansprache im College des Bernardins 2008 in Paris als eines Vermächtnisses über die geistige Aufgabe Europas. Zum Aktendiebstahl aus dem Arbeitszimmer des Papstes erfährt der Leser, dass Benedikt, nachdem vertrauliche Dokumente in der Zeitung veröffentlicht worden waren, im April 2012 eine Kardinalskommission mit der Aufklärung beauftragt habe. Kurz darauf habe der Sekretär des Papstes den Kammerdiener Paolo Gabriele überführen können: „Dieser war ein einfacher Mann, der sich von der Tat versprach – teils aus Überzeugung und zum anderen Teil angestiftet durch Personen, die sich selbst größere Beachtung erhofften (Anmerkung 30, Seite 633) – die vermeintlich übermäßige Macht von Kardinal Bertone und Monsignore Gänswein zu beschränken." In der Anmerkung steht: „Auch die Namen Ingrid Stampa, Ratzingers ehemalige Haushälterin in der Wohnung an der Piazza della Citta Leonina, und von Josef Clemens, dem früheren Sekretär des Kardinals an der Kongregation für die Glaubenslehre wurden genannt. Es gab gegen sie jedoch keine belastenden Elemente, die weitere Maßnahmen gerechtfertigt hätten." Zielrichtung derer, die

die Dokumente an die Presse weitergegeben haben, war es, Kardinalstaatssekretär Bertone zu diskreditieren. Schließlich wurde der Kammerdiener, der sich als Alleintäter bezeichnete, Anfang Oktober zu achtzehn Monaten Haft verurteilt. Bereits kurz vor Weihnachten wurde er vom Papst begnadigt. Das Gericht, so der Verfasser, war „überzeugt, den Tathergang ausreichend aufgeklärt zu haben, und erachtete es nicht als notwendig, gegen weitere Personen vorzugehen, die von Paolo Gabriele in einem ersten Moment beschuldigt worden waren". Bis heute ist der Untersuchungsbericht der Kardinalskommission nicht veröffentlicht worden.

Gegenüber dem Verfasser bezeichnet Papst Benedikt die Fertigstellung seiner Trilogie „Jesus von Nazareth" als „die Gnade des Pontifikats". Zuerst erschien der zweite Teil: „Von der Taufe im Jordan bis zur Verklärung", dann 2010 der dritte Teil: „Vom Einzug in Jerusalem bis zur Auferstehung", schließlich 2012 der „Prolog" genannte erste Teil „Die Kindheitsgeschichte". Den Einwänden, dass Benedikt durch die Arbeit an seinem christologischen Hauptwerk zu sehr von seinen Amtsgeschäften abgelenkt worden sei, tritt der Verfasser mit Aussagen von Gänswein entgegen: Das Schreiben sei für den Papst „keine schwere Belastung, die ihm Zeit für seine Amtsgeschäfte wegnahm. Im Gegenteil: Es war eine angenehme Abwechslung, ein Abstandnehmen vom Alltag, dass ihm neue Kraft gab. Am Tag danach strahlte er stets größere Ruhe aus und konzentrierte sich besser auf das Tagesgeschäft und anstehende Entscheidungen". Im Oktober 2012 will Benedikt gegenüber Gänswein erstmals seine Rücktrittsabsicht mitgeteilt haben. Ursprünglich habe er an eine öffentliche Ankündigung anlässlich der Weihnachtsansprache an die Kurie gedacht, dies aber um des Weihnachtsfriedens willen wieder verworfen und schließlich den 11. Februar 2013, genau zwischen Weihnachten und Ostern gelegen, gewählt, damit die Kirche zum Osterfest einen neuen Pontifex habe. Sodann wurde der Präfekt des Päpstlichen Hauses, Erzbischof Harvey, versetzt, damit Gänswein seinen Posten übernehmen konnte, den Benedikt selbst an Epiphanie zum Bischof weihte.

Die Enzyklika über den Glauben wurde, obwohl fast fertig, nicht mehr publiziert. Einwände gegen die von Benedikt vorgenommene Ausgestaltung eines Status als „Papa Emeritus" werden vom Verfasser nicht diskutiert. Seiner Biografie vorausgeschickt hat er bereits seine eigene Haltung zum Rücktritt – „leidvoll, aber richtig" – den er als „prophetische Geste" versteht, die „in der Gegenwart Gottes und mit seiner Hilfe vollzogen worden war". Schade, dass im abschließenden Interview mit dem Papa Emeritus der Verfasser zwar auf dessen Besuch am Grab des Vorgängers Coelestin V. in L'Aquila hinweist, aber nicht gefragt hat, welche Aussage Benedikt machen wollte, als er den erstmals freiwillig aus dem Petrusamt Geschiedenen mit der Hinterlegung seines Palliums ehrte. Abschließend einige Ergänzungen und Korrekturen zu den Kapiteln über Kindheit, Jugend, Studium, Lehrtätigkeit, Konzil und die Jahre als Diözesanbischof (Kp. I bis VII). Statt „Einberufung zum obligatorischen Wehrdienst" (S.48) muss es „Reichsarbeitsdienst" heißen. „Unter den zahlreichen jungen Zwangsarbeitern [...] waren auch Gymnasiasten aus Traunstein" (S.48). Zwangsarbeiter sind begrifflich klar vom Reichsarbeitsdienst zu unterscheiden.

Zur Erklärung des Doppelnamens des Bistums „München und Freising" heißt es: „Die ältere der beiden im 19. Jahrhundert zusammengelegten Diözesen war zweifelsohne das Bistum Freising" (S.55). Mit der Säkularisation 1803 endete die weltliche Herrschaft der Freisinger Bischöfe über das Hochstift, der Bischofssitz wurde 1821 nach München in die Landeshauptstadt verlegt. Mehrfach behauptet der Verfasser, dass nach 1945 der Nationalsozialismus „relativ selten ausdrücklich verurteilt wurde", dies sei auch die „offizielle Linie der Kirche" gewesen: „Eine Linie, die auch der von allen geschätzte Kardinal von Faulhaber vertrat, der wie kaum ein anderer Hitler die Stirn geboten hatte" (S.58). Dem gegenüber kann man auf das 1946 im Eigenverlag des Bistums erschienene umfangreiche Sammelwerk des Prälaten Johannes Neuhäusler hinweisen „Kreuz und Hakenkreuz. Der Kampf des Nationalsozialismus gegen die katholische Kirche und der kirchliche Widerstand", dem ein persönliches Geleitwort von Faulhaber vorangestellt ist, aus dem klar seine Initiative zur Offenlegung der Kirchenverfolgung im NS-Staat, der Wortmeldungen der Oberhirten dagegen und des Einsatzes von Priestern und Laien für die Verteidigung der Rechte der Kirche und des Einzelnen mit dieser Quellensammlung hervorgeht.

Im Zusammenhang mit der Preisaufgabe, die dann als Ratzingers Dissertation angenommen wurde, wäre zu ergänzen, dass die Aufgabenstellung damals von Professor Söhngen formuliert worden war, der sie seinem Schüler Ratzinger sozusagen auf den Leib geschneidert hat. Als Dozent für praktische Sakramentenlehre war Ratzinger nicht „das jüngste Mitglied des Lehrkörpers" der Theologischen Hochschule in Freising, sondern lediglich Dozent am Priesterseminar. Diese Stelle wurde meist promovierenden Priestern übertragen. Leider wird die zentrale These der Promotionsschrift Ratzingers vom Verfasser nicht klar herausgearbeitet, weshalb dann auch die Darstellung der eucharistischen Ekklesiologie Ratzingers und seine Erklärung des Zueinanders von Leib Christi und Volk Gottes im Konzilskapitel ebenfalls nicht deutlich werden. Angesichts der kaum zu überschätzenden Bedeutung der beiden wissenschaftlichen Qualifizierungsarbeiten Ratzingers für seine gesamte theologische Laufbahn ist folgende Aussage des Verfassers nicht akzeptabel: „Der Tumult um Ratzingers Habilitationsprüfung ist ebenso schwer zu verstehen, wie die Problematik des Doktorarbeitsthemas und des Buches, das Ratzinger später daraus veröffentlicht hat". Es liegen auch mehrere Zusammenfassungen vor, in denen Ratzinger seine Thesen selbst erläutert hat, die aber vom Verfasser nicht herangezogen werden. Auf Seite 593 wird vom Übersetzer (Anmerkung 3) zur Habilitationsschrift Ratzingers gesagt, dass in JRGS Band 2 „verschiedene Fassungen der Arbeit veröffentlicht" worden sind. Präzise müsste es heißen, dass dort erstmals die vollständige Fassung publiziert worden ist, die Ratzinger eingereicht hatte und von Professor Schmaus abgelehnt worden war.

Den zweiten Primizspruch „Nicht als ob wir von uns selbst aus etwas vermöchten, sondern unsere Fähigkeit kommt von Gott" (2 Kor 3, 5) kennt der Verfasser nicht. Er ist insofern bedeutsam, weil für Ratzinger im „Geben dessen, was nicht aus uns kommt" ein Wesenszug des Sakramentalen besteht. Deutlich zu kurz kommt die Lehrtätigkeit in Freising, von der nur die erste Vorlesung Erwähnung findet. Nachweislich hat Ratzinger seine neuen Erkenntnisse zur Ekklesiologie und zum Offenbarungsverständnis unmittelbar an seine Studenten weitergegeben. Nicht erwähnt wird, dass Ratzinger seine Forschungsergebnisse über Bonaventura, obwohl sie von Schmaus abgelehnt worden waren, umgehend in einer theologischen Fachzeitschrift zur Diskussion gestellt hat. Ratzingers Ernennung zum „freien Dozenten" der Universität München (S.107) ist ein Übersetzungsfehler: Mit der Habilitation war Ratzinger „Privatdozent". Es trifft nicht zu, dass Rudolf Bultmann „bei Martin Heidegger studiert hatte" (S.118). Die Professoren Heidegger und Bultmann waren Kollegen an der Universität Marburg. Gar nicht verständlich wird Ratzingers Kritik am Entwurf des Offenbarungsdekretes (Ablehnung der Rede von zwei Offenbarungsquellen). Die These von Geiselmann über die Suffizienz der Schrift, die nicht wenig zur Verwirrung der Konzilsväter beigetragen hat, wird gar nicht erwähnt.

Schwerwiegendster Mangel des Konzilskapitels ist, dass die Wortmeldungen von Kardinal Frings auf den Generalkongregationen und die schriftlichen Eingaben nicht besprochen werden. Ein zutreffendes Bild der Zusammenarbeit des Beraters Ratzinger mit dem Kardinal ergibt sich erst, wenn man erfasst hat, dass die allermeisten Redetexte von Ratzinger stammen. Das einmalige Vertrauensverhältnis der beiden wird darum auch nicht ansichtig. Erfreulich ist die Berücksichtigung der Ratzinger betreffenden Tagebucheinträge von Congar und de Lubac. Insgesamt aber ist die Biografie als Informationsquelle für Ratzingers Beitrag zum Konzil unzureichend. Dies gilt auch für die Zusammenarbeit von Ratzinger und Rahner und die Entstehung des Missionsdekretes. Insgesamt bleibt auch das Verhältnis von Hans Küng zu Ratzinger unterbelichtet. Dies beginnt bereits damit, dass die Ziele der von Küng betriebenen Gründung der Zeitschrift „Concilium" nicht deutlich hervortreten. Die dreibändige Autobiografie von Hans Küng hat der Verfasser leider nicht ausgewertet. Als (kritisch nutzbare) Quelle zur deutschen Kirchengeschichte vom Konzil bis in die Gegenwart ist das Werk unverzichtbar.

Den Umgang Ratzingers mit seinen Doktoranden („Schülerkreis") schildert der Verfasser anschaulich, zieht aber die wichtigen Arbeiten von Manuel Schlögl über die Jahre in Bonn, Köln und Münster nicht heran. Gänzlich übergangen wird die Würzburger Synode mit der von Ratzinger verlorenen „Kampfabstimmung" gegen Rahner. Hinsichtlich der Lehrtätigkeit reicht es nicht, zu schreiben „In seinen Vorlesungen, die er sorgfältig vorbereitete, gibt er stets sein Bestes", oder dass man beim „Überfliegen" der Themen der Lehrveranstaltungen einen „Eindruck von der strengen Wissenschaftlichkeit" bekommt. Gründlich werden demgegenüber der Sammelband „Dogma und Verkündigung" – allerdings ohne Erwähnung seiner bemerkenswerten Entstehungsgeschichte – und die Monografie zur Eschatologie gewürdigt.

Dass Ratzinger seine Autobiografie mit seiner Ernennung zum Erzbischof von München und Freising enden lässt, wirkt sich auch auf die vorliegende Biografie aus: Der Verfasser beschränkt sich weitgehend auf die Verkündigung, die publizistische Tätigkeit und die weltkirchlichen Aktivitäten des Kardinals. Mit dem zunehmenden Entgleiten der Verwaltung aus seinen Händen hat der Erzbischof sein Ansehen stärker aus seiner Verkündigung und seinen Schriften bezogen, was sich dann in Rom wiederholen sollte. Deutlich genauer im Detail hätte die wiederholten Versuche von Papst Johannes Paul II. den bayerischen Erzbischof endlich nach Rom zu bekommen, darstellen lassen die Zuhilfenahme der Erinnerungen von Ratzingers ehemaligem Sekretär Bruno Fink („Zwischen Schreibmaschine und Pileolus" Regensburg 2016). Besonders treffend hat Guerriero die Beziehungen Ratzingers zu den neuen kirchlichen Bewegungen herausgearbeitet. Dem Buch fehlt die Darstellung der menschlichen Komponente, dass etwa die Integrierte Gemeinde dem vielfach angefeindeten Kardinal in Bayern und vor allem in Rom familiäre Geborgenheit und Zuwendung vermitteln konnte.

Als Übersicht zur Chronologie und den inhaltlichen Schwerpunkten der Präfektenjahre und des Pontifikats ist die Biografie von Guerriero sehr hilfreich. Zu den Konzilsjahren, der Lehrtätigkeit und zum Diözesanbischof liegen wichtige Quellen vor, die der Verfasser nicht herangezogen hat, so dass seine Darstellung hier unzulänglich bleibt. Somit ist zwar nicht „die Biografie" Benedikts XVI. für unsere Zeit herausgekommen, aber ein mit viel Empathie gezeichnetes Lebensbild, das besonders die Deutschen zur Gewissenserforschung über ihren Anteil am leidvollen Ausgang des Pontifkats bewegen wird.

Michael Karger

Thorsten PAPROTNY, *Theologisch denken mit Benedikt XVI.*, Nordhausen 2018, 112 Seiten, 978-3-95948-336-0, 15,- €.

„Da der Glaube sich als Weg gestaltet, betrifft er auch das Leben der Menschen, die zwar nicht glauben, aber gerne glauben möchten und unaufhörlich auf der Suche sind. In dem Maß, in dem sie sich mit aufrichtigem Herzen der Liebe öffnen [...], sind sie bereits, ohne es zu wissen, unterwegs zum Glauben" (LF, 35).

Mit diesem Zitat aus der von Benedikt XVI. begonnenen und durch Papst Franziskus vollendeten Enzyklika lässt sich wohl am ehesten Thorsten Paprotnys persönliche Erfahrung, wie auch seine Intention zusammenfassen, mit der er diese Einführung in das theologische Denken Joseph Ratzingers vorlegt. Das besondere Anliegen des Autors gilt dabei – ebenso wie auch in seinen bisher erschienenen Publikationen zur Geschichte der Philosophie – der Vertiefung und der Anregung zum eigenen Weiterdenken.

Für Paprotny selbst, der bis 2017 am Institut für Theologie und Religionswissenschaft der Leibniz Universität Hannover lehrte, erschloss sich das große Thema des „Zueinander von Glaube und Vernunft" u. a. durch einen Briefwechsel mit dem damaligen Präfekten der Glaubenskongregation, wie er in seinem Vorwort (12) schreibt. Daran anknüpfend schlüsselt er nun dem Leser in sieben Kapiteln die Gedankenwelt des emeritierten Papstes auf, ohne zu verschweigen, dass einige Themenbereiche „nur zwischen den Zeilen" aufscheinen, andere „gänzlich unerwähnt" bleiben (12).

Da sich Joseph Ratzingers Theologie „im Glauben der Kirche, in der Treue zum Herrn, begleitet und von innen her geführt von der Dynamik des Heiligen Geistes" (16) entfalte, widmet sich Paprotny nach einer kurzen Hinführung in den ersten beiden Kapiteln den Lehrern Ratzingers sowie dessen familiärer und geographischer Herkunft.

Zwar liefert er hier keine neuen, über andere Biographien hinausreichenden Informationen, der promovierte Philosoph versteht es aber, den inneren Zusammenhang zwischen Ratzingers Frömmigkeit und dessen theologischer Denkweise aufzuzeigen.

Schritt für Schritt führt er in die Lebensthemen und die verschiedenen Dimensionen der Begriffswelt des emeritierten Papstes ein und beleuchtet gleichzeitig die wechselseitigen Beziehungen zwischen den einzelnen theologischen Termini. So behandelt Paprotny in den folgenden Kapiteln Liturgie, Eucharistie, Nachfolge und die Leitmotive der großen Lehrschreiben Benedikts XVI.: Glaube, Liebe, Hoffnung.

Rückgebunden werden die heutzutage oft nur noch als hohle Floskeln wahrgenommenen und verwendeten Begriffe an konkrete Alltagserfahrungen Joseph Ratzingers. Dies erreicht der Autor, indem er den emeritierten Papst selbst durch zahlreiche, gut ausgewählte Zitate – hauptsächlich aus den Homilien seines Pontifikats – zu Wort kommen lässt. Hier zeigen sich sowohl die Lebensnähe als auch das große Potential des äußerlich sehr schlicht gehaltenen Bandes.

Nicht zuletzt laden vereinzelte gezielte Rückfragen Paprotnys in den jeweiligen Kapiteln zur Reflexion ein und so kann diese Einführung einem breiten Leserkreis als Handreichung dienen, um „Benedikts Denkwege" durchaus auch als (eigene) „Glaubenswege" (99) zu verfolgen.

Tanja Constien

Mark STEGHERR (Hg.), *Humanismus ohne Gott. Zur Bedeutung der Kritik Joseph Ratzingers / Benedikts XVI. am postmodernen Relativismus*, St. Ottilien 2017, 234 Seiten, ISBN 978-3-8306-7795-6, 29,95 €.

Zunehmende Verunsicherungen in unserer Gesellschaft, die scheinbare Unmöglichkeit und Tatsächlichkeit einer gelingenden Zukunft und eines friedvollen Miteinanders geben der Relativismus-Kritik von Papst em. Benedikt XVI. durchaus recht. Ist es möglich, dass eine Vergemeinschaftung dadurch in eine (geschichtsnotwendige) Verbesserung ihrer Lebenssituation, ihres ethischen und moralischen Gehalts hineingleitet, wenn naturhaft, vorpolitisch und vorstaatlich Gegebenes dem erklärten Willen weichen muss, den Menschen neu zu „schaffen", zu konstruieren? Ihn in seiner Selbstgefälligkeit ohne Rückbindung an die Natur, Tradition, Kultur, letztlich an Gott als Produkt seiner persönlichen Phantasie erstehen zu lassen? Sind die Diskussionen zum Gender-Mainstreaming, zu den abgeschüttelten „Rollenbildern", die nur gesellschaftlicher Konvention entsprechen sollten, zur Auflösung von Autorität, zur Infragestellung von Recht und Rechtsetzung nicht im Letzten eine radikale Ablehnung der Wahrheit? Verstärkt durch ein steriles positivistisches Rechtsverständnis, das der menschlichen Gesetzes-Setzer-Willkür unterworfen ist. Die Liste der in dem von Stegherr herausgegebenen Sammelband bemängelten Themen ist zu lang, um vollständig in dieser kleinen Buchanzeige entfaltet zu werden.

Konzentriert man sich auf die dahinter sich verbergende Grundsatzfrage, so wird man mit den Begriffen „Verbindlichkeit", „Wahrheit", „Vorgegebenes" den Kern der Sache treffen. Begriffe, die mit einem verabsolutierten Relativismus nicht kompatibel sind. Ist der denkende Mensch, nicht nur der Philosoph, angetreten, um der Wahrheit auf die Spur zu kommen, scheint nun die Anstrengung vieler gerade darin zu bestehen, die *eine* Wahrheit als nicht existent zu „beweisen". Damit geht man der Verbindlichkeit und der Normativität aus dem Weg, um seine *eigene* „Wahrheit" zu suchen und zu legitimieren.

Die vier Autoren befragen zunächst die „Grundlinien und Rezeption der Relativismus-Kritik Joseph Ratzingers / Benedikts XVI." (Marc Stegherr, 15–108), erläutern die Bedeutung des Naturrechts in Geschichte und Gegenwart mit Blick auf die

Äußerungen Joseph Ratzingers und Benedikts XVI. zum Thema (Maria Raphaela Hölscher, 109–124), analysieren im Anschluss an die Predigt zur Eröffnung des Konklaves von 2005 – in der das berühmte Wort von der „Diktatur des Relativismus" fällt – die Verhältnisbestimmung von Demokratie und Relativismus mit ideengeschichtlichen und verfassungsrechtlichen Überlegungen (Felix Dirsch, 125–168), um schließlich auf das Spannungsverhältnis von Eschatologie und Relativismus zu kommen – entwickelt von Vlad Mureşan (169–186) auf der Differenz von reiner Immanenz – sich spiegelnd im Relativismus – und von der Eschatologie als alleinigem Blickwinkel zur Erkenntnis des Relativen, eingebunden in den Kontext des Vernunftbegriffs.

Das Buch greift mit den vier Autoren eine Problematik auf, die sich letztlich auch als Bewährungsprobe für unsere Gesellschaft herausstellen wird. Darüber nachzudenken und die Konsequenzen mit zu bedenken, dazu wird in diesem Sammelband eingeladen. Manches polemische Wort ist darin zu finden und manches Szenarium erscheint ein wenig unter den Vorzeichen einer schon morgen stattfinden Apokalypse gezeichnet. Trotzdem ist das Buch als Bestandsaufnahme der Rezeption der Kritik Ratzingers am Relativismus der Gegenwart eine solide Sammlung, deren Mehrwert auch darin besteht, dass der Herausgeber den Blick auf ein Feld lenkt, das allzu oft im „Westen" vernachlässigt wird. Wie werden derartige Fragen oder In-Frage-Stellungen naturrechtlicher, allgemeiner Werte in Osteuropa aufgenommen und rezipiert? Diese Erweiterung ist im Rahmen einer westlichen Selbstfixierung durchaus interessant und von Stegherr als Mitarbeiter und Lehrbeauftragter am Institut für Slavische Philologie der Ludwig-Maximilians-Universität München kompetent vermittelt.

Das Buch ist ein durchaus gelungener Aufriss zur Problematik; *ein* Diskussionsbeitrag zum gesellschaftlichen Umbruch, dessen Argumente nicht unbefragt stehen bleiben müssen, die aber eine Hilfe darstellen können in einer oft argumentationslosen Zeit.

Christian Schaller

Bibliographie neu erschienener Titel
(Ende 2017 bis Ende 2018)

Athanasiou, Stefanos / Hastetter, Michaela (Hg.), „*Ut unum sint*": *zur Theologie der Einheit bei Joseph Ratzinger / Papst Benedikt XVI.* (= RaSt 13), Regensburg 2018.

Augustin, George / Schaller, Christian / Śledziewski, Sławomir (Hg.), *Der dreifaltige Gott. Christlicher Glaube im säkularen Zeitalter.* Für Gerhard Kardinal Müller. Mit einem Grußwort von Benedikt XVI., Freiburg 2017.

Badde, Paul, *Papst Benedikt XVI. Seine Papstjahre aus nächster Nähe*, München 2017.

BENEDIKT XVI. / RATZINGER, Joseph, *Zeugen des wahren Lebens. Neue Heiligen-predigten.* Mit einem Geleitwort von Christoph Kardinal Schönborn OP. Ausge-wählt und herausgegeben von Manuel Schlögl, Freiburg 2018.

BENEDIKT XVI. / RATZINGER, Joseph, *Die Freiheit befreien. Glaube und Politik im dritten Jahrtausend,* mit einem Vorwort von Papst Franziskus; herausgegeben von Pierluca Azzaro und Carlos Granados (= Schriften aus meiner Feder, Bd. 2), Frei-burg 2018.

BENEDIKT XVI., *Verlasst euch auf die Hoffnung. Gedanken über das ewige Leben,* Leipzig 2018.

BOHÓRQUEZ SANDOYA, Douglas, *La democracia en el magisterio de Benedicto XVI* (= Colección de Estudios 4), Quito 2017.

DICKÈS, Christophe, *L'héritage de Benoît XVI,* Paris 2017.

DI SALVO, Giuseppe, *Benedetto XVI. Primato petrino e rinuncia,* Patti 2018.

GóŹDŹ, Krzysztof, *Logos í Míłość. Teologia Josepha Ratzingera – Benedykta XVI,* Lublin 2018.

GUERRIERO, Elio, *Benedikt XVI. Die Biografie. Mit einem Vorwort von Papst Fran-ziskus und einem Interview mit Benedikt XVI.,* Freiburg 2018.

HÖGL, Stefan, *Fels in der Brandung in stürmischen Zeiten. Benedikts Botschaft an die Welt und sein Vermächtnis für die Kirche – Fundamente für einen neuen Auf-bruch,* Norderstedt 2018.

HURTADO DEL SOLO, Mercedes, *La belleza del canto al servicio de la fe en Joseph Ratzinger / Benedicto XVI,* Madrid 2018.

JALL, Andreas, *Erfahrung von Offenbarung. Grundlagen, Quellen und Anwendun-gen der Erkenntnislehre Joseph Ratzingers* (= RaSt 15), Regensburg 2018.

KEMPIS, Stefan von (Hg.), *Drei Päpste und ihre Lieblingsheiligen. Persönliche Ge-danken von Johannes Paul II., Benedikt XVI. und Franziskus,* Freiburg 2017.

KINHOUN, Ambroise, *Dieu pour comprendre l'homme. Vision anthropologique de J. Ratzinger / Benoît XVI,* Cotonou 2017.

MAZAS, Laurent / PALASCIANO, Gabriele (Ed.), *La provocazione del* Logos *christi-ano. Il* Discorso di Ratisbona *di Benedetto XVI.* Premessa del Cardinale Gian-franco Ravasi. Indroduzione di Mons. Antonino Raspanti, Soveria Maúnnelli 2017.

NÚÑEZ AGUILERA, Miguel Ángel, *Único Sujeto-Iglesia. Su comprensión en el discurso de Benedicto XVI a la Curia Romana, del 22 de diciembre de 2005, desde la obra teológica de Joseph Ratzinger* (= Tesi Gregoriana: Teologia 238), Rom 2018.

MÜLLER, Michael, *Religion und Religionen bei Karl Barth und Joseph Ratzinger. Impulse für die Theologie der Religionen?* (= Forum Fundamentaltheologie, Bd. 9), Bern u. a. 2018.

NADRAH, Anton OCist, *Sveta Evharistija, naše upanje. Ob 90-letnici zaslužnega papeža Benedikta XVI.*, Ljubljana 2017.

PAPROTNY, Thorsten, *Theologisch denken mit Benedikt XVI.*, Nordhausen 2018.

SCHALLER, Christian / SCHULLER, Florian / ZÖHRER, Josef (Hg.), *Europa christlich?! Zum Gespräch von Glaube und säkularer Welt* (= RaSt 14), Regensburg 2018.

STEGHERR, Marc (Hg.), *Humanismus ohne Gott. Zur Bedeutung der Kritik Joseph Ratzingers / Benedikt XVI. am postmodernen Relativismus*, St. Ottilien 2017.

THEOBALD, Christoph, *Christentum als Stil. Für ein zeitgemäßes Glaubensverständnis in Europa*, Freiburg 2018.

TÜCK, Jan-Heiner, *Gottes Augapfel. Bruchstücke zu einer Theologie nach Auschwitz*, Freiburg 2016. (Darin: „Wo war Gott?" Benedikt XVI. in Auschwitz und die Frage der Theodizee, 351–366).

Zeitschriftenschau / Beiträge in Sammelwerken

ANTON, Emil, *Joseph Ratzinger's Soteriological Inclusivism*, in: JThS 69 (1/2018) 170–190.

BENEDIKT XVI. / RATZINGER, Joseph, *Anmerkungen zum Traktat „De Iudaeis"*, in: IKaZ Communio 47 (2018) 387–406.

FRANCO, Giuseppe, *Die theologische Begründung der Menschenrechte im Zeitalter der Globalisierung. Der Beitrag von Benedikt XVI. in* Caritas in veritate, in: NOrd 72 (2018) Sonderheft, 45–57.

HARTMANN, Stefan, *50 Jahre „Einführung in das Christentum". Zu Joseph Ratzingers Tübinger Vorlesungen*, in: KlBl 98 (5/2018) 110–112.

HARTMANN, Stefan, *Jesus und die Tora: Rabbi Jacob Neusners Dialog mit Jesus und die Rezeption bei Joseph Ratzinger / Benedikt XVI.*, in: NOrd 72 (2018) 84–95.

HERRANZ MATÉ, José María, *Fe y razón en el pensamiento del Papa Benedicto. Dos discursos para la historia*, in: La ciudad de Dios 231 (2/2018) 247–271.

ORTH, Stefan, *Vatican: Wieder Wirbel um einen Text von Benedikt XVI.*, in: Her-Korr 72 (5/2018) 26.

OSSEWAARDE-LOWTOO, Roshnee, *A Fourth Way. Joseph Ratzinger's veluti si Deus daretur*, in: Gregorianum 99 (1/2018) 45–66.

MOSEBACH, Martin, *Benedikt XVI. zum 90. Geburtstag*, in: UVK 47 (2/2017) 215–226.

PAPROTNY, Thorsten, *„Strebt nach dem, was im Himmel ist". Theologische und ekklesiologische Überlegungen zur „Entweltlichung der Kirche"*, in: UVK 47 (1/2017) 106–126.

ROOS, Lothar, *Ohne die Person ist alles nichts. Person und Gesellschaft in der Sozialverkündigung Johannes Pauls II. und Benedikts XVI.*, in: NASS, Elmar / SPINDLER, Wolfgang H. / ZABEL, Johannes H. (Hg.), Kultur des Gemeinwohls. Festschrift zum 70. Geburtstag von Prof. Dr. Dr. Wolfgang Ockenfels OP, Trier 2017, 74–90.

RUTISHAUSER, Christian, *Der nie gekündigte Bund. Benedikt XVI. / Joseph Ratzinger irritiert den jüdisch-katholischen Dialog*, in: StZ 236 (10/2018) 673–682.

SCHLAG, Martin, *Naturrecht und Benedikt XVI.*, in: NASS, Elmar / SPINDLER, Wolfgang H. / ZABEL, Johannes H. (Hg.), Kultur des Gemeinwohls. Festschrift zum 70. Geburtstag von Prof. Dr. Dr. Wolfgang Ockenfels OP, Trier 2017, 178–192.

SCHAFFRICK, Matthias, *Wer spricht, wenn Benedikt spricht? Über Verzicht auf Amt und Autorenschaft*, in: IKaZ Communio 47 (2018) 188–194.

SÖDING, Thomas, *Im Sturmzentrum. Eine Beschädigung des jüdisch-christlichen Dialogs?*, in: HerKorr 72 (8/2018) 13–16.

STEPHAN, Peter, *Schönheit als Aufstieg zu Gott*, in: UVK 47 (3/2017) 370–410.

TREUSCH, Ulrike, *Mediales Interesse und ökumenische Annäherung? Die Päpste Benedikt XVI. und Franziskus und der deutsche Protestantismus*, in: HIRT, Gerulf / SATJUKOW, Silke / SCHMIEDEL, David (Hg.), Die Päpste und die Protestanten. Begegnungen im modernen Europa, Köln 2018, 221–240.

IV. Das Institut in eigener Sache

Spiegelung des Menschen,[1] Spiegelung des Wissens

Über das Archiv des *Institut Papst Benedikt XVI.* in Regensburg

Hans Christian Bauer

Ein Archiv oszilliert zwischen Staub und Sensation. Auf der einen Seite steht das Bild langer Reihen einförmiger Aktendeckel, auf der anderen das Versprechen des seit Jahrhunderten verschollenen Manuskripts, des alles entschlüsselnden Dokuments, der pikanten Enthüllung.

Zugegeben, beide Bilder haben in Teilen durchaus ihre Berechtigung. Die Institution *Archiv* – etymologisch vom Griechischen αρχειον (Behörde, Amtsstelle), nicht aber wie häufig vermutet von αρχαιος (alt) abzuleiten[2] – verwahrt seit jeher in erster Linie Verwaltungsschriftgut, ordnet und erschließt Dokumente, wenn möglich nach vorliegendem Aktenplan. Zugleich ist das Archiv imstande, vielerlei Spuren von Menschen und Ereignissen zu erhalten, die ohne es verloren gingen oder verborgen blieben; Entdeckungen, wie sie etwa Robert Langdon aus Dan Browns Roman *Illuminati* im Vatikanischen Geheimarchiv[3] macht, sind zwar eher ins Reich des Mythischen zu verweisen, ein Faszinosum aber haftet der Arbeit im Archiv, das sich als Ort ganz eigener Prägung erweist, an. Arlette Farge geht in ihrem Essay zum „Geschmack des Archivs" eindrücklich auf dieses Faszinosum aus Sicht einer Archivnutzerin ein und verortet es im „Effet de Réel",[4] der durch den Kontakt zum originalen Dokument provoziert würde, als „[...] sei der Beweis dessen, was die Vergangenheit war, endlich da, definitiv und nah. Als würde einem, indem man die Ordner öffnet, das Privileg verliehen, endlich das ‚Wirkliche zu berühren'."[5]

---

1   Als solches bezeichnete Joseph Ratzinger das Archiv der Glaubenskongregation, in: Joseph RATZINGER, Das Archiv der Glaubenskongregation. Überlegungen anlässlich seiner Öffnung 1998, in: Ders., Glaube in Schrift und Tradition. Zur theologischen Prinzipienlehre, Freiburg i. Br. 2016 (= JRGS 9,1), S. 716–723, hier: S. 723.
2   Vgl. Eckhart G. FRANZ, Einführung in die Archivkunde, Darmstadt ⁵1999, S. 1.
3   Das Präfix „Geheim-" steigert hier natürlich die Spannung zusätzlich, resultiert aber aus einer Fehlinterpretation: „Geheim" meint im Archivbereich „privat / nicht öffentlich". Beim Vatikanischen Geheimarchiv handelt es sich eben um das päpstliche Privatarchiv. Vgl. Michael MATHEUS, Grundlagenforschung aus Leidenschaft oder Vom bleibenden Wert kritischer Editionen. Einleitung, in: Ders., Hubert WOLF (Hg.), Bleibt im Vatikanischen Geheimarchiv vieles zu geheim? Historische Grundlagenforschung in Mittelalter und Neuzeit, Rom 2009, S. 5–11, hier S. 6, URL: http://www.dhi-roma.it/fileadmin/user_upload/pdf-dateien/Online-Publikationen/ Dresden_Histtag/Hist_Grundlagenforschung_Mittelalter_Neuzeit.pdf.
4   Vgl. Roland BARTHES, L'Effet de Réel, in: Communications 11 (1968), S. 84–89, DOI: https:// doi.org/10.3406/comm.1968.1158.
5   Arlette FARGE, Der Geschmack des Archivs, Göttingen 2011, S. 14.

Was ist ein Archiv?

Farge verweist damit auf spezifische Merkmale des Archivguts. Unikatcharakter, Originalität, Authentizität und (noch) physische Materialität zeichnen es im Gegensatz beispielsweise zu Druckwerken in Bibliotheken aus. Die meisten Archivalien liegen nur einmal auf einem bestimmten Informationsträger vor. Ihre Aufbewahrung im Archiv war und ist – insbesondere für Behörden – die Basis, um rechtlich Zeugenschaft führen zu können und Tatbestände, Entscheidungen, Besitz- und Personenstände nachweislich zu dokumentieren.[6]

Darüber hinaus erfüllen Archive seit dem 19. Jahrhundert eine Aufgabe als Quellenreservoir und Datenspeicher der Vergangenheit, in denen Material, dessen ursprüngliche Zweckbindung fortgefallen ist, wegen seiner rechtlichen, historischen, wissenschaftlichen oder künstlerischen ‚Archivwürdigkeit' auf Dauer (= über Jahrhunderte) aufbewahrt werden soll.[7] In diesem Falle – im historischen, aber auch im Personen- oder Literaturarchiv – kommt der Archivarin und dem Archivar eine Schlüsselrolle zu: „Indem Archivare bewerten und ordnen, das heißt Dokumente zur Vernichtung freigeben oder zur Aufbewahrung bestimmen und den Zusammenhang von Unterlagen bewahren oder wiederherstellen, greifen sie in das Material künftiger historischer Arbeit ein […]."[8] Die Überlieferung der Archive bildet geschichtliche Realität daher nie ganz unabhängig ab, sondern stets als eine vorselektierte, ‚bewertete' Vergangenheit.

Das entscheidende und unterscheidende Charakteristikum des Archivs besteht jedoch darin, dass es in Entstehungszusammenhängen denkt und auf dem sogenannten Provenienzprinzip fußend organisiert. Nicht das einzelne Dokument (oder das einzelne Werk, wie die Bibliothek sagen würde) wird in den Vordergrund gestellt, Archivgut wird in seinem funktionalen Zusammenhang als organisch, z.B. in einer Behörde, Institution (Registratur) oder bei einer Person, gewachsen erfasst.[9] Daher wird im Archiv auch immer zunächst der übergeordnete Entstehungszusammenhang, der Bestand, verzeichnet, dem als solchem Informations- und Quellenwert beigemessen wird, den es zu erhalten gilt.[10] „Ein Archiv ist eben keine Summe von Einzelstücken, sondern ein Herkunftszusammenhang im skizzierten Sinne, eine Ganzheit, die ohne Zutun des Archivars besteht."[11]

Zusammengefasst übernimmt das Archiv zentrale Aufgaben aus dem Bereich Information und Dokumentation, indem es vorwiegend unikales Schrift-, Bild- und Tongut, aber auch Objekte im Originalzustand übernimmt, sie verwahrt, konservatorisch betreut und in Entstehungskontexten belässt bzw. einordnet (Provenienzgedanke), um sie schließlich nach Ablauf (gesetzlich) geregelter Schutzfristen zugänglich machen zu können.

---

6 Die gesellschaftliche Relevanz von Archiven als Garanten für die unverfälschte Überlieferung authentischer Zeugnisse schlägt sich in Archivgesetzen, die z.B. die Anbietungspflicht von Unterlagen aus Behörden, deren Aufbewahrung oder den Zugang regeln, nieder und steht gerade in Zeiten von *fake news* außer Frage.
7 Vgl. FRANZ, Archivkunde (s. Anmerkung 2), S. 2.
8 Dietmar SCHENK, Kleine Theorie des Archivs, Stuttgart 2008, S. 75.
9 Vgl. FRANZ, Archivkunde (s. Anmerkung 2), S. 2.
10 Vgl. SCHENK, Theorie (s. Anmerkung 8), S. 77f.
11 Ebd., S. 78.

Ist das ein Archiv?

Inwiefern entspricht das Archiv des Instituts Papst Benedikt XVI. (IPB) diesem Archivverständnis? Erfüllt es die oben angeführten Aufgaben? Und nicht zuletzt: Was ist der Kern des Archivs des IPB? Wie und mit welchen Strategien zu welchen Zielen wird er bearbeitet? Auf diese Fragen soll im Folgenden eingegangen werden, jedoch nicht ohne zu bemerken, dass das Archiv sich immer im Spannungsfeld von Fülle und Mangel befindet. Einer Fülle vielfältiger Dokumente, deren Erhaltung und Klassifizierung archivarisch anspruchsvoll und zeitlich aufwendig sind, einem Mangel, da sich immer wieder Lücken in Beständen auftun, die nicht einfach geschlossen werden können.

Aufgabe des Archivs des IPB

Das Archiv des IPB ist ein Personenarchiv und verwahrt „[…] Unterlagen, die für die Dokumentation und theologische sowie kirchenhistorische Erforschung und Erschließung von Leben, Denken und Wirken des Theologen, Bischofs und Papstes Joseph Ratzinger / Papst Benedikt XVI. von bleibendem Wert sind, ebenso wie für die Sicherung berechtigter Belange Betroffener oder Dritter."[12]

Neben der Spezialbibliothek des IPB stellt das Archiv das unverzichtbare Fundament für die satzungsgemäße Arbeit des Instituts an der Herausgabe der Gesammelten Schriften von Joseph Ratzinger / Papst Benedikt XVI. (JRGS) zur Verfügung. Insbesondere unterstützt das Archiv die wissenschaftliche Erforschung und editorische Arbeit des IPB in den Bereichen der Sammlung und Bereitstellung des gesamten *ungedruckten* Werkes von Joseph Ratzinger / Papst Benedikt XVI., der Digitalisierung der *Quellen* sowie der Sammlung und Bereitstellung der biographischen und theologischen *Kontexte*.[13] Explizit wird in der amtlich erlassenen Bibliotheks- und Archivordnung nochmals darauf eingegangen, dass die archivischen Aufgaben, die das IPB übernimmt, nicht Selbstzweck sind, um Dokumente nur zu erhalten oder museal zu magazinieren.

Es heißt dort, es gelte, „[…] das Archivgut zu erfassen, zu übernehmen, auf Dauer zu verwahren und zu sichern, zu erhalten, zu erschließen, nutzbar zu machen und auszuwerten",[14] mit dem Zweck, es „[…] selbst zu erforschen und zu veröffentlichen bzw. Forschungen anzuregen."[15]

Aus Satzung und Archivordnung geht deutlich hervor, dass auch das Archiv des IPB dem Leitbild von Informations- und Dokumentationseinrichtungen folgt, Bestände benutzbar zu machen und sich vom Grundsatz ‚Zugang ist, was zählt' leiten

---

12 Archiv- und Bibliotheksordnung für das Institut Papst Benedikt XVI. in Regensburg, in: Amtsblatt für die Diözese Regensburg 8 (2014), S. 89, §2,2, URL: https://www.bistum-regensburg.de/typo3conf/ext/mediathek_main/uploads/3/08-2014.pdf.
13 Vgl. Gerhard Ludwig MÜLLER, Satzung für das Institut Papst Benedikt XVI., Regensburg 2008, URL: http://www.institut-papst-benedikt.de/das-institut/satzung.html.
14 Archiv- und Bibliotheksordnung (s. Anmerkung 12), S. 89, §2,2.
15 Ebd., S. 89, §3,3.

zu lassen.[16] Selbstverständlich ist diesem Grundsatz nicht alles unterzuordnen. Archivgut ist eben in der Regel ursprünglich nicht zur Veröffentlichung gedacht gewesen, sondern aus internen (behördlichen oder persönlichen) Vorgängen erwachsen; im Gegensatz dazu wurde Bibliotheksgut gedruckt und autorisiert veröffentlicht. Neben konservatorischen Gründen bestehen rechtliche Einschränkungen bei der Benutzung des Archivs, die derzeit noch relativ umfassend gelten.[17] Die urheber- und persönlichkeitsrechtlichen Schutzfristen gestatten – angelehnt an das Bundesarchivgesetz – eine Nutzung des Archivguts 30 Jahre nach dem Tode des jeweiligen ‚Registraturbildners'.[18] Ausnahmen können zwar im Einvernehmen mit den abgebenden Personen (bzw. ihren Rechtsnachfolgern) oder Stellen getroffen werden, heikel bleibt jedoch weiterhin, dass auch die Persönlichkeitsrechte sämtlicher in den Unterlagen ausgewiesener Personen zu berücksichtigen sind. Dadurch ist eine Nutzung des Archivguts außerhalb des Mitarbeiterkreises des IPB komplex und nur in Einzelfällen möglich; auch eine Veröffentlichung detaillierter Findmittel (online) ist davon betroffen.[19] Die sorgfältige Achtung dieser Belange gehört gerade für Personenarchive zum ethischen Kodex, dessen Motivation nicht zuletzt auf memoria und Pietät gründet.[20]

Geschichte des Archivs des IPB

Pietät und Respekt verpflichten das Archiv des IPB zunächst der Person, um die herum es aufgebaut ist: Papst Benedikt XVI. Der Papst selbst war und ist der größte Förderer des IPB und seines Archivs. Seit Gründung des Instituts vor nunmehr zehn Jahren hat Benedikt XVI. durch die stete Überlassung von privaten Unterlagen, die als Vorlass[21] ins Eigentum des IPB überführt wurden, den Aufbau des Archivs unterstützt und vorangetrieben. Bei den Unterlagen handelt es sich um persönliche, also

---

16 Vgl. Nils BRÜBACH, Entwicklung von internationalen Erschließungsstandards. Bilanz und Perspektiven, in: Archivar 61 (2001) 1, S. 6–13, URL: http://www.archive.nrw.de/archivar/hefte/2008/ausgabe1/Archivar_2008-1.pdf.

17 Vgl. Archiv- und Bibliotheksordnung (s. Anmerkung 12), S. 90, § 11.

18 Der Archivar überträgt auf Archivalien von Personen die Terminologie aus dem amtlichen Archivwesen, was bisweilen sperrig anmutet, etwa wenn „Personen als Registraturbilder (eine Art verhinderte Behörde)" bezeichnet werden. S. Karl DACHS, Erschließung von Nachlässen unter Verwendung bibliothekarischer und archivarischer Methoden, in: Bibliotheksforum Bayern 10 (1982) 1, S. 3–24, hier: S. 10.

19 Vgl. Christine AXER, Thomas NOTTHOFF, Kristina STARKLOFF, Von der Aufbewahrung zur Archivierung? Rechtliche Fragen bei Nutzung und Bearbeitung von Nachlässen, in: Archivar 68 (2015) 4, S. 350–351, URL: http://www.archive.nrw.de/archivar/hefte/2015/Ausgabe_4/Archivar_Heft_2015_4-Internet.pdf.

20 Vgl. Dietmar SCHENK, Getrennte Welten? Über Literaturarchive und Archivwissenschaft, in: Petra-Maria DALINGER, Georg HOFER, Bernhard JUDEX (Hg.), Archive für Literatur. Der Nachlass und seine Ordnungen, Berlin u. a. 2018 (= Literatur und Archiv 2), S. 13–30, hier: S. 24, DOI: https://doi.org/10.1515/9783110594188-002.

21 „Als Vorlass wird in der Regel ein Nachlass verstanden, der jedoch bereits zu Lebzeiten etwa von der Person selbst oder in Abstimmung mit oder von den Erben an eine Institution wie Bibliothek, Archiv oder Museum zur dauerhaften Sicherung übergeben wurde." S. Jutta WEBER, Gerhard MÜLLER, Nachlässe und Autographen, in: Laura BUSSE u. a. (Hg.), Clio Guide – Ein Handbuch zu digitalen Ressourcen für die Geschichtswissenschaften, Berlin ²2018 (= Historisches Forum 23), B.5-1 – B.5-16, URL: https://guides.clio-online.de/guides/sammlungen/nachlaesse-und-autographen/2018.

um seine ‚Privatregistratur‘, mit zeitlichem Fokus auf dem Schaffen bis zu seinem Pontifikat 2005. Dokumente, die er in Ausübung seiner beruflichen Stationen und kirchlichen Ämter verfasst und verfügt hat, befinden sich daher nicht darunter. Unterlagen, die aus seinen Funktionen in der universitären Forschung und Lehre (Freising, Bonn, Münster, Tübingen, Regensburg), als Erzbischof, als Präfekt der Glaubenskongregation und schließlich als Papst erwachsen sind, liegen natürlich in den jeweils zuständigen Archiven (Universitätsarchive, Archiv des Erzbistums München und Freising,[22] Vatikanische Archive). An dieser Stelle darf man nicht müde werden, den mutigen Entschluss Benedikts XVI. zu würdigen, Kernbestandteile des eigenen Schaffens, ja Lebens dem IPB anzuvertrauen.

Mit der Überschreibung des Wohnhauses Joseph Ratzingers und seiner Geschwister in Pentling an das IPB konnte 2010 weiteres Archivgut von besonderem biographisch-kontextuellen Dokumentationswert gesichert werden. In Pentling hat sich darüber hinaus nicht nur der schöpferische Wirkungsraum, sondern mit der Einrichtung ein zentraler Lebensort des emeritierten Papstes und seiner Familie erhalten. Als ‚Ort der Begegnung und Dokumentation‘ konzipiert, wurde der Zustand des Hauses behutsam rekonstruiert, wie es während Ratzingers Jahren als Professor in Regensburg eingerichtet war. Zwar konnten nicht alle Möbelstücke und Einrichtungsgegenstände im Original integriert werden, getreue Kopien – beispielsweise des Schreibtisches, der Benedikt XVI. seit 1953 überallhin begleitet – sowie die Rekonstruktion der Privatbibliothek geben Einblick in den Schaffensraum Joseph Ratzingers. Insofern ließe sich das Haus in der Bergstraße in toto als ‚Archivale‘ betrachten, das durch ‚*enhanced curation*‘[23] das biographische Umfeld nachvollziehbar und greifbar dokumentiert.

Bilden die Bestände *Vorlass* und *Haushalt Pentling* aus der Provenienz Joseph Ratzingers selbst das Herzstück des Archivs, so erhalten sie Kontur durch Anreicherungen und Ergänzungen in Form von provenienzfremdem Material. Von unschätzbarem Wert sind die zahlreichen Schenkungen und Deposita von Weggefährten, Schülern und Wissenschaftlern, die Lücken in der Dokumentation schließen, zugleich aber auch zusätzliche Perspektiven auf Leben und Werk Joseph Ratzingers eröffnen sowie seine ungebrochene Aktualität unterstreichen. Bereits 2007, noch vor der offiziellen Gründung des Instituts, konnte der designierte Gründungsdirektor und jetzige Bischof von Regensburg, Dr. Rudolf Voderholzer, mit dem Nachlass von Prälat Dr. Friedrich Fahr den Grundstock für ein Institutsarchiv entgegennehmen. In der Folgezeit überließen viele weitere Personen dem Institut ihre Ratzinge-

---

22 Zum Wirken Joseph Ratzingers als Erzbischof von München und Freising liegt eine hervorragende und umfassende Dokumentation vor, die nicht nur das Verwaltungsschriftgut 1977–1982 erschließt, sondern alle kirchlichen archivischen Unterlagen aus dem Erzbistum auswertet (z.B. auch aus dem Studienseminar Traunstein). Die Dokumentation wird ergänzt durch weiteres Material, darunter auch Protokolle von Zeitzeugeninterviews. S. Peter PFISTER (Hg.), Joseph Ratzinger und das Erzbistum München und Freising. Dokumente und Bilder aus kirchlichen Archiven, Beiträge und Erinnerungen, Regensburg 2006 (= Schriften des Archivs des Erzbistums München und Freising 10).

23 Vgl. Dirk WEISBROD, Der Begriff des Originals im digitalen Zeitalter: Können digitale Objekte „echt“ und „einmalig“ sein?, in: Petra HAUKE, Andrea KAUFMANN, Vivien PETRAS (Hg.), Bibliothek – Forschung für die Praxis. Festschrift für Konrad Umlauf zum 65. Geburtstag, Berlin-Boston 2017, S. 338–348, hier: S. 344f. DOI: https://doi.org/10.1515/9783110522334-029.

riana im Original oder als Replik. Neben Einzelkorrespondenzen, Erinnerungsstücken und Lichtbildern sind für die konkrete Forschung am IPB insbesondere die Tonaufnahmen der Predigten Joseph Ratzingers, die von den Geschwistern Besold zur Digitalisierung zur Verfügung gestellt wurden, sowie die Vorlesungsmitschriften aus seinen Seminaren hervorzuheben. Mit Teilnachlässen etwa von Prof. Dr. Vinzenz Pfnür und Pfarrer Dr. Werner Hülsbusch verfügt das IPB über wichtige Anhaltspunkte zur Einordnung des Archivguts. Das ergänzende Archivgut weist allerdings teilweise über die eigentliche Sammlungslaufzeit des Archivs hinaus – hier finden auch Materialien Aufnahme, die das Pontifikat umfassen und zeitgenössisch relevant sind (mit den ungeschnittenen Filmaufnahmen der päpstlichen Gottesdienstfeiern, die der Bayerische Rundfunk dem IPB überlassen hat, liegt ein unikaler und konservatorisch anspruchsvoller Bestand am IPB). Nicht vergessen werden dürfen die großzügigen Schenkungen, die die Inspiration Joseph Ratzingers für die Künste und Frömmigkeit erfahrbar machen: Gemälde, Collagen, Sondermünzen, aber auch eine von Hermann Jakobs erstellte philatelistische Sammlung weiten den Blick auf den Einfluss seines Lebenswerks.

Die Bestände des Archivs befinden sich separat in den Räumlichkeiten des IPB am Bismarckplatz in Regensburg. Eine Vorerfassung und listenbasierte Inventarisierung wurde von Josef Meyerhofer erstellt. In den Jahren von 2014 bis 2017 richtete Katharina Weber als Archivarin ein gängigen Archivstandards entsprechendes Magazin ein, sichtete die Dokumente auf ihren Erhaltungszustand hin und führte dringende Umlagerungs-, Reinigungs- und Konservierungsmaßnahmen durch. Auf ihre Initiative hin wurden die wertvollen Manuskripte entsäuert und digitalisiert. Mit der Anschaffung einer professionellen Archivsoftware[24] entwarf Weber auch eine erste archivfachliche Systematisierung der Bestände als Erschließungsgrundlage.

Tektonik und Erschließung des Archivs des IPB

Den von Katharina Weber geebneten Weg geht das Archiv derzeit weiter, wobei die Erschließung des Archivguts zunehmend stärker gewichtet wird. Erschließung als archivarische Kernaufgabe stellt die Schnittstelle zwischen Bewertung und Bewahrung des Archivguts einerseits sowie Benutzung andererseits dar. Nicht erschlossene Archivbestände können quasi als nicht existent gewertet werden, da sich keine Informationen zu Inhalten und Wert – intern wie extern – kommunizieren lassen. Ohne Erschließung bleiben Bestände unbekannt (was auch aus konservatorischen Gründen bedenklich ist), ungenutzt und werden damit nicht wahrgenommen.

Allerdings existiert für Personenarchive kein allgemein gültiges Modell für die Erschließung. Ein Bibliothekskatalog, der über Regelwerke formalisiert erschließt (Autor, Titel, Erscheinungsjahr etc.), genügt den heterogenen und kontextabhängi-

---

24 Das IPB nutzt mit ACTApro (https://www.startext.de/produkte/actapro) eine Software, die die Verzeichnungsstandards ISAD(G) und ISAAR(CPF) unterstützt und über gängige Austauschformate anschlussfähig für einen möglichen Informationstransfer ist.

25 Vgl. Janet DILGER, Bibliothekarische und archivische Nachlasserschließung: der historische „Kompetenzstreitfall", in: Archiv und Wirtschaft 44 (2011) 2, S. 67–74, hier: S. 70, URL: http://www.wirtschaftsarchive.de/veroeffentlichungen/zeitschrift/AuW2_11Dilger.pdf.

gen Dokumenten im Archiv nicht.[25] Im Archivwesen hingegen wird der überkommenen Ordnung des Archivguts (Provenienzprinzip) besondere Bedeutung beigemessen. D. h., „[…] wenn irgend möglich sollten aufgedeckte Ordnungsansätze des […/ Bestandsbildners] immer mit einbezogen werden. Ziel sollte es sein, die Entstehungszusammenhänge, aus denen sich Aussagen über Arbeitsweise und Schaffensprozess ableiten lassen, zu bewahren und herauszuarbeiten."[26] Ziel der Erschließung ist schließlich, ein Findbuch vorlegen zu können, das die Bestände in ihren Kontexten erfasst und luzide gliedert, um ein effizientes Arbeiten im Archiv zu ermöglichen.

Im archivfachlichen Diskurs wurde die Klassifizierung von Archivgut von Privatpersonen (insbesondere Nachlässe von Schriftstellerinnen und Schriftstellern) bereits eingehend behandelt.[27] Um die Informationsfülle der Archivalien am IPB in einem adäquaten Ordnungsschema zu repräsentieren, orientiert man sich am flexiblen Strukturprinzip, das gewisse (zu dokumentierende) Eingriffe in die vorarchivische (Un-)Ordnung gestattet.[28] Das Klassifikationsmodell des IPB versucht damit eine pragmatische Lösung zu liefern, die auch ohne Einführung für sich sprechen kann. Im Groben ergibt sich daraus eine Tektonik, die, angelehnt an das Vorbild der Max-Planck-Gesellschaft, die drei Standardgruppen Biographisches, Berufliches, Korrespondenzen sowie die Ergänzungsgruppen Dokumentation zum Bestandsbildner, Anreicherungen sowie Sammlungen differenziert:[29]

1. Bestand Vorlass Joseph Ratzinger (enthält: Biographisches, Berufliches, Korrespondenzen)
   1.1. Ad personam
   1.2. Wissenschaftliches und berufliches Schaffen
      1.2.1. Manuskripte
      1.2.2. Kleinschriften
      1.2.3. Bearbeitungen
      1.2.4. Konzilsunterlagen
      1.2.5. Universitätsunterlagen
      1.2.6. Vorlesungsmitschriften
      1.2.7. Predigten und Vortragsmitschriften
      1.2.8. Sammlungen (z.B. Lichtbilder, Tonaufnahmen etc.)
      1.2.9. Digitalisate und Ergänzungsdokumente
   1.3. Korrespondenzakten

---

26 Annekatrin SCHALLER, Blatt für Blatt? – Erschließungswege am Beispiel des Freiherr-vom-Stein-Nachlasses, in: Archivpflege in Westfalen-Lippe 67 (2007), S. 24–28, hier: S. 25, URL: http://www.lwl.org/waa-download/archivpflege/heft67/Seiten24-28_Schaller.pdf.

27 Ausgehend von Wilhelm Diltheys Forderung, die Überlieferung von Literaturschaffenden als kulturelle Quellen ebenso zu bewahren wie die behördlichen in historischen Archiven. Vgl. Wilhelm DILTHEY, Archive für Literatur, in: Deutsche Rundschau 58 (1889), S. 360–375, URL: https://archive.org/details/deutscherundscha58stutuoft.

28 Vgl. Eberhard ILLNER, Probleme der Nachlaßerschließung, in: Angelika MENNE-HARITZ (Hg.), Archivische Erschließung: Methodische Aspekte einer Fachkompetenz. Beiträge des 3. Archivwissenschaftlichen Kolloquiums der Archivschule Marburg, Marburg 1999 (= Veröffentlichungen der Archivschule Marburg 30), S. 95–108, hier: S. 100.

29 Vgl. Hans-Jürgen HÖÖTMANN, Grundzüge eines standardisierten Klassifikationsschemas für Nachlässe, in: Archivpflege in Westfalen-Lippe 60 (2004), S. 4–8, URL: http://www.lwl.org/waa/archivpflege/heft60/005_009_hoeoetmann.pdf.

2. Bestand Haushalt Pentling (enthält: Dokumentation zum Bestandsbildner)
3. Nachlässe und provenienzfremde Anreicherungen
4. Sammlungen
  4.1. Lichtbildarchiv
  4.2. Film- und Rundfunkarchiv
  4.3. Presseausschnittsammlung
  4.4. Unterlagen von Studierenden und Schülern
  4.5. Münzsammlung
  4.6. Briefmarken und Ersttagsbriefe
  4.7. Andenken

Zu beachten ist, dass Papst Benedikt XVI. die Dokumente, die im Bestand *Vorlass* geordnet wurden bzw. werden, persönlich ausgewählt hat und zusammenstellen ließ. Es befinden sich darunter also die Dokumente, die er zum einen für besonders bewahrenswert hält, zum anderen für seine aktuelle Arbeit nicht (zumindest nicht in der Vorlageform) benötigt, womit sie ihren ursprünglichen Verwendungszweck verloren haben und ‚historisiert' wurden. Eine Herausforderung bei der Erschließung der in mehreren Paketen übergebenen Materialien besteht darin, dass nur schwer beantwortet werden kann, welche Bedeutung der Übergabe-Ordnung zukommt. Gehören Unterlagen aus einem Paket inhaltlich / wertend zusammen?

Das Archiv muss hier davon ausgehen, dass die Auswahl bewusst autorisiert wurde und eine bestimmte Betrachtungsweise des Materials, somit den Umgang mit ihm vorgibt. Denn ob „[…] und auf welche Weise Konvolute, Mappen, digitale Fächer oder Ordner angelegt und wie sie beschriftet wurden, all das gibt wertvolle Aufschlüsse über ihren Stellenwert, über Lebens- und Arbeitsweisen."[30]

Bestände und Bestandserhaltung

Dass der Bestand *Vorlass Joseph Ratzinger* von höchstem Wert ist, muss nicht erwähnt werden. Er umfasst Unterlagen aus allen Lebens- und Schaffensphasen Joseph Ratzingers, die nicht nur die Kontinuität seines theologischen Schaffens, sondern zugleich die immense Bandbreite an Vermittlungs- und Argumentationsformen dieses Wissens spiegeln. Zur Illustration sei im Folgenden ein Blick auf einige Bestände geworfen: Manuskripte, Predigten, Lichtbild- und Filmarchiv.

Unikal sind darunter zunächst die Manuskripte, mit Bleistift von Hand verfasst, der Dissertation sowie der Habilitationsschrift, aber auch das Original der Korrekturfahne der *Einführung in das Christentum* mit eigenhändigen Korrekturen des Autors. Weitere kleinere Werkfragmente kommen hinzu. Die Manuskripte zeichnet aus, dass sie als Vorform des vom professionellen Satz eines Verlags erstellten Druckwerks einen Blick ‚über die Schulter des Wissenschaftlers' zu bieten scheinen. Sie bezeugen die Mühen der Denkarbeit und verdeutlichen die Prozessualität des Entstehens von Erkenntnis – Durchstreichungen, Korrekturen, Anmerkungen, Ein-

---

30 Ulrich von BÜLOW, Der Nachlass als materialisiertes Gedächtnis und archivarische Überlieferung, in: Kai SINA, Carlos SPOERHASE (Hg.), Nachlassbewusstsein. Literatur, Archiv, Philologie 1750–2000, Göttingen 2017 (=Marbacher Schriften 13), S. 75–91, hier: S. 88.

fügungen weisen hier auf einen Übergangszustand vom innerlichen hin zum öffentlich wirksamen Wort, vergleichbar dem Prozess, den Claude Lévi-Strauss vom Rohen (Naturzustand) zum Gekochten (Kulturzustand) beschrieben hat.[31] Zugleich haftet Manuskripten – ja, dem Originaldokument allgemein – ein intrinsischer Wert an. Auch die ursprüngliche materielle Gestalt vermag eine Aussage zu machen (welches Papier, welches Schreibgerät wurden verwendet?).[32] Allerdings, und dies betrifft das gesamte Archivgut aus der Provenienz Joseph Ratzingers am IPB, ist dieser Wert in nicht geringem Maße von Papierfraß bedroht, da zwischen ca. 1840 und 1990 hergestelltes Papier stark säurehaltig ist und relativ rasch bis zum Zerfall brüchig wird. Zur Erhaltung wurden die Manuskripte, aber auch Korrespondenzen, Konzils- und Seminarakten daher von einer Spezialfirma aufwendig entsäuert.

Ein anderes Bild bietet der im Zuge der laufenden Edition der *JRGS 14 – Predigten zum Kirchenjahr* weitgehend erschlossene Unterbestand *Predigten und Vortragsmitschriften*. Hier liegen zahlreiche Typoskripte, zum Teil mit kleinen handschriftlichen Korrekturen, neben v.a. in der Münchener Ordinariats-Korrespondenz (MOK) abgedruckten Predigten. Das Material scheint darauf hinzuweisen, dass sich Joseph Ratzinger bei zur mündlichen Wiedergabe gedachten Gattungen einer anderen Arbeitsweise bedient hat. Die Predigten wurden auf der Schreibmaschine getippt und vermutlich kurz vor ihrer Verlesung noch einmal memoriert und ggf. ausgebessert. Dass viele Predigten nicht als Typoskript, sondern als Nachschrift in den MOK vorliegen, kann einen freien Vortrag vermuten lassen. Dass Joseph Ratzinger die MOK-Ausgaben gesammelt und auch teilweise mit Anmerkungen versehen hat, gewährt Einblick in seine Arbeitspraxis und –werkstatt: Die Predigten wurden systematisch dokumentiert und dienten wohl als Erinnerungsstütze, um zu wissen, wann zu welchem Thema verkündet wurde, aber u.U. auch, um Inhalte wieder aufzunehmen und weiterzuentwickeln oder zu aktualisieren. Dieser Bestand wurde zwar bisher noch nicht weiter konservatorisch behandelt, durch kostengünstige Maßnahmen der ‚passiven Konservierung' (fachgerechte Lagerung, Säuberung des Papiers sowie Verpackung in säurefreien Mappen und Archivkartons) kann die Lebensdauer der Unterlagen erheblich verlängert werden.[33]

Bedarf an bestandssichernden Maßnahmen besteht bei einem anderen Material: Fotografien (insbesondere mit farbfotografischen Bildschichten) und audiovisuelle Medien mit magnetischen Bändern sind in hohem Maße anfällig für Schäden oder Verluste. Das IPB verfügt über ein ansehnliches Bildarchiv, das die Lebensstationen Joseph Ratzingers – mit Schwerpunkt auf seiner Münchener Zeit – umfassend dokumentiert. Aus Lagerungsgründen wurden auch die Dias und Fotos aus dem Vorlass sowie aus Pentling in das Bildarchiv integriert, nachdem ihre Herkunft aus dem persönlichen Besitz Ratzingers erfasst wurde. Hinzu kommen mehrere reprä-

---

31 Vgl. Claude Lévi-Strauss, Mythologica I. Das Rohe und das Gekochte, Frankfurt am Main 2008.
32 Vgl. Schenk, Theorie (s. Anmerkung 8), S. 82.
33 Vgl. Mario Glauert, Sabine Ruhnau, Bestandserhaltung beginnt im Kopf, nicht im Geldbeutel, in: Dies. (Hg.), Verwahren, Sichern, Erhalten. Handreichungen zur Bestandserhaltung in Archiven, Potsdam 2005 (= Veröffentlichungen der brandenburgischen Landesfachstelle für Archive und öffentliche Bibliotheken 1), S. 1–12, hier: S. 5.

sentative Fotoalben der Papstreisen, die Benedikt XVI. von offiziellen Stellen zugeeignet wurden.

Um bei diesen Medien das Risiko von Verlusten zu vermeiden, wird für sie derzeit ein Erfassungs- und ggf. Digitalisierungsplan erstellt. Wenn in diesen Plan auch die Filmbänder aus dem Pontifikat einbezogen werden, steht das IPB allerdings vor der Herausforderung ein immenses Datenvolumen managen zu müssen.

Perspektiven

Es soll deutlich geworden sein, dass es Aufgabe des Archivs am IPB ist, die Überlieferung Joseph Ratzingers / Papst Benedikt XVI. zu bewahren und zu erschließen. Dass dies nach archivarischen Vorstellungen geschieht, resultiert aus dem Umstand, dass das Archivgut in einem autorisierten Zusammenhang übergeben wurde und wird, der als authentisches Zeugnis gewertet werden kann. Zwar könnte eine thematische Anordnung der Dokumente in einer Sammlung zugänglicher erscheinen, nur das Archiv jedoch hat die Werkzeuge entwickelt, um den sogenannten *respect des fonds* weiterzugeben.

Mit diesem Anspruch gilt es weiterzuarbeiten – noch sind nicht alle Dokumente gesichtet und gesichert, noch steckt die Erschließung und Verzeichnung in den Anfängen, noch befinden wir uns in der Orientierungsphase bei der Suche nach angemessenem Umgang mit digitalen Erhaltungsstrategien.

Entscheidend für die Qualität der Archivarbeit dürfte jedoch die vorausschauende Berücksichtigung künftiger Nutzungsszenarien sein. Daher setzt das Archiv nicht nur auf Nachhaltigkeit bei der Konservierung der Originaldokumente, sondern auch auf die Verwendung anerkannter Standards und Normen bei der Verzeichnung. Beispielsweise werden beteiligte Personen und Orte, die mit dem jeweiligen Dokument in Verbindung stehen, mit Normdaten (GND) der Deutschen Nationalbibliothek ausgezeichnet. Durch die Verwendung von Normdaten im Archivsystem ist die Voraussetzung gegeben, zu einem späteren Zeitpunkt auch externe Informationen (etwa aus Bibliothekskatalogen) anzuzeigen oder Beziehungen zwischen Personen abzubilden.[34]

Darüber hinaus wäre eine weitere ‚Rekonstruktion' des Schaffens Joseph Ratzingers ein Ziel, auf das hingearbeitet werden sollte. Ein erster Schritt dazu könnte in der Recherche von Unterlagen von und zu Joseph Ratzinger in den zuständigen Archiven seiner beruflichen Stationen bestehen, um wichtige Dokumente zu identifizieren, zu lokalisieren und zumindest den Nachweis zu führen, um auf diese Weise dem (unerreichbaren) Ideal, ‚die Gesamtheit alles irgendwie erreichbaren, je von einer bestimmten Person schriftlich Fixierten'[35] zusammenzuführen, näher zu kom-

---

34 Vgl. Nils BRÜBACH, Zur archivischen Erschließung von Filmen und Fotos mit Normdaten, in: Archivpflege in Westfalen-Lippe 87 (2017), S. 16–19, URL: https://www.lwl.org/waa-download/archivpflege/heft87/16-19_bruebach.pdf.

35 Zitiert nach Sylvia ASMUS, Verstreute Informationsobjekte in Nachlässen, in: Michael HOLLMANN, André SCHÜLLER-ZWIERLEIN (Hg.), Diachrone Zugänglichkeit als Prozess. Kulturelle Überlieferung in systematischer Sicht, Berlin u. a. 2017 (= Age of Access? Grundfragen der Informationsgesellschaft 4), S. 172–184, hier: S. 173.

men. Auch den vom Archiv des Erzbistums München und Freising gewiesenen Weg, in Interviews Stimmen von Weggefährten des Papstes einzuholen (Oral History), weiterzugehen, könnte dies fördern.

Dass dies nicht allein geschehen kann, sondern im Austausch mit Kolleginnen und Kollegen sowie der Kompetenz etablierter Archive (etwa am Diözesanarchiv oder vergleichbaren Einrichtungen wie dem Karl-Rahner-Archiv) ist uns bewusst.[36]

Über den Vorhaben, die einen Beitrag leisten, das IPB als Zentrum der Forschung und Dokumentation zu Joseph Ratzinger weiter zu positionieren, darf nicht vergessen werden, dass die Würdigung von Werk und Person Joseph Ratzingers / Papst Benedikts XVI. das eigentliche officium nobile darstellt, dem das Archiv – als Hüter und verschwiegener Wahrer der Schätze, wie Dilthey sagen würde – verpflichtet ist.

---

36 Aus diesem Grund ist das Archiv des IPB seit 2018 Mitglied der Arbeitsgruppe Archive der überdiözesanen Einrichtungen (AGAUE), URL: http://www.agaue.de/.

Ein leidenschaftlicher Priester

In memoriam Monsignore Franz Niegel

Am 4. Juli 1954 feierte der 28-jährige Neupriester Franz Niegel in der Stiftskirche Berchtesgaden seine Heimatprimiz. Festprediger war sein Dozent für praktische Sakramentenlehre am Freisinger Priesterseminar, der um ein Jahr jüngere Dr. Joseph Ratzinger, der zu dieser Zeit an seiner Habilitation arbeitete. Aufhorchen ließ die Zuhörer die neue Art der Schriftauslegung in pathosfreier Einfachheit und Unmittelbarkeit, die auch die Widerstände, auf die die Verkündigung des Wortes Gottes trifft, nicht verschwieg: „[…] was geschieht in der Priesterweihe und Primiz anderes als dies, dass Christus wieder vor ein paar junge Menschen hintritt und ihnen die Boote und Netze aus der Hand nimmt, an die sie so manchen Traum ihrer Jugend geknüpft haben, und zu ihnen sagt: Nun sollt ihr Menschenfischer sein. Sollt hinausfahren auf das Meer der Welt und Gottes Netz auswerfen mit unverdrossenem Mut in einer Zeit, die alles Interesse zu haben scheint, dem heiligen Jäger Gott zu entkommen."[1] Von seinen eigenen ernüchternden Erfahrungen in der Verkündigung ausgehend, bekannte Ratzinger: „Wie oft habe ich mich als Student darauf gefreut, einmal predigen zu dürfen, den Menschen das Wort Gottes verkündigen zu dürfen […]. Aber wie war ich enttäuscht, als die Wirklichkeit doch ganz anders war, als die Menschen offensichtlich nicht auf das Wort der Predigt, sondern vielmehr auf ihr Ende warteten. Gottes Wort gehört heute nicht zu den Mode-Artikeln, nach denen man fragt und ansteht. Im Gegenteil […]. So ist das Predigen heute wahrhaftig zu einem mühseligen Teil des Fischfanges geworden, den der Priester zu treiben hat. Und doch tut er gerade in der Predigt wie auch im Religionsunterricht […] mit eins vom Größten, was der Kirche überhaupt aufgetragen ist."[2]

An der Primizfeier nahm auch der charismatische Begründer der bayerischen Volksmusikbewegung Paul Kiem (1882–1960), genannt Kiem Pauli, teil, der dann auch mit einer Tischrede hervortrat. Niegel wurde von zwei Menschenfischern ausgesandt, einmal als Priester Jesu Christi und zum anderen folgte er einem Sendungsauftrag des Kiem Pauli als Missionar der bayerischen Volksmusik. Wie er diese beiden Sendungen in einmaliger Weise miteinander verband, macht die Lebensleistung von Pfarrer Niegel aus. Franz Niegel wurde am 29. März 1926 als drittes Kind von Heinrich und Elisabeth Niegel in Berchtesgaden geboren. Sein Vater war Uhrmacher und Antiquitätenhändler. Nach dem Abitur 1948 trat er in das Freisinger Priesterseminar ein. Joseph Ratzinger studierte da bereits in München. Ab dem 1. Oktober 1952 war Ratzinger Dozent geworden und gehörte zum Vorstand des Seminars unter Regens Höck. Weniger als zwei Jahre waren dann

---

1   JRGS 12, 665.
2   JRGS 12, 665 f.

Ratzinger und Niegel im Priesterseminar Freising zusammen. Niegel, ein begeisterter Alpinist und Skifahrer, der auch Gitarre spielen konnte, kam bereits als Anhänger der bayerischen Volkskulturbewegung nach Freising. Über den Theologiestudenten Niegel suchte der Kiem Pauli den Nachwuchs des Klerus der Erzdiözese München und Freising für die Volksmusik zu gewinnen. Dies geschah über ein Adventssingen 1951, das auf Vorschlag des Seminaristen Niegel vom Seminarleiter, Regens Michael Höck, genehmigt wurde. Organisiert wurde das erste Freisinger Adventssingen von Annette Thoma (1886–1974), der Beauftragten des Kiem Pauli für die religiöse Volksmusik.

Beim ersten Adventssingen auf dem Freisinger Domberg hielt die geistliche Betrachtung der damalige Dozent für Sakramentenpastoral, Alfred Läpple. Beim Adventssingen am 5. Dezember 1953 fiel diese Aufgabe dem neuen Dozenten Joseph Ratzinger zu. Ratzinger, der über den Kirchenvater Augustinus promoviert hatte, stellte an diesem Abend eine Beziehung her zwischen dem Jodler und dem Jubilus in der Deutung Augustins: Der Jodler „heißt zwar bei ihm ‚Jubilus‘, aber es ist kein Zweifel, dass er das Gleiche meint: dies wortlose Ausströmen einer Freude, die so groß ist, dass sie alle Worte zerbricht. […] Der Jubilus ist nämlich ein Klang, der da zeigt, dass das Herz verkünden will, was es doch nimmer sagen kann."[3] Anschließend zitierte Ratzinger dann Augustinus mit den Worten: „Was bleibt dir, als dass dein Herz sich freue ohne Worte und die unmessbare Weite deiner Freuden sprenge alle Grenzen der Silben. Singt dem Herrn im Jubilus. Denn: Beatus populus qui scit jubilationem – Selig das Volk, das zu jubilieren weiß (Ps 88 [89], 16)."[4] Nach Kaplansstellen in Reit im Winkl, Waldram bei Wolfratshausen, Traunstein und Wasserburg kam Niegel nach Oberwössen. Nach der Amtsenthebung des Pfarrers von Unterwössen war er dort ab 1963 zunächst als Vertretung tätig.

Von Kardinal Döpfner zum Pfarrer von Unterwössen im Landkreis Traunstein ernannt, blieb Niegel bis zum Eintritt in den Ruhestand 1997 der kontaktfreudige, unkonventionelle, allseits geschätzte Seelsorger. Niegel war der erste Priester, der, aus der Jugendbewegung und der Liturgischen Bewegung kommend, die Vorstellungen des Kiem Pauli vom „echten" bayerischen Volksgesang und die von Annette Thoma entwickelten inhaltlichen und formalen Modelle bayerisch religiöser Volksmusik nach dem Konzil und auf dem Boden der Liturgiereform, seinerseits stilbildend, in das Kirchenjahr und das Leben der Pfarrgemeinde integriert hat. Noch bevor sich diese Früchte in Unterwössen zeigen konnten, war der Kiem Pauli 1960 verstorben. Es war sein Wunsch, dass seine Totenmesse von Niegel gefeiert werden sollte. Entsprechend dem volksmusikalischen Klangideal des Kiem Pauli wirkte Niegel daran mit, dass sich der homophone dreistimmige Satz als die „echte" bayerische Sangestradition durchsetzte. Darum gründete er noch in Oberwössen aus Mitgliedern des Kirchenchores einen Männerdreigesang, die „Walch-

---

3   Alfred Läpple, Benedikt XVI. und seine Wurzeln. Was sein Leben und seinen Glauben prägte, Augsburg 2006, 110 f.
4   Läpple, Benedikt XVI., 111.

schmiedbuam". Ebenso gründete Niegel das Erntedank-Ensemble, um die neuartige „Stubenmusi- Besetzung" zu verbreiten. In der Pfarrkirche St. Martin fand das „Wössner Hirtenspiel" im Rahmen des Adventssingens unter Mitwirkung von Annette Thoma statt. Zu den Passionssingen, Sänger- und Musikantentreffen und den sogenannten Erntedank-Matineen kamen auch Wastl Fanderl und Tobi Reiser sen. und Sohn.

Von 1971 bis 1977 war Niegel Dekan. 1978 wurde er Ehrenbürger der Gemeinde Unterwössen. Den Titel Geistlicher Rat erhielt Niegel 1982, und 1992 wurde er zum Monsignore ernannt. Nach dem Eintritt in den Ruhestand zog Niegel in sein Haus in Maria Gern. Für seine Verdienste um die Volksmusik wurde Niegel 2011 mit dem Bayerischen Verdienstorden ausgezeichnet. Nach dem Tod der Haushälterin wohnte der Pflegebedürftige zwei Jahre im Bürgerheim in Berchtesgaden. Bis zu seinem Tod am 26. Oktober 2017 wurde Niegel im Wohnstift in Marquartstein betreut. Das Requiem fand am 4. November in Unterwössen statt, wo Franz Niegel auch begraben wurde. Als „Volksmusikpfarrer" hat Franz Niegel wesentlichen Anteil daran, dass die bayerische Volksmusik und Mundart nicht nur in den Konzertsälen, sondern zeitgleich auch in den Kirchen Einzug halten konnte. Bereits in den Anfängen im Freisinger Seminar hatte daran auch Joseph Ratzinger aktiv mitgewirkt.

In gleichbleibender freundschaftlicher Verbundenheit hat Ratzinger auch später als Erzbischof von München und Freising und als Kurienkardinal Niegel unterstützt. Beim Adventssingen im Erzbischöflichen Studienseminar in Traunstein am 5. Dezember 1976, das von Pfarrer Niegel vorbereitet und geleitet wurde, hat Ratzinger, damals Dogmatikprofessor in Regensburg, vier Meditationen gehalten. Ein Jahr später, 1977, da war Ratzinger bereits der neue Erzbischof von München und Freising, hat Niegel die Betrachtungen als Weihnachtsgabe veröffentlicht. Am 10. Dezember 1978 kam Kardinal Ratzinger zum Adventssingen nach Unterwössen. Es folgten zahlreiche private, aber auch offizielle Besuche, zum Beispiel zur Firmspendung. Insgesamt hat Ratzinger um die dreißig Besuche in Unterwössen gemacht. Mehrere Sommeraufenthalte verbrachte Ratzinger auf dem Bichlhof, einem Ferienhaus des Ordens der Barmherzigen Schwestern in Unterwössen, von wo aus er zahlreiche Wanderungen mit Franz Niegel unternahm. Auf dem Katholikentag 1984 in München fand eine von Niegel organisierte alpenländische volksmusikalische Andacht mit einer Ansprache von Kurienkardinal Ratzinger statt.

Zum 60. Geburtstag des Kurienkardinals organisierte Niegel 1987 eine Romfahrt, an der unter anderem sein Kirchenchor, die Fischbachauer Sängerinnen, eine Abordnung der Gebirgsschützen sowie der damalige bayerische Ministerpräsident Franz Josef Strauß teilnahmen. Zum diamantenen Priesterjubiläum schrieb Papst Benedikt 2014 dem nun schon viele Jahre krank und zurückgezogen lebenden Freund nach Marquartstein: „Da ist mir der strahlende Tag Deiner Primiz wieder vor die Augen gekommen und die Erinnerung ist aufgestiegen an all das Schöne, das ich mit Dir über Jahrzehnte hin erleben durfte. In diesen Tagen werden nicht nur ich, sondern viele andere mit großer Dankbarkeit daran denken, wie Du als Priester mit Deiner ganzen Kraft, mit Deiner Heiterkeit und Deiner Phantasie und mit den Leiden, die dazugehören, das Evangelium verkündet und ihnen Christus gezeigt hast. So wird ein vielstimmiger Chor des Dankes zum Himmel aufsteigen, in dem ich kräftig mitbeteiligt bin. Mit meinem herzlichen Dank an Dich für alles, was ich von Dir empfangen habe, verbinde ich meine Segenswünsche und das Versprechen meines Gebetes für Dich."[5]

Michael Karger

---

5   https://www.stiftsland.de/kategorieblog-st-andreas/618-monsignore-franz-niegel-91-jaehrig-verstorben.html [letzter Aufruf: 13.11.2018].

Chronik 2018

2017

18. Dezember
An der Verleihung des Ökumenepreises der Katholischen Akademie in Bayern an Reinhard Kardinal Marx und Landesbischof Bedford-Strohm nimmt Dr. Schaller für das Institut teil.

2018

5. Januar
Bischof Dr. Rudolf Voderholzer empfängt die Sternsinger im ehemaligen Wohnhaus von Joseph Ratzinger in Pentling.

9. Januar
Der Münchner Künstler Otto-Ernst Holthaus überreicht dem Institut sein Porträt von Papst Benedikt XVI.

10. Januar
Zur Recherche für JRGS 14 sind Dr. Schaller, Frau Constien und Frau Krämer im Erzbischöflichen Archiv in München.

15. Januar
Frau Prof. Dr. Kerstin Schlögl-Flierl besucht das IPB zu Recherchearbeiten für einen Artikel zum Thema Benedikt XVI. und die Europäische Union.

18. Januar
Augustinerchorherren aus der Propstei Paring werden zusammen mit ihrem Propst Maximilian Korn von Dr. Schaller durch das Wohnhaus von Joseph Ratzinger in Pentling geführt.

21. Januar
Aus Anlass seines 70. Geburtstages wird in Rom im Rahmen eines Festaktes in der Bibliothek des Collegio Santa Maria dell'Anima die Festschrift „Der dreifaltige Gott. Christlicher Glaube im säkularen Zeitalter" an Gerhard Kardinal Müller überreicht. Das mit einem Grußwort von Papst em. Benedikt XVI. versehene Werk wird von George Augustin, Sławomir Śledziewski und Christian Schaller herausgegeben.

23.–25. Februar
An der Philosophisch-Theologischen Hochschule Vallendar findet ein Symposium aus Anlass des Geburtstages des Herausgebers der JRGS, Gerhard Kardinal Müller

statt. Zu den Referenten gehören u. a. Kardinal Christopher Collins (Toronto) und Prof. Karl-Heinz Menke (Bonn). Die Laudatio hält Kurt Kardinal Koch (Rom) und Rainer Maria Kardinal Woelki (Köln) hält die Festpredigt. Die Mitarbeiter des Instituts nehmen auf Einladung von Gerhard Kardinal Müller daran teil.

März

Band 13 und 14 der Ratzinger-Studien erscheinen. Unter dem Titel „Ut unum sint. Zur Theologie der Einheit bei Joseph Ratzinger / Papst Benedikt XVI.", welcher von Michaela C. Hastetter und Stefanos Athanasiou herausgegeben wird, untersuchen Autoren wie Kurt Kardinal Koch und Christoph Ohly den Beitrag Joseph Ratzingers / Benedikts XVI. zum Dialog mit Orthodoxen und Lutheranern und entwerfen auf dieser Linie Visionen für die Zukunft der Ökumene.
In dem von Christian Schaller, Florian Schuller und Josef Zöhrer herausgegebenen Band 14 der Ratzinger-Studien, werden unter dem Titel „Europa christlich?! Zum Gespräch von Glaube und säkularer Welt", die Beiträge der Tagung in der Katholischen Akademie in Bayern vom April 2017 der Öffentlichkeit zugänglich gemacht. Zu den Autoren zählen Udo Di Fabio, Thomas Söding und Sibylle Lewitscharoff.

8. März
Der Siegsdorfer Künstler Johann Brunner übergibt dem Institut seine Büste von Papst Benedikt XVI. Von ihm stammt ebenfalls die Büste vor dem ehemaligen Wohnhaus von Joseph Ratzinger in Pentling. Vor dem Hauptportal der Kirche St. Oswald in Traunstein, der Primizkirche von Benedikt XVI., steht ebenfalls ein Werk aus seinem Atelier.

9./10. März
Das Kuratorium trifft sich in Regensburg zur Frühjahrssitzung.

16./17. März
Anlässlich des 80. Geburtstages von Prof. Ludwig Mödl (München) findet ein Symposium auf Schloss Hirschberg statt. Dr. Schaller vertritt das Institut auf Einladung des Veranstalters, des Alfons-Fleischmann-Vereins.

20. März
Dr. Franz-Xaver Heibl hält ein Lektüreseminar mit Texten von Joseph Ratzinger zur Fastenzeit im Dokumentationszentrum „Ehemaliges Wohnhaus von Prof. Ratzinger" in Pentling.

1. April
Herr Hans Christian Bauer beginnt seinen Dienst als Archivar des Instituts.

17. April
Im Rahmen des Master-Studiengangs „Theologie und Spiritualität von Joseph Ratzinger" hält Dr. Schaller Vorlesungen zum Thema „Joseph Ratzinger und das Zweite Vatikanische Konzil" an der Römischen Universität „Regina Apostolorum".

19. April
Prof. Karl-Heinz Menke referiert auf Einladung des Akademischen Forums Albertus Magnus und des Instituts zum Thema: „Das Tribunal des zeitgenössischen Relativismus. Joseph Ratzingers Argumente für die Erkennbarkeit der einen Wahrheit".

Juni/August
Zwei Doktoranden aus den USA sind zu Studien und Austausch in der Spezialbibliothek des Instituts (Matt Boulter, Texas, und Fr. Viego, Newmark).

5. Juni
Bischof Voderholzer führt eine Gruppe des „Bundes Katholischer Unternehmer" durch das Institut und das ehemalige Wohnhaus von Prof. Ratzinger in Pentling.

14. Juni
Das Institut besichtigt auf Einladung von Herrn Fritz Pustet die Verlagsräume und die Druckerei in Regensburg. Beim Verlag Pustet werden die „Ratzinger-Studien" veröffentlicht.

15. Juni
Caritas Pilsen und Caritas Regensburg sind zu Gast im Institut und in Pentling. Bischof em. Radkovský von Pilsen begleitet die Gruppe als Caritas-Präsident seiner Heimatstadt.

19. Juni
Prof. Jean-Luc Marion wird gemeinsam mit Prof. Thomas Schärtl von der Theologischen Fakultät der Universität Regensburg von Dr. Schaller in die Arbeit und Zielsetzung des Instituts eingeführt. Prof. Marion hält in diesem Jahr die Vorlesungen im Rahmen der Joseph Ratzinger Gastprofessur der Theologischen Fakultät Regensburg.

4. Juli
Peter Seewald stellt im Gespräch mit Karl Birkenseer von der „Passauer Neuen Presse" JRGS 13 vor. Die Interviewbücher „Zur Lage des Glaubens" (Vittorio Messori), „Salz der Erde", „Gott und die Welt" und „Licht der Welt" bilden die Teilbände 1 und 2 von JRGS 13. Sie wurden ergänzt mit den Interviews, die Kardinal Ratzinger mit der internationalen Presse geführt hat (Teilband 3).

6. Juli
Diakon Hartmut Constien, langjähriger Mitarbeiter im Institut, wird von Bischof Voderholzer in der St. Jakobskirche zum Priester geweiht.

2. August
Der TV-Sender 3SAT ist zu Dreharbeiten im ehemaligen Wohnhaus von Prof. Ratzinger in Pentling. Es entsteht eine Dokumentation zu Leben und Werk des emeritierten Papstes unter der Regie von Herrn Röhl.

16. August
Eine Gruppe der Integrierten Gemeinde aus Tallahasee im Bundesstaat Florida konnte im Institut begrüßt werden. Begleitet wurde die Gruppe vom Sekretär der Konferenz der katholischen Bischöfe von Florida, Michael D. Sheedy.

14. September
Die Propädeutiker des Priesterseminares Regensburg besichtigen das IPB.

17.–21. September
Prof. Szulist aus Torun (Polen) ist zu Forschungszwecken im Institut.

22. September
Auf ihrer Fahrt nach Regensburg besuchten Studierende vom Wiener Studienhaus Johannes von Damaskus unter Leitung von Frau Apl. Prof. Dr. Michaela Hastetter und Dr. Givi Lomidze das Institut. Dieses Studienhaus ist ein katholisch-orthodoxes Lebensprojekt mit dem Ziel, sich durch das gemeinsame Leben besser verstehen zu lernen und so einen Beitrag zur ökumenischen Annährung zu leisten.

24.–26. September
Dr. Franz-Xaver Heibl hält im Rahmen der Internationalen Tagung zu „Fides et ratio: Phenomenology and Philosophy of Religion with special emphasis on the works of St. John Paul II. and St. Edith Stein" an der katholischen Universität in Budapest einen Vortrag zum Thema „‚Phänomenologie des Glaubens' im Gespräch mit Bonaventura, Romano Guardini und Joseph Ratzinger".

2. Oktober
Der 1. Kurs des Regensburger und Passauer Alumnats besucht das Institut sowie das ehemalige Wohnhaus von Prof. Ratzinger in Pentling.

15./16. Oktober
Dr. Schaller hält im Rahmen des „Master-Studiengangs Theologie und Spiritualität von Joseph Ratzinger" Vorlesungen in Rom.

18. Oktober
Bischof Dr. Voderholzer und Dr. Schaller begrüßen den Direktor des „Sacro Monte di Varallo" im Piemont, P. Giuliano Temporelli sowie Frau Franca Stoppa und Herrn Guido Rossi im IPB.

25. Oktober
35 Priester aus der spanischen Diözese Getafe besuchten zusammen mit Diözesanbischof Ginés García Beltrán und Weihbischof Don José Rico Pavés das IPB. Begleitet und gedolmetscht wurde die Gruppe von Frau OR Maria Luisa Öfele.

29. Oktober
Unter der Führung von Dr. Christian Schaller besuchte Kardinal Berhaneyesus Souraphiel, Erzbischof der Äthiopisch-katholischen Kirche in Addis Abeba und

Metropolit der Kirchenprovinz Addis Abeba, zusammen mit seinem Sekretär Abba Petros und der Leiterin der Fachstelle Weltkirche im Bistum Regensburg, Frau Ruth Aigner, das ehemalige Wohnhaus von Joseph Ratzinger in Pentling.

2.–5. November
Bischof Voderholzer spricht auf einem Kongress an der „Notre-Dame-University" in USA zu „50 Jahre Einführung in das Christentum". Prof. Bonk, der theologische Referent des Bischofs Gabriel Weiten, und Dr. Schaller nehmen an der Tagung teil.

15./16. November
Die „Fondazione Vaticana Joseph Ratzinger-Benedetto XVI", die LUMSA-Universität und das *Institut Papst Benedikt XVI.* laden zur Tagung nach Rom ein. Thema des zweitägigen Symposium ist: „Fundamental Rights and Conflicts among Rights." Die Mitarbeiter des Instituts nehmen daran teil. Dr. Schaller spricht über die Bedeutung zweier grundlegender Schriften von Joseph Ratzinger für das Verständnis von Sozialität und Europa: Die *Einheit der Nationen. Eine Vision der Kirchenväter* und *Die christliche Brüderlichkeit.*

17. November
Frau Prof. Marianne Schlosser (Mitglied im Kuratorium des IPB) erhält aus den Händen von Papst Franziskus den „Premio Ratzinger" der „Fondazione Vaticana Joseph Ratzinger-Benedetto XVI" in Rom.

23./24. November
Das Kuratorium trifft sich zur Sitzung in Regensburg.

28. November
Der Weihbischof und Generalvikar von San Salvador, Gregorio Kardinal Rosa Chávez, besucht mit Bischof Dr. Rudolf Voderholzer das ehemalige Wohnhaus Joseph Ratzingers in Pentling.

2. Dezember
Im Rahmen eines kleinen Festaktes in der Aula des Priesterseminares konnte in diesem Jahr der zehnte Jahrestag der Gründung des *Institut Papst Benedikt XVI.* begangen werden. Nach der Pontifikalvesper mit Bischof Dr. Rudolf Voderholzer erfolgte die Begrüßung durch Dr. Christian Schaller und der Blick in Vergangenheit und Zukunft des *IPB* durch Gerhard Kardinal Müller und Bischof Rudolf Voderholzer. Den Festvortrag hielt Prof. Dr. Christoph Ohly aus Trier zum Thema „Zur Faszination einer symphonischen Theologie".

Das Institut Papst Benedikt XVI. dankt herzlich

MIPB 2018

Prof. Dr. George Augustin, Vallendar
Prof. Dr. Pierluca Azzaro, Rom
Dr. Maria Baumann, Regensburg
Karl Birkenseer, Regensburg
Prof. em. Dr. Winfried Blasig, Wasserburg
Inge Broy, München
Prälat Walter Brugger, Freising
Johann Brunner, Siegsdorf
Willibald Butz, Regensburg
Kaplan Michael Dreßel, Regensburg
Martina Dufter, Unterwössen
Regina Einig, Würzburg
Msgr. Bruno Fink, Ottobeuren
Firmin Forster, Regensburg
Erzbischof Dr. Georg Gänswein, Rom
Dr. Heinrich Geiger, Bonn
Hans Gfesser, Regensburg
Prof. Krzysztof Góźdź, Lublin
Bernhard Greimel, Unterwössen
Msgr. Dr. Stefan Heid, Rom
Rupert und Therese Hofbauer, Pentling
Prof. Dr. Stephan Horn, Bad Wurzach
Familie Keller, Regensburg
Kaplan Johannes Kerwer, Merzig
Kurt Kardinal Koch, Rom
P. Federico Lombardi SJ, Rom
Prof. Dr. Jean-Luc Marion, Paris
Prof. Dr. Veit Neumann, Regensburg
Maria Luisa Öfele, Regensburg
Prof. Dr. Christoph Ohly, Trier
Dr. Peter Pfister, München
Dr. Karl Pichler, München
Dr. Martin Posselt, München
Regens Msgr. Martin Priller, Regensburg
Fritz Pustet, Regensburg
Apostolischen Protonotar Georg Ratzinger, Regensburg
Prof. Dr. Thomas Schärtl, Regensburg
Jakob Schötz, Regensburg
Dr. Florian Schuller, München

Msgr. Giuseppe Antonio Scotti, Mailand
Peter Seewald, München
Johannes Spindler, Regensburg
Barbara Stefan, Regensburg
Pfarrer Martin Straßer, Unterwössen
Prof. Dr. Thomas Söding, Bochum
Dr. Guido Treffler, München
Cäcilie Vilsmeier, Obertraubling
Ursula Vollmuth, Unterwössen
Benedikt Voss, Regensburg
Pfarrer Clemens Voss, Bodenkirchen-Bonbruck
Sr. Birgit Wansing, Rom
Dr. Stephan Weber, Freiburg
Dr. Albrecht Weiland, Regensburg
Prof. Dr. Ralph Weimann, Rom
Barbara Wilhelm, Bürgermeisterin Pentling
Michael Zachmeier, München
Dr. Rudolf Zwank, Regensburg

sowie den Autoren und den Mitgliedern des Wissenschaftlichen Kuratoriums.

Verzeichnis der Mitarbeitenden

Hans Christian Bauer, Archivar im *Institut Papst Benedikt XVI.*, Bismarckplatz 2, 93047 Regensburg.

Tanja Constien, Wissenschaftliche Mitarbeiterin im *Institut Papst Benedikt XVI.*, Bismarckplatz 2, 93047 Regensburg.

Dr. Katharina Del Bianco, Bibliothekarin im *Institut Papst Benedikt XVI.*, Bismarckplatz 2, 93047 Regensburg.

Prof. em. Dr. Hanna-Barbara Gerl-Falkowitz, emeritierte Professorin für Religionsphilosophie und vergleichende Religionswissenschaft in Dresden und Leiterin des Europäischen Instituts für Philosophie und Religion an der Philosophisch-Theologischen Hochschule Benedikt XVI. in Heiligenkreuz, Fichtenstraße 5, 91054 Erlangen.

Michael Karger, Mitglied im Kuratorium des *Institut Papst Benedikt XVI.*, Säulner Weg 14, 83346 Bergen.

Msgr. Dr. Bernhard Kirchgessner, Domvikar und Leiter von Spectrum Kirche sowie des Diözesanen Zentrums für liturgische Bildung (DZLB) und der KünstlerSeelsorge, Schärdlinger Straße 6, 94032 Passau.

Kurt Kardinal Koch, Präsident des Päpstlichen Rates zur Förderung der Einheit der Christen, Via della Conciliazione 5, 00193 Rom.

Prof. em. Dr. Karl-Heinz Menke, emeritierter Professor für Dogmatik und Theologische Propädeutik an der Katholisch-Theologischen Fakultät der Universität Bonn, An der Schlosskirche 2–4, 53113 Bonn.

Dr. Thorsten Paprotny, Ernst-Eiselen-Str. 8, 30165 Hannover.

Dr. Christian Schaller, Stellvertretender Direktor des *Institut Papst Benedikt XVI.*, Bismarckplatz 2, 93047 Regensburg.

Dr. Manuel Schlögl, Pfarrvikar, Neuburger Straße 68, 94032 Passau.

Peter Seewald, Journalist und Autor, München.

Dr. Daniel Seper, Universitätsassistent am Institut für Historische Theologie der Universität Wien, Schenkenstraße 8–10, A-1010 Wien.

V. Im Bild

Zur Erinnerung an meine heilige
Priesterweihe am 29. Juni 1954
in Freising und an meine Primiz
am 4. Juli in Berchtesgaden †
O Herr, verleihe, daß Lieb und
Treu in Dir uns all verbinden,
daß Herz u. Mund zu jeder Stund
Dein Freundlichkeit verkünden †

Franz Niegel

Abb. 1   Vorder- und Rückseite des Primizbildes von Franz Niegel.

Abb. 2   Feier zum 50. Geburtstag: Joseph Ratzinger mit dem Jubilar
Franz Niegel. Am 26. Oktober 2017 verstarb der langjährige Unter-
wössener Pfarrer im Alter von 91 Jahren.

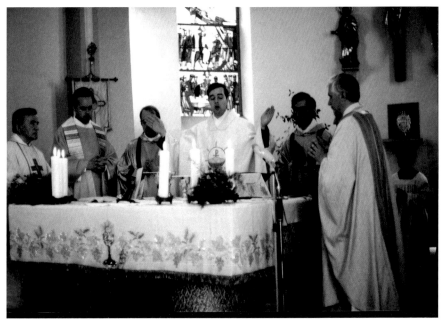

Abb. 3 4. Juli 1976 in Ahldorf/Horb: Primiziant Benedikt Voss im Kreise der Konzelebranten. Rechts im Bild Primizprediger Joseph Ratzinger.

Sulla prima pagina dell'invito per questa messa vediamo in un bellissimo quadro la prima tappa della vita di Maria Ward. La fanciulla ha abbandonato il suo letto e fa i suoi primi passi verso lo spazio aperto della vita. Dalle sue labbra è venuta la sua prima parola, il nome Gesù. E si ha l'impressione, che la piccola Maria segue il suono di questa parola, ~~[illegible]~~ cammina sulla traccia di questo nome. I suoi primi passi coincidono con la sua prima parola, la parola Gesù diventa la strada della sua vita. E difatti – i tanti viaggi della vita di Maria Ward si muovono sempre nell'ambito di questo nome; tutta la sua vita è risposta alla chiamata espressa nel nome di Gesù.

In corrispondenza a questo intimo disegno della vita di Mary Ward abbiamo scelto per questa celebrazione del quarto centenario della sua nascita i testi della messa in onore della santissima Trinità. Questa vita si è svolta in permanente riferimento al Dio vivente, in una permanente ed appassionata ricerca della maggiore gloria di Dio. Io penso che la decision per la regola dei Gesuiti trova la sua ultima spiegazione non ~~nella~~ nei diversi motivi di ordine pratico, che conservano la loro importanza, ma nella comune ricerca della maggiore gloria di Dio, nel rispondere alla chiamata del nome di Gesù. Le parole del Signore risorto alla fine del Vangelo di S. Matteo, lette nel Vangelo di questa messa, ci danno così la chiave, che apre i veri motivi della vita di Mary Ward vissuta nella sequela di questo mandato.

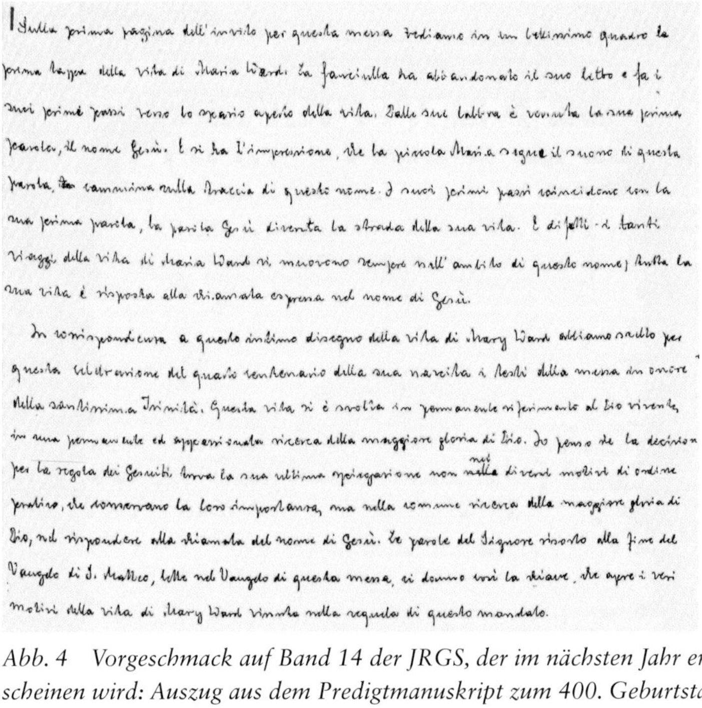

Abb. 4 Vorgeschmack auf Band 14 der JRGS, der im nächsten Jahr erscheinen wird: Auszug aus dem Predigtmanuskript zum 400. Geburtstag von Maria Ward, S. Maria Maggiore (Rom), 23. Januar 1985 (Archiv IPB).

Abb. 5   Am 11. März 2018 ist Karl Kardinal Lehmann im Alter von 81 Jahren
verstorben. Im Rahmen der Vollversammlung der Deutschen Bischofskonferenz war
er am 1. März 2012 zu Gast im IPB (Foto Archiv).

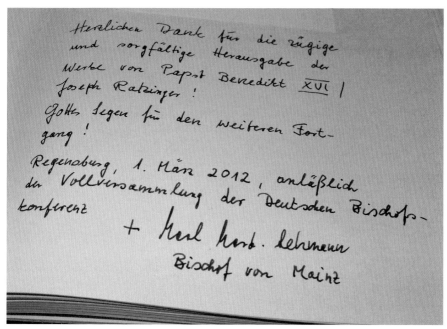

Abb. 6   Der Gästebucheintrag von Karl Kardinal Lehmann vom 1. März 2012.

Abb. 7   Symposium an der Goethe-Universität in Frankfurt: Joseph Kardinal Ratzinger, Präfekt der Glaubenskongregation im Gespräch mit dem damaligen Vorsitzenden der Deutschen Bischofskonferenz, Bischof Karl Lehmann am 15. Mai 2000.

Abb. 8   Ergänzt die Sammlung des Instituts: das Aquarell des chinesischen Künstlers Li Yan.

Abb. 9   Größte Katholische Universität im asiatischen Raum: Dr. Christian Schaller reiste auf Einladung der Assumption-University zu einem Vortrag nach Bangkok.

Abb. 10   Bischof Dr. Rudolf Voderholzer und Prof. em. Wolfgang Beinert mit den Sternsingern im ehemaligen Wohnhaus von Joseph Ratzinger in Pentling.

Abb. 11   Neu in der Kunstsammlung des IPB: Der Künstler Otto-Ernst Holthaus aus Grünwald bei München bei der Übergabe seines Porträts von Benedikt XVI.

Abb. 12   Leihgabe aus Rom für die Vorarbeit zu Band 14 der JRGS: Die Predigt-manuskripte von Joseph Ratzinger.

Abb. 13 Zu Gast in Pentling: Augustinerchorherren aus der Propstei Paring mit ihrem Propst Maximilian Korn im ehemaligen Wohnhaus von Joseph Ratzinger.

Abb. 14 Im Rahmen eines Festaktes in der Bibliothek des Collegio Santa Maria dell'Anima wird Gerhard Kardinal Müller, dem Herausgeber der JRGS, die Festschrift zu seinem 70. Geburtstag überreicht.

Abb. 15 *Symposium zu Ehren Gerhard Kardinal Müllers an der Philosophisch-Theologischen Hochschule Vallendar: Die Herausgeber der Festschrift „Der dreifaltige Gott. Christlicher Glaube im säkularen Zeitalter" George Augustin, Christian Schaller und Sławomir Śledziewski (v.l.n.r.) zusammen mit dem Jubilar.*

Abb. 16 *Gut besucht: Gratulanten aus aller Welt waren der Einladung zum Symposium nach Vallendar gefolgt, unter ihnen auch Kuratoriumsmitglied Dr. Gerhard Nachtwei und Ratzinger-Schüler Prof. Vincent Twomey.*

Abb. 17   Der Siegsdorfer Künstler Johann Brunner zu Gast im IPB.

Abb. 18   Treffen in Regensburg: Das wissenschaftliche Kuratorium des IPB unter der Leitung von Bischof Dr. Rudolf Voderholzer und Dr. Christian Schaller während seiner Frühjahrstagung.

Abb. 19 Lektüreabend in Pentling: Dr. Franz-Xaver Heibl führt Interessierte in Texte von Joseph Ratzinger zur Fasten- und Osterzeit ein.

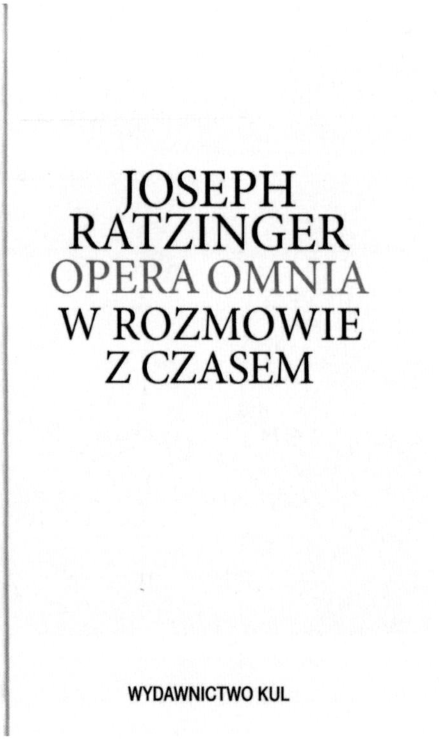

JOSEPH
RATZINGER
OPERA OMNIA
W ROZMOWIE
Z CZASEM

WYDAWNICTWO KUL

Abb. 20 2018 erschienen: Band 13/3 der JRGS in polnischer Sprache.

Abb. 21 Kooperation zwischen IPB und Akademischem Forum Albertus Magnus: Prof. em. Karl-Heinz Menke bei seinem Vortrag zum Thema „Das Tribunal des zeitgenössischen Relativismus. Joseph Ratzingers Argumente für die Erkennbarkeit der einen Wahrheit".

Abb. 22 Besuch im IPB: Prof. em. Karl-Heinz Menke (2.v.r.), einer der Premio-Ratzinger-Preisträger von 2017, zusammen mit Prof. Dr. Sigmund Bonk, Dr. Christian Schaller und Dr. Franz-Xaver Heibl (v.l.n.r.).

Abb. 23   Internationale Forschungsgäste: Father Carlos Miguel Viego (New Jersey) …

Abb. 24   … und Rev. Matt Boulter (Texas).

Abb. 25   Interessiert an der Arbeit des IPB: Bischof Dr. Rudolf Voderholzer führt eine Gruppe des „Bundes Katholischer Unternehmer" durch das Institut und das ehemalige Wohnhaus in Pentling.

Abb. 26   Spannende Einblicke: Auf Einladung und unter der Führung von Verleger Fritz Pustet besucht das Team des IPB den Verlag Friedrich Pustet in Regensburg. Hier erscheinen die „Ratzinger-Studien".

Abb. 27   Besichtigung des IPB: Vertreter der Caritas Pilsen und der Caritas Regensburg lassen sich von Dr. Christian Schaller in die Arbeit des Instituts einführen. Unter ihnen auch der emeritierte Bischof von Pilsen, František Radkovský (r.).

Abb. 28   Prof. Jean-Luc Marion (2.v.r.), diesjähriger Inhaber der Gastprofessur der Joseph Ratzinger Papst Benedikt XVI.-Stiftung, besucht zusammen mit Prof. Thomas Schärtl (r.) und Seminarist Ramón Rodriguez (l.) das IPB.

Abb. 29 *Buchpräsentation von JRGS 13 in Regensburg: Karl Birkenseer von der „Passauer Neuen Presse" im Gespräch mit dem Journalisten Peter Seewald.*

Abb. 30 Viele Besucher: Zur Buchvorstellung mit Peter Seewald waren viele Interessierte nach Regensburg gekommen, u.a. auch der ehemalige Sekretär von Joseph Kardinal Ratzinger Msgr. Bruno Fink (l.).

Abb. 31 Freundschaftliche Verbundenheit: Prof. Krzysztof Góźdź, der Herausgeber der polnischen Ausgabe der Gesammelten Schriften, betont bei seiner Ansprache die gute Zusammenarbeit mit dem IPB.

Abb. 32   Zeit zum persönlichen Austausch: Prof. Pierluca Azzaro von der „Fondazione Vaticana Joseph Ratzinger-Benedetto XVI" im Gespräch mit Weih-bischof Dr. Josef Graf.

Abb. 33   Ehrengast: Auch Domkapellmeister Georg Ratzinger durften wir zusammen mit Schwester Laurente unter den Gästen begrüßen. Links im Bild Gerlinde Frischeisen, Sekretariat IPB.

Abb. 34 Weit gereist: eine Gruppe der Integrierten Gemeinde aus Tallahasee (Florida).

Abb. 35 Interessiert an der Arbeit des IPB: die Propädeutiker des Priestersemiares Regensburg.

Abb. 36 Besuch aus Wien: Unter der Führung von Dr. Franz-Xaver Heibl besichtigte Prof. Dr. Michaela Hastetter zusammen mit ihren Studierenden des Wiener Studienhauses Johannes von Damaskus das IPB und das ehemalige Wohnhaus in Pentling.

Abb. 37 Internationale Tagung zu „Fides et ratio" an der katholischen Universität in Budapest: Dr. Franz-Xaver Heibl bei seinem Vortrag zur „‚Phänomenologie des Glaubens' im Gespräch mit Bonaventura, Romano Guardini und Joseph Ratzinger".

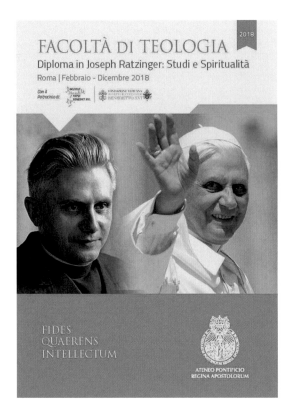

Abb. 38   Flyer des Master-Studiengangs.

Abb. 39   Aus aller Welt: Dr. Christian Schaller mit Studenten des Master-Studiengangs zur Theologie und Spiritualität von Joseph Ratzinger in Rom.

Abb. 40   Auf den Spuren von Joseph Ratzinger in Regensburg: Bischof Dr. Rudolf Voderholzer und Dr. Christian Schaller zusammen mit dem Direktor des piemontesischen Wallfahrtsortes „Sacro Monte di Varallo" P. Giuliano Temporelli und seinen Mitarbeitern Guido Rossi und Franca Stoppa.

Abb. 41   Ende einer guten Zusammenarbeit: Unser langjähriger „Hausführer" durch das ehemalige Wohnhaus Joseph Ratzingers in Pentling, Pastoralpraktikant Johannes Spindler (Mitte), bei einer seiner letzten Führungen.

Abb. 42   Gäste aus Spanien: 35 Priester aus der Diözese Getafe besuchten zusammen mit Diözesanbischof Ginés García Beltrán und Weihbischof Don José Rico Pavés das IPB. Begleitet und gedolmetscht wurde die Gruppe von Frau OR Maria Luisa Öfele (l.).

Abb. 43   Unter der Führung von Dr. Christian Schaller besuchte Kardinal Berhaneyesus Souraphiel, Erzbischof der Äthiopisch-katholischen Kirche in Addis Abeba, zusammen mit seinem Sekretär Abba Petros und der Leiterin der Fachstelle Weltkirche im Bistum Regensburg, Frau Ruth Aigner, das ehemalige Wohnhaus von Joseph Ratzinger in Pentling.

Abb. 44   Kongress an der „Notre-Dame-University" (USA): Bischof Dr. Rudolf Voderholzer bei seinem Vortrag zu „50 Jahre Einführung in das Christentum".

Abb. 45   Dr. Christian Schaller präsentiert das Korrekturmanuskript der „Einführung in das Christentum" aus dem Jahr 1968 (Archiv IPB).

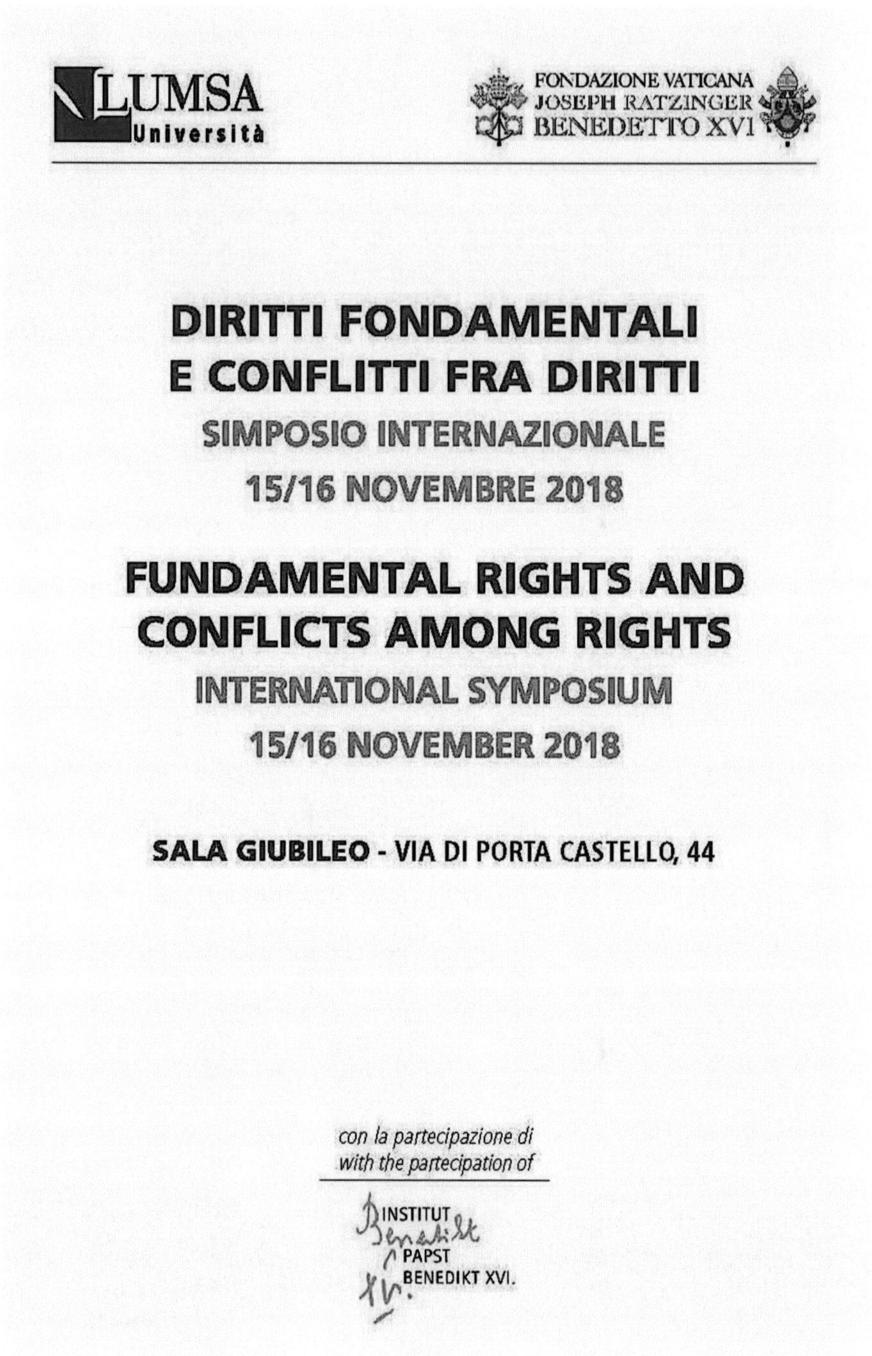

LUMSA Università

FONDAZIONE VATICANA JOSEPH RATZINGER BENEDETTO XVI

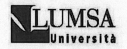

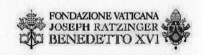

DIRITTI FONDAMENTALI
E CONFLITTI FRA DIRITTI

SIMPOSIO INTERNAZIONALE
15/16 NOVEMBRE 2018

FUNDAMENTAL RIGHTS AND
CONFLICTS AMONG RIGHTS

INTERNATIONAL SYMPOSIUM
15/16 NOVEMBER 2018

SALA GIUBILEO - VIA DI PORTA CASTELLO, 44

con la partecipazione di
with the partecipation of

INSTITUT PAPST BENEDIKT XVI.

Abb. 46 Tagung in Rom.

Abb. 47   Dr. Christian Schaller bei seinem Referat zum Beitrag Joseph Ratzingers zu Recht, Staat und Europa. V.l.n.r.: Präsident der „Fondazione Vaticana Joseph Ratzinger-Benedetto XVI" Pater Federico Lombardi, Angelo Kardinal Amato, Prof. Jean-Pierre Schouppe (Rom).

Abb. 48   Als Mitorganisatoren der Tagung waren auch die Mitarbeiter des IPB nach Rom gereist.

Abb. 49 Premio-Ratzinger-Verleihung in der Sala Clementina: Kuratoriumsmitglied Prof. Dr. Marianne Schlosser bei der Preisübergabe durch Papst Franziskus.

Abb. 50 Prof. Dr. Marianne Schlosser zusammen mit Dr. Franz-Xaver Heibl, dessen Dissertationsprojekt sie betreute.

Abb. 51   Interessante Einblicke: Der Weihbischof und Generalvikar von San Salvador, Gregorio Kardinal Rosa Chávez, besucht mit Bischof Dr. Rudolf Voderholzer das ehemalige Wohnhaus Joseph Ratzingers in Pentling.

Abb. 52   Pressegespräch: Dr. Christian Eckl (Mitte) von der „Passauer Neuen Presse" im Gespräch mit Clemens Neck (l.), Leiter der Bischöflichen Pressestelle und Dr. Christian Schaller.

*Abb. 53   Über 100 Gäste: Zur Feier des Festaktes anlässlich des zehnjährigen Beste-
hens des IPB waren viele Interessierte aus nah und fern nach Regensburg gereist.*

*Abb. 54   Festvortrag: Prof. Dr. Christoph Ohly aus Trier sprach zur „Faszination
einer symphonischen Theologie".*

Abb. 55 Die Referenten des Abends: Dr. Christian Schaller, Gerhard Kardinal Müller, Bischof Dr. Rudolf Voderholzer und Prof. Dr. Christoph Ohly (v.r.n.l.).

Abb. 56 Mitglieder des Kuratoriums: Prof. Dr. Helmut Hoping, Dr. Karl Pichler und Prof. Dr. Rolf Schönberger (v.l.n.r.).

Abb. 57   Kooperationspartner des IPB: Prof. Dr. Sigmund Bonk, Direktor des Akademischen Forums Albertus Magnus, und Michael Zachmeier von der Katholischen Akademie in Bayern (v.l.n.r).

Abb. 58   Unter den Gästen: Der Regensburger Verleger Fritz Pustet hier zusammen mit Dr. Christian Schaller und seiner Frau Michaela Schaller.